ŒUVRES COMPLÈTES
D'EDGAR QUINET

L'ESPRIT NOUVEAU

CINQUIÈME ÉDITION

PARIS
LIBRAIRIE HACHETTE ET Cⁱᵉ
79, BOULEVARD SAINT-GERMAIN, 79

ŒUVRES COMPLÈTES
D'EDGAR QUINET

LIBRAIRIE HACHETTE ET Cie

ŒUVRES COMPLÈTES D'EDGAR QUINET

en 30 volumes

Tomes.

- I. . . . Le Génie des Religions.
- II. . . . Les Jésuites. — L'Ultramontanisme.
- III. . . . Le Christianisme et la Révolution française.
- IV. . . } Les Révolutions d'Italie (2 volumes).
- V. . . }
- VI. . . . Marnix de Sainte-Aldegonde. — Philosophie de l'Histoire de France.
- VII. . . Les Roumains. — Allemagne et Italie.
- VIII. . . Premiers travaux. — Introduction à la Philosophie de l'Histoire. — Essai sur Herder. — Examen de la vie de Jésus.
- IX. . . La Grèce moderne. — Histoire de la Poésie.
- X. . . . Mes vacances en Espagne.
- XI. . . Ahasvérus.
- XII. . . Prométhée. — Les Esclaves.
- XIII. . . Napoléon. Poème (Épuisé).
- XIV. . . L'Enseignement du peuple. — Œuvres politiques. Avant l'Exil.
- XV. . . Histoire de mes Idées (Autobiographie).
- XVI. . } Merlin l'Enchanteur.
- XVII. . }
- XVIII. . }
- XIX. . } La Révolution (3 volumes).
- XX. . . }
- XXI. . . La Campagne de 1815.
- XXII. . } La Création (2 volumes).
- XXIII. . }
- XXIV. . Le livre de l'Exilé. — La Révolution religieuse au XIXe siècle. — Œuvres politiques pendant l'Exil.
- XXV. . Le Siège de Paris. — Œuvres politiques après l'Exil.
- XXVI. . La République. — Conditions de régénération de la France.
- XXVII. . L'Esprit nouveau.
- XXVIII. Vie et mort du Génie grec. — Appendice. Discours du 29 mars 1875.
- XXIX. . } Correspondance. Lettres à sa mère (2 volumes).
- XXX. . }

Lettres d'Exil d'EDGAR QUINET (4 volumes), Calmann Lévy, éditeur, 1885.

OUVRAGES DE Mme EDGAR QUINET

Mémoires d'Exil (2 volumes), éditeur Lacroix, 1868 (Épuisés).
Paris, journal du Siège (1 volume), éditeur Dentu, 1873.
Sentiers de France (1 volume), éditeur Dentu, 1875.
Edgar Quinet avant l'Exil (1 volume), éditeur Calmann Lévy, 1888.
Edgar Quinet depuis l'Exil (1 volume), éditeur Calmann Lévy, 1889.
Le Vrai dans l'Education (1 volume), éditeur Calmann Lévy, 1891.
Ce que dit la Musique (1 volume), éditeur Calmann Lévy, 1893.
La France Idéale (1 volume), éditeur Calmann Lévy, 1895.

Paris. — Imp. PAUL DUPONT (Cl.) 468.7.95.

ŒUVRES COMPLÈTES
D'EDGAR QUINET

L'ESPRIT NOUVEAU

CINQUIÈME ÉDITION

PARIS
LIBRAIRIE HACHETTE ET Cⁱᵉ
79, BOULEVARD SAINT-GERMAIN, 79

PRÉFACE

Ce livre résume le travail de ma vie. Il renferme comme l'encyclopédie de toutes les conclusions auxquelles je suis arrivé sur les principales branches de l'esprit humain.

Écrit au milieu de nos troubles civils, j'y trouvais chaque jour un abri pour me recueillir et me ressaisir un moment. Dans le flux et le reflux des passions, je n'ai pu conserver mon équilibre qu'en m'appuyant sur les vérités et les choses qui ne passent pas.

Maintenant que ce livre est fini, je m'en sépare avec peine. Je voudrais avoir à le recommencer. Puisse-t-il donner à d'autres la paix que j'en ai reçue !

Celui qui navigue dans la tempête, se fait quelquefois attacher au grand mât du navire, pour ne pas être emporté par les vents. Moi aussi, je me suis attaché à ce que j'ai rencontré de plus solide autour de moi, aux idées, aux vérités qui nous survivront à tous.

J'y ai lié ma fortune. C'est sans doute a ces idées fortifiantes que je dois de n'avoir jamais connu, dans ma vie d'écrivain, un jour de lassitude ou de découragement.

C'est trop peu de lutter, chaque jour, pour préparer le nouvel avenir ; il faut encore travailler à découvrir l'esprit qui renouvellera toutes choses dans ce monde dont nous touchons le seuil.

L'abeille prépare d'avance la pâture à la larve près d'éclore. Faisons comme l'abeille. Préparons la substance du monde qui va naître et mettons-la à côté de son berceau.

En des temps tels que les nôtres, chaque homme doit à ses contemporains de leur dire la parole qui est au fond de son esprit, celle qui l'a soutenu et guidé dans les bons et les mauvais jours. A mon tour je dis : Voilà ce que j'ai trouvé de mieux en moi-même. C'est le fruit de ma vie. Prenez-le, et puissiez-vous y découvrir le remède que vous cherchez !

Je sais que je vis en des jours d'intolérance, où je n'ai rien à attendre de quiconque ne pense pas exactement comme moi. Mais, de cette intolérance même, je crois pouvoir tirer un avantage. Si je comptais désarmer trop aisément le parti pris, la prévention ou la haine, je serais peut-être tenté d'avoir des complaisances d'esprit qui déformeraient ma langue et ma pensée.

Au lieu de cela, quoi que je fasse, je sais que le jugement de plusieurs est arrêté d'avance. Me voilà dégagé de toute précaution vaine. C'est à moi de profiter de l'occasion pour montrer ma pensée toute nue, sans artifice.

Que nous faut-il aujourd'hui pour achever de sortir de l'abîme? Une heure de sincérité. Elle est facile à qui n'a rien à gagner à caresser le faux.

Une nation peut ajourner la vérité, comme il lui plaît. Elle peut aller, en serpentant, du vrai au faux, par des détours obliques, tantôt lever, tantôt baisser la tête, marcher, ramper ou courir à son gré. Car elle a pour elle le temps qui corrige toutes choses.

Moi, je ne puis rien de cela. Je n'ai qu'un moment à passer sur la terre. Il s'agit de profiter de cet instant. Je ne puis ni allonger mon chemin, ni revenir en arrière sur mes pas, ni m'amuser à serpenter du bien au mâl, pour retourner au bien

Je suis obligé de marcher sans me courber. Ma vie est courte; je dois prendre la route la plus courte, pour arriver au but. Cette voie est la voie droite. La voici !

Allons, suivons-la jusqu'au bout sans fléchi

Edgar Quinet

Villefranche-de-Lauragais, 27 octobre 1874.

L'ESPRIT NOUVEAU

LIVRE PREMIER

ORIGINES DU MONDE INTELLECTUEL ET MORAL

CHAPITRE I

PREMIÈRE EXPÉRIENCE. — COMMENT RETROUVER LA SÉRÉNITÉ PERDUE.

Ce qui m'a le plus surpris dans ce siècle, je vais le dire : c'est d'avoir vu des philosophes commencer leur carrière par le plus haut spiritualisme et le renier à la première épreuve. Aucune idée n'était pour eux assez dégagée de la matière. La sensation même n'était pour eux qu'une déchéance. Que parlait-on d'organe de l'esprit? Un tel mélange de termes corporels et intellectuels effarouchait comme une profanation ces âmes dégagées des sens. Voilà pour la métaphysique.

Quant à la morale, il va sans dire qu'elle ne touchait pas des pieds la terre. Ce n'était qu'héroïsme, sacrifice de soi, immolation, répétition perpétuelle de la mort de Socrate. Tels furent les enseignements que je reçus, comme une confidence, à l'entrée de la vie.

J'en fus d'abord émerveillé. Bientôt une découverte singulière me donna à réfléchir. Le jour même où le théâtre des choses humaines vint à changer, où la révolution éclata, celle de 1830, où la situation extérieure fut autre, où l'ambition, le plaisir de commander trouvèrent une occasion favorable, tout changea dans les doctrines comme dans les choses. Cet austère stoïcisme disparut en un clin d'œil, ne laissant après lui que son manteau. Je restai seul, en face de ce renversement à vue, cherchant dans les actes quelques traces des pensées antérieures et n'en trouvant pas le moindre vestige.

Avais-je donc rêvé? Cet idéalisme, ces conversations dans la nue, ces serments jurés sur l'autel de Platon, tout cela n'était-ce qu'un jeu, une décoration de théâtre, moins encore, une vapeur que le premier souffle avait dissipée?

J'aurais voulu douter de ce que je voyais, de ce

que j'entendais à toute heure. C'est ce qui me fut impossible. Je dus me résigner à comprendre que j'assistais à un spectacle que je n'aurais jamais imaginé et qui me paraît aujourd'hui le plus triste de tous, je veux dire le reniement de l'esprit.

Si j'ajoute que cette expérience s'acheva, pour moi, dans les premières années de la vie, vous penserez que j'en restai brisé, et que je m'éloignai avec désespoir des idées qu'on m'avait fait entrevoir, dans lesquelles je ne trouvais qu'une embûche, à l'heure même où je croyais me donner tout entier à la vérité pure.

Heureusement pour moi je ne fis rien de semblable. Je conclus seulement de cette première expérience que je ne devais pas recevoir en aveugle les théories qui s'étaient montrées à moi ; ceux qui les avaient soutenues n'en étaient pas si convaincus qu'ils me paraissaient l'être, puisqu'ils les avaient si légèrement rejetées, du jour au lendemain, au premier vent de la fortune. De là je tirai ma première leçon d'indépendance.

Ce que je regardais alors comme une trahison envers la philosophie, me donna ma liberté. Je renonçai à écouter un maître ; j'osai penser par moi-même. Ces beaux mots de spiritualisme, d'idéalisme avaient servi à m'abuser ; ils n'avaient donc pas la vertu sacrée que j'étais bien près de leur accorder. On m'avait longtemps fait peur de la matière et du monde corporel comme d'une illusion des sens ; et c'est au contraire l'esprit pur qui m'avait trompé à ma première entrée dans la philosophie.

Excellente occasion, si j'en savais user, de regarder cette autre face des choses que l'on proscrivait, la nature, le monde visible, la vie, la réalité. Après quoi, sans garder rancune à l'idéalisme, je pourrais y revenir, moins défiant et plus calme, si la vérité m'appelait de ce côté. Ce plan est à peu près celui que j'ai suivi. Il explique ce livre.

Dès lors je me promis, après cette première querelle avec l'esprit pur, de voir si je pourrais un jour le réconcilier en moi-même avec le monde sensible, avec l'histoire naturelle, la science politique et sociale. Puisque la première philosophie que j'avais rencontrée sur mon chemin m'avait si vite trompé et que je la jugeai fausse et stérile, je compris, dès ce temps-là, qu'il fallait à des temps nouveaux un esprit nouveau. Je me promis de le chercher et de résumer plus tard ce que la vie m'aurait appris pour accomplir mon dessein. Tel est le sujet de cet ouvrage.

Ainsi, la liberté d'esprit naquit pour moi d'une immense déception ; et l'effort que je dus faire en moi-même pour ne pas être accablé, il me semble que tout le monde le fait aujourd'hui, dans des circonstances un peu analogues, ayant trouvé le reniement à la fin de ce siècle, comme je l'avais trouvé à ses débuts.

J'entends dire de tous côtés : C'est le chaos. J'avoue qu'à bien des égards celui d'Hésiode était la lumière même au prix du nôtre. D'où cela vient-il ? Après le chaos de la matière, verrons-nous le chaos de l'intelligence ? Ténèbres sur ténèbres, répètent-ils autour de moi. Cherchons donc ici notre chemin dans cette nuit de l'esprit.

Lorsque l'esprit de l'homme touche au vertige, je veux savoir, au milieu des principales questions de notre siècle, ce que je dois en conclure, et s'il n'y a pas quelque part un point fixe où je puisse trouver un abri dans le naufrage. Dirai-je à mon tour : Vertu, vérité, tu n'es qu'un mot ? Non, je ne le dirai pas. Mais j'interrogerai les sciences exactes, pour essayer si de tant de rayons rassemblés je ne tirerai pas la lumière que je cherche et le *Novum Organum* qui est le but de toutes nos pensées.

Quand je vois la tempête qui emporte les générations actuelles et l'espèce de délire dont toute âme est saisie, je me dis que ce n'est pas l'effet d'une trop grande ambition de désirer rendre l'équilibre à tant d'esprits déchaînés. L'époque qui contient de si grands maux, en contient certainement aussi le remède ; il existe, il est sans doute près de nous, peut-être là, caché sous l'herbe.

Ce serait, non pas humilité, mais paresse d'âme de ne pas le chercher. Commençons.

Vous me dites qu'il y a deux mille ans, il y eut dans le monde une époque de sérénité, que vous appelez le temps des Grecs. Sur cela, je demande pourquoi ce don de sérénité ne reparaîtrait pas sur la terre. Les Grecs, sans doute, la devaient à des dieux indulgents qu'ils avaient faits eux-mêmes. Et qui vous empêche de vous en faire de semblables et de meilleurs ? Pourquoi la science, la lumière ne pourraient-elles pas ramener dans les esprits la paix que donnait la fiction ? Essayez-le du moins.

Les Grecs avaient-ils moins de raison que vous de se troubler jusqu'au fond de leur pensée ? Les guerres, les discordes, les bouleversements, les douleurs, la mort leur ont-ils été épargnés plus qu'à vous ? Tel était libre le matin, qui était esclave le soir. Pourtant, au milieu de cette instabilité de toutes choses, le fond de l'homme restait calme. Jamais l'homme ne désespéra des choses humaines. En maniant les problèmes qui nous paraissent les plus sombres, il restait en paix avec lui-même.

Pourquoi ces jours de fête de l'intelligence ne

reviendraient-ils pas ? Rien ne s'y oppose que vous. Quoi que vous disiez, la terre et les cieux sont aujourd'hui ce qu'ils étaient alors. Qu'est-ce donc qui vous empêche de jouir de ce don de l'univers que vous avez reçu comme les Grecs, renouvelé, augmenté de tout ce que les découvertes ont ajouté à la vieille nature? L'univers s'est accru pour vous, sous vos yeux. Pourquoi vous rapetisseriez-vous? Des soleils inconnus se sont montrés et ont jailli de la voûte. Auriez-vous mieux aimé que les flambeaux se fussent éteints? La fête des cieux continue, plus belle qu'au temps des Olympiades. Ne vous retirez pas avant l'heure, épuisés, blasés comme si la fête était finie.

CHAPITRE II

UN DÉFI AU DOUTE ABSOLU

Les idéalistes ont pu soutenir que le monde n'existe que dans notre cerveau. D'immenses débats ont occupé les hommes qui forgeaient cette hypothèse. L'univers, disaient-ils, est un phénomène cérébral ; il a commencé d'exister le jour où il s'est trouvé une tête humaine pour l'inventer.

Cela pouvait être dit quand l'origine du monde était supposée presque contemporaine de l'origine de l'homme. Mais aujourd'hui que la géologie nous montre les milliers de siècles et les mondes successifs qui ont précédé l'homme, comment pourrai-je dater encore de sa première pensée l'apparition de la terre et des cieux ? Où était le cerveau qui imaginait le monde, quand il n'y avait pas de cerveau, mais seulement le mollusque de l'époque primaire ?

C'est, dites-vous, le spectateur qui a créé le spectacle. A merveille. Mais dans ces périodes infinies que vous touchez du doigt et qui ont pré-

cédé même les mollusques, où était le spectateur ?
Il n'y en avait pas.

Nul œil n'était encore ouvert. Nul embryon de pensée. Où était alors le sujet connaissant pour se donner la représentation de l'objet ? Où était le moi, pour se forger un non-moi dans le vide ? Direz-vous que cet univers, dont nous touchons les âges successifs dans la pierre, n'existait pas, ne comptait pas, parce que vous y manquiez et qu'il ne pouvait être sans vous, hors de vous ?

Direz-vous que vous venez vous-même d'édifier dans votre esprit ces couches souterraines de granit, de calcaire, qu'elles ne sont rien qu'une opération idéale de votre entendement, qu'il est l'atelier où se sont dressés les fondements éternels du globe terrestre ?

Je vous attends à cette dernière épreuve. Pour moi, je tire au moins cet avantage de la vieillesse démontrée du globe, de me débarrasser de ces fantaisies qui font dater l'univers de vous-même, qui êtes d'hier. Dès le premier pas, me voilà délivré d'un spectre.

Si l'homme ne peut saisir que des apparences, il faut en dire autant de tous les êtres animés ; dans ce cas, l'organisation universelle ne serait qu'un piége tendu à tous les êtres pour voir, sentir, goûter, entendre, toucher, connaître ce qui n'est pas. Qui peut croire à cette embûche universelle? Au temps de Kant, l'anatomie comparée du cerveau n'existait pas. S'il eût pu la connaître, il eût vu tous les cerveaux dans le règne animal se rapprocher de plus en plus du cerveau humain ; il eût reculé devant l'idée d'un piége tendu à la création entière.

Le monde n'est-il qu'une apparence produite par notre esprit? Écoutez le disciple de Kant tirer la conséquence (1) : Le problème du monde n'est résolu que chez moi. Le monde n'est que par ma volonté. J'ai pu le faire, je puis le défaire à mon gré. Fantôme que je promène à ma fantaisie, je l'ai évoqué pour mon malheur ; il dépend de moi de le replonger dans le néant.

En effet, un univers complaisant qui n'est qu'une bulle de savon que nous lançons dans l'air et qui s'évanouit à notre premier souffle, cela coupe court à toutes difficultés.

(1) V. Arthur Schoppenhauer, 4ᵉ édition, 1873.

CHAPITRE III

LES SCIENCES NATURELLES CONFIRMÉES PAR L'HISTOIRE. — LES PREMIERS INVENTEURS.

Pourquoi nous refaire si aisément des ténèbres à mesure que l'expérience et la science les ont dissipées ? Il faut que le désir de l'obscurité soit bien puissant dans l'homme, puisque les savants eux-mêmes se plaisent à se créer des mystères qui sont le reniement de leur science.

Appliquant l'utilitarisme de Bentham au règne animal, vous venez d'établir que les progrès d'un être ont pour but son utilité immédiate, qu'il a des mains pour saisir, des yeux pour voir, des oreilles pour entendre. J'en conviens. Je crois être avec vous sur un terrain solide ; et aussitôt vous déclarez que vous venez de rencontrer quelque part un organe dont l'utilité n'est pas évidente, que ce phénomène contredit toutes les lois connues, que cette énigme ne peut se résoudre qu'en sortant du domaine naturel, par l'intervention d'une puissance mystérieuse, extra-mondaine ; retour au miracle par une voie détournée, au milieu de tout l'appareil scientifique de la zoologie.

Que d'espaces parcourus en quelques lignes ! Quoi ! revenir si aisément au surnaturel ! Avoir tant de foi dans le mystère et si peu dans l'observation ! J'hésite, j'examine, je demande de quoi il s'agit, quelle est cette merveille qui déconcerte si tôt un des esprits les plus sagaces, un des observateurs les plus pénétrants de notre temps (1), et voici ce que je trouve :

Certains hommes fossiles de l'âge de pierre, tels que celui d'Engis, avaient le cerveau presque aussi développé qu'un homme de nos jours. Qu'avaient-ils besoin, dit-on, de ce vaste cerveau ? Que pouvaient-ils en faire ? Ils avaient donc reçu des dons qui leur étaient inutiles ? Car ils n'avaient aucune occasion ni de penser ni d'inventer. Un organe qui ne peut servir de rien à celui qui le possède, voilà une découverte qui renverse toutes les notions modernes sur l'histoire naturelle.

Que devient le principe de la sélection, c'est-à-dire de l'utile ? Que deviennent tant d'autres idées admises pour vraies et qui avaient renouvelé de fond en comble l'étude des règnes animal et végétal ? Un seul fait, tel que celui du crâne d'Engis, réfute toutes les théories de Darwin en détruisant

---

(1) Alfred Russel Wallace *Natural Selection*, p. 336, 349, 355, 359.

le prétendu utilitarisme de la nature. Or il se trouve une foule de faits de ce genre, puisque, de nos jours, les sauvages ont un cerveau plus développé qu'il n'est utile à leurs besoins. Disproportion entre l'organe de la pensée et les occupations intellectuelles, entre le cerveau et la fonction mentale ; dès lors nécessité de renoncer à l'idée que tout se fait dans l'homme et les animaux conformément à leurs besoins immédiats.

On croyait avoir découvert le secret de la formation des espèces ; voilà que ce secret nous échappe. Nous retombons dans la nécessité de recourir à une puissance extra-mondaine qui agit, prépare, organise par des moyens que la science ne prévoit pas ; grave conséquence, puisqu'elle ruinerait tout ce qu'on avait établi par l'observation et l'expérience.

J'ai dit la difficulté ; voici, selon moi, la solution.

Le naturaliste qui a posé le problème l'eût résolu, si à sa science profonde, particulière, il eût ajouté l'histoire. C'est de la rencontre de ces deux sciences que peut jaillir la clarté. Une seule n'y suffit pas.

Est-il vrai, en effet, que le cerveau du gorille eût à peu près suffi à l'homme préhistorique de l'âge de pierre ? Voilà ce que je ne puis admettre.

Ne voyez-vous l'intelligence humaine que dans les grands produits d'une civilisation avancée ?

Faut-il bâtir le Parthénon, inventer la machine à vapeur, pour montrer que l'esprit humain existe et qu'il se sert du cerveau humain ? Pour moi, je crois que l'homme préhistorique a eu besoin de facultés mentales déjà toutes humaines pour faire le premier pas, se séparer de la routine de la nature morte, inventer, créer, ne fût-ce qu'une hache de pierre.

Ce cerveau d'Engis est déjà le cerveau d'un philosophe. Pourquoi non ? Vous ne faites pas assez de cas des premiers inventeurs, de ceux qui, avant tous, ont produit ce qui ne s'était jamais produit dans les milliers de siècles de la nature inorganique. C'est parce que vous méconnaissez ce moment initial des choses humaines que vous entrez dans une voie où votre science entière pourrait disparaître.

Le premier qui a façonné une arme, courbé un arc, travaillé un os en pointe, dégrossi une hache, celui-là a été créateur. Aucun prédécesseur qui lui ait ouvert la voie ; tout chez lui fut spontané. Est-il sûr que pour cet acte de création, de spontanéité, il n'ait pas eu besoin d'un cerveau aussi bien conformé que l'homme de nos jours qui ne fait que suivre un modèle copié mille et mille fois avant lui ? Est-il sûr que celui qui le premier a imaginé de semer en terre un grain de blé, d'en recueillir l'épi, n'a pas eu besoin d'une capacité crânienne égale à celle de Fellemberg ou de Richard du Cantal (1) ?

L'homme préhistorique imagine de dessiner les animaux qu'il rencontre ; il leur laisse leur attitude, leur mouvement. Qui soutiendra que ces peintres, ces sculpteurs préhistoriques qui, n'ayant pas d'ancêtres, inventaient à la fois leur art, leurs procédés, leurs instruments, n'avaient besoin pour tout cela que du cerveau du gorille, «avec la « dimension de trente-quatre pouces et demi cu- « biques? »

Vous voyez, avec stupeur, que l'homme fossile d'Engis avait un cerveau digne d'un académicien. Vous cesseriez de vous étonner si vous examiniez la première formation des langues humaines, même des sauvages, leurs racines, leur grammaire, leurs consonnances, leur logique surtout. Vous reconnaîtriez que chaque langue, même de l'homme fossile, suppose une philosophie latente, et un cerveau humain.

Qui sait ce que le crâne d'Engis qui vous confond a renfermé de lueurs, de pressentiments, de prévisions adaptées au premier monde de l'industrie, aux rudiments de l'art et du langage? C'est lui peut-être qui a découvert le feu, inventé l'arc et la flèche.

(1) Auteur du *Dictionnaire d'agriculture*.

Les anciens ne commettaient pas la faute que je signale ici. Ce qu'ils estimaient par-dessus tout, c'étaient les premiers inventeurs. L'homme préhistorique qui avait découvert le feu, ils en faisaient Prométhée. Celui qui le premier avait semé le blé, ils en faisaient Triptolème, ils l'associaient à Cérès. Loin de croire que les inventeurs de l'âge de pierre n'avaient eu besoin que d'un cerveau de singe, ils leur attribuaient des facultés olympiennes; ils les divinisaient.

Ne dites donc plus que les hommes préhistoriques n'avaient pas besoin d'avoir un organisme humain, et n'en tirez pas cette conséquence que la science de la nature telle que notre temps l'a faite est réfutée par le sauvage.

L'histoire humaine confirme ici, au contraire, l'histoire naturelle.

Concluez que l'homme préhistorique, ayant créé tous les rudiments de la civilisation, avait besoin pour cela d'une tête humaine. Même cet être de l'âge tertiaire, qui n'a laissé que ses débris de hache, n'était pas une moitié d'homme. Il a inventé la massue et les armes d'Hercule; c'était déjà l'homme tout entier.

CHAPITRE IV

UNE INTERVENTION SURNATURELLE EST-ELLE NÉCESSAIRE POUR EXPLIQUER LA NATURE HUMAINE ?

Un naturaliste promet de tout expliquer par des lois, sans avoir besoin d'une intervention surnaturelle. Je marche après lui dans ce chemin. Mais tout à coup le cœur lui manque. Il s'arrête étonné. Il vient de rencontrer un phénomène qui déconcerte sa philosophie naturelle. Pourquoi, dit-il, l'homme n'est-il pas velu comme les quadrupèdes ?

Je réponds : Les mammifères à fourrures montrent par là qu'ils sont originaires du Nord, ou au moins d'une contrée froide. Les animaux à robe (chevaux, bœufs) sont originaires d'une contrée moyenne (Tartarie, nord de l'Inde). Quant à l'homme, il n'est pas le seul être qui naisse nu.

L'éléphant aussi est nu. Il a la peau noirâtre, huileuse, entièrement rase comme le nègre. Pourquoi ? Parce qu'il appartient à la région tropicale. Une fourrure, une peau velue l'eussent empêché d'habiter ces contrées. Concluons que si l'homme est nu, c'est qu'il est originairement compatriote de l'éléphant. Il est né comme lui dans la zone chaude. Par là, il porte en naissant témoignage de son premier lieu d'origine.

Quand l'homme a quitté la zone torride, il a dû lutter contre un climat qui lui était étranger. D'où les vêtements de peau d'ours, de lion, de loup ou de kangourous, suivant la différence des lieux.

S'il vient nu dans le monde, ne dites plus que c'est là une anomalie, un mystère inexplicable (1). Plaindre l'homme de naître nu, c'est un effet de rhétorique qui ne peut plus prendre place dans l'histoire naturelle. Plaignez donc aussi le rhinocéros, car lui aussi est nu. Ses oreilles sont les seules parties de son corps sur lesquelles il y ait des poils ou plutôt des soies.

C'est par le hasard d'une découverte que l'on a su que le mammouth était velu dans les contrées froides. Il a laissé sa crinière, il a dépouillé sa fourrure, à mesure qu'il s'est avancé vers le Sud. Ses descendants transformés sont nus, sous le soleil de l'Inde et de l'Afrique.

Comment la voix de l'homme préhistorique a-t-elle pu s'adoucir, prendre des inflexions mélodieuses ? Cela aussi paraît inconcevable au même savant (2), sans un instituteur surnaturel ?

(1) Wallace, *The Theory of natural selection*, p. 345.
(2) Wallace, *Natural Selection*, p. 350.

Réponse : Toutes les voix de la nature environnante n'étaient pas des rugissements, des hurlements, des cris de bêtes fauves ; il y avait encore les mélodies des oiseaux. L'homme qui a tout imité, a imité aussi les voix des oiseaux chanteurs. Il en a rempli ses premières langues. Il a écouté leurs cadences, il les a reproduites. Ainsi les organes de la voix se sont assouplis dans l'homme ; il a chanté avant de parler. Toujours et partout il a trouvé des instituteurs.

Mais la conscience ! D'où vient-elle ?

Je comprends que la conscience endormie dans la matière s'éveille par degrés, à mesure que la matière se développe. Nous sommes inconscients la moitié de notre vie, pendant le sommeil. Souvent, alors, nous n'avons pas plus de conscience que la pierre et nous disons : J'ai dormi d'un sommeil de pierre ou de plomb.

Par degrés, nous acquérons une demi-conscience, végétative ; puis enfin la lumière complète de la conscience. Ce qui se passe chaque jour, dans chacun de nous, explique ce qui se passe dans le corps entier de la nature.

Oserai-je dire que Buffon a trop réduit les espèces animales au pur mécanisme, qu'il leur a trop refusé les plus simples lueurs intérieures, alors même qu'il les peignait en traits éclatants ? J'avoue qu'il a ainsi grandi l'homme, mais il l'a rendu incompréhensible. Nul être avant lui qui l'annonce et le prépare. Nulle ombre d'intelligence avant lui sur la terre. Enfin il arrive, et rien n'a fait pressentir sa venue.

Resterait aujourd'hui à écrire la psychologie du règne animal avant l'homme. C'est là certainement une des tâches réservées à notre temps. Du fond des ténèbres intérieures où tout animal est plongé, on verrait luire un premier rayon d'intelligence, et ce rayon augmenter de race en race jusqu'à la dernière scène où le genre humain apparaît dans la splendeur du monde intellectuel. La scène ne serait jamais vide ; et l'esprit ne serait que plus merveilleux, lorsqu'on verrait par quelle série d'ébauches il a été préparé dans le grand atelier de la vie universelle. Deux observations qui me reviennent souvent, et dont la place est ici, achèveront ma pensée.

Un jour, Isidore Geoffroy-Saint-Hilaire me montrait la ménagerie du Jardin des Plantes. Nous arrivâmes aux loges des animaux féroces. Dans une de ces loges étaient ensemble un lion et une lionne. Ils étaient debout, immobiles, et semblaient ne pas nous voir. Le lion, levant sa large patte, la posa doucement, lentement sur le front de la lionne. Tous deux restèrent dans cette attitude aussi longtemps que nous demeurâmes en face d'eux.

Que voulait dire ce geste? Un peintre qui eût

voulu représenter la douleur calme, la compassion du plus fort, eût-il inventé quelque chose de plus saisissant ? Encore aujourd'hui cette image me revient et me parle pendant que j'écris ces lignes.
— Qu'est-ce que cela ? dis-je à Isidore Geoffroy.
— Leur lionceau est mort ce matin, me répondit-il. Je compris alors ce que je voyais. Pitié, bienveillance, sympathie, ces sentiments se lisaient sur ces fronts ridés. Si vous eussiez assisté à ce spectacle, vous ne demanderiez pas aujourd'hui d'où peuvent naître de tels sentiments et s'il est possible qu'ils aient été éprouvés avant l'homme, dans le règne animal.

Autre observation : Les animaux sont capables de faire des expériences sur eux-mêmes, de façon à se corriger d'une illusion. Vous êtes-vous jamais demandé comment ils peuvent échapper aux illusions de l'écho ? J'en eus un jour un exemple frappant qui doit être rare à cause du concours des circonstances qu'il exige.

Un soir, à Schweizerhalle, j'entendis un gros chien, arrivé de la veille, aboyer sur le seuil de la maison. Un écho lui renvoie son aboiement. A cette voix étrangère, le chien répond par un cri de menace. Ce cri lui revient ; il aboie plus fort. De plus en plus irrité, il passe à tous les degrés de la colère. Il hurle ; un long hurlement lui répond. Puis, tout à coup, comme si une lueur avait traversé son intelligence, il change brusquement de ton ; l'écho change aussi. Dès lors, le chien commence à se reconnaître dans la voix étrangère. Il jette encore un cri, puis deux, en baissant le ton, jusqu'à ce que le doute ait cessé pour lui, et qu'il se soit entièrement retrouvé dans les intonations de l'écho. Alors il se calma en grondant ; il sembla dire : C'est moi.

Qu'est-ce que cela, sinon une expérience volontaire, un commencement de réflexion, une première lueur psychologique dans les limbes du règne animal ?

CHAPITRE V

D'OÙ VIENT LE SENTIMENT DE LA BEAUTÉ DANS LE RÈGNE ANIMAL ?

Les animaux ont un sens pour la beauté dans leur espèce ou dans les espèces voisines. Ils choisissent pour s'apparier non pas seulement le plus fort, mais le plus beau, le mieux doué par les couleurs du plumage, par la puissance ou les modulations de la voix, par le chant, par les ornements, par la grâce, c'est-à-dire celui qui répond le mieux aux caractères essentiels de son espèce. C'est ainsi que, dans l'état de nature, les espèces animales ne dégénèrent pas. Il n'y a pas de décadence pour elles.

Pendant que des races d'hommes déclinent à vue d'œil, les animaux en liberté, dans les mêmes contrées, prospèrent comme dans les meilleurs jours. Les mammifères, les oiseaux de la Perse, de l'Égypte, de la Grèce ont vu ces civilisations passer, et ils sont restés ce qu'ils étaient au temps des Pharaons et des Olympiades. La cigogne, qui fait aujourd'hui son nid dans un temple de Thèbes, n'a pas été effleurée par la chute de l'Egypte. La chouette survit à Pallas-Athéné, l'aigle à Jupiter ; ils n'ont pas perdu une plume dans la chute des dieux. Les rossignols sont aujourd'hui à Colonne ce qu'ils étaient au temps de Sophocle. Leur goût de la beauté n'a point changé. Ils aiment aujourd'hui ce qu'ils aimaient alors. A travers tous les temps, ils ont continué à chercher le meilleur de leur espèce, et celle-ci n'a pas déchu.

C'est ce sentiment d'amour pour le plus excellent qui soutient le règne animal contre les changements des époques. Seul, l'homme aime quelquefois le plus laid, le plus vicieux, le plus dépourvu d'humanité. Dans ces moments, les sociétés déclinent et les civilisations périssent.

Voyez le travail infini des mâles pour attirer et charmer les femelles ; efforts si constants que leur organisation même en est changée et embellie. Sans relâche, ils appellent, ils chantent, ils crient, ils bruissent, et seulement pour plaire à leur femelle. Ils disputent avec leurs rivaux, de la voix, du chant, du bec, des griffes, des antennes, des dents, des mâchoires ; et cet éternel combat n'a qu'un but, posséder ce qui représente le mieux leur espèce. Par cette contention de tout leur être vers une fin toujours la même, ils transmettent leurs avantages à leur postérité. Ils réussissent, de génération en génération, à garder intacts leurs armes pour combattre, leurs instruments de musique vocale et instrumentale pour décider le choix en leur faveur, leur plumage nuptial pour la saison des noces.

C'est seulement de nos jours que les naturalistes ont fait entrer la nécessité de plaire, la préoccupation du beau, et une sorte d'esthétique inconsciente dans les unions et les préférences des animaux. Au temps de Lucrèce, et même de Buffon, on croyait que tout se décidait chez eux par la force, la fureur aveugle. Au contraire, le sentiment de la couleur, de la forme, du chant, décide le plus souvent du choix. D'où cette conclusion, en ce qui touche l'espèce humaine, que les femmes sont moins consultées dans leurs préférences que les femelles de la plupart des animaux en liberté.

Chez eux, où le convenu n'a point de part, tout se rapporte à l'individu en même temps qu'à l'espèce. Assise sur un arbuste, la cigale appelle du matin au soir, de sa voix altérée, sa femelle muette. Celle-ci choisit non pas le mâle qui est sur l'arbre le plus productif, mais celui qui réunit le mieux les principales conditions de son genre. Chez l'homme, au contraire, qui épouse une situation, la personne n'existe pas. Elle n'est pour rien dans le choix. Comment n'y aurait-il pas des familles, des classes, des peuples, des races en décadence ?

Ainsi, le sentiment du beau pénètre le règne

animal, il le conserve, il le soutient. Quand ce sentiment n'est plus pour l'homme qu'une théorie sans application, l'homme n'est plus que la moitié de lui-même.

Jugez par là de ce que peut être l'abolition du divorce dans un peuple. Deux êtres qui s'abhorrent et que rien ne peut désunir, liés malgré eux dans un mariage odieux auquel tout leur être répugne. Quelle postérité de haine et de laideur doivent-ils laisser après eux! Si les animaux étaient asservis à l'union indissoluble, malgré la haine et l'horreur réciproques, il y a longtemps que les races animales seraient en pleine dégénération.

CHAPITRE VI

THÉORIE DE L'AMOUR COMME PRINCIPE DE VIE UNIVERSELLE

Hésiode et les anciens étaient plus près que nous de la vérité, lorsqu'ils faisaient naître les notions morales, non du calcul, mais de l'amour universel. Celui-ci, antérieur aux dieux, le plus beau des dieux immortels, était à leurs yeux le créateur de toutes choses. Par lui s'expliquait ce qu'il y a de plus mystérieux dans l'origine des êtres, comme des idées.

Mêlée à chaque créature, cette force cosmogonique, âme et foyer de la vie universelle, n'est-elle pas devenue trop étrangère à nos conceptions scientifiques de la vie ? Ne remplaçons-nous pas trop souvent cette loi des lois, préhistorique, génésiaque, par des abstractions et des énigmes ? Cet amour est aujourd'hui si loin de nous et de nos systèmes que nous le regardons comme une maladie, une névrose de la mémoire et de l'imagination, quand il se montre de notre temps.

Accordez-moi au moins, je vous prie, que ce

qui a dissipé, à l'origine, le chaos, brisé le premier œuf du monde, produit et varié les espèces, éveillé la conscience individuelle, créé l'univers animé, évoqué dans chaque être le génie intérieur, n'a pas été une maladie ou une névrose de la nature vivante.

Dans les plus mauvais jours, il y a eu des créatures humaines qui ont marché sur les nues. Elles se sont séparées des laideurs de leur époque ; elles ont adoré la beauté. Le bruit des discordes, des massacres, des chutes d'empires, ne les atteignait pas. Perdues l'une dans l'autre, elles souriaient au milieu des agonies et des pestes. Pourquoi ? Elles étaient l'une à l'autre leur univers hors duquel rien n'existait pour elles.

Comme il y a eu des fleurs splendides dans les jours les plus tristes du monde, il y a eu aussi des créatures humaines qui ont vécu de délices au milieu du deuil du genre humain. Il y en a eu sous les tyrannies de tous les temps ; il y en a de nos jours. Sous les Mérovingiens, sous Philippe II, quand l'espèce humaine tarissait, il y a eu des créatures qui, sourdes aux lamentations, aveugles aux calamités, malgré le renversement des États, se faisaient des royaumes de joie et de félicité.

Qui sont-elles ces créatures inconcevables ? Celles qui ont aimé. Quelquefois leur royaume n'a duré qu'un moment ; mais il a existé un jour, et ce jour a été pour elles une éternité. Où ont-elles reçu ce privilége ? Pendant que les autres membres de l'espèce humaine vivent courbés sous la nécessité, en proie aux pensées misérables, aux calculs de l'insecte, emprisonnés dans les habitudes d'une profession, dans les préjugés d'une époque, dans la supputation d'une vie mercenaire, elles ont un génie qui les enlève au-dessus des conditions de leur temps et de leur peuple. Les autres rampent, elles ont des ailes.

Où les ont-elles prises ?

Voyez, chez elles, ce regard profond qui perce l'infini, cette extase du bienheureux qui ouvre le ciel sur leurs têtes. Quel penseur est plus absorbé dans sa découverte que celui qui aime, quel saint dans sa vision, quel poëte dans son poëme ?

Qui a donné, en un moment, cette vaste envergure à cette pauvre âme, inerte hier encore et repliée sur elle-même ? Demain peut-être elle retombera dans son inertie première, elle aura perdu ses ailes; elle rampera à son tour, aride, dépouillée, misérable ver de terre.

Mais aujourd'hui, elle aime, elle est aimée, elle est sur le trône de l'univers.

C'est l'amour, dites-vous. Oui, sans doute. Mais qu'est-ce que l'amour ? Après tant de poëtes qui l'ont décrit, tout reste encore à dire sur ce sujet.

Précédemment j'ai montré que dans tout le règne animal les êtres choisissent ceux qui représentent le mieux les qualités de leur espèce. Quand ils ont trouvé des individus en qui résident ces caractères essentiels, beauté, force, vitalité, ils les préfèrent à tous les autres ; ils s'unissent à eux et l'espèce se propage. Voilà le fond de l'amour dans le règne animal.

Que dire du genre humain ? Pourquoi chaque fibre est-elle complice ? Pourquoi ce tressaillement universel de l'esprit et du corps ? A travers tous les voiles, j'aperçois le génie de l'espèce humaine concentré dans le cœur de l'homme et de la femme qui s'aiment.

L'amour passionné a pour substance l'humanité en germe, enveloppée dans le mystère de deux êtres qui se croient faits l'un pour l'autre. Chaque amant ne croit-il pas que celle qu'il aime l'emporte sur toutes dans ce qui constitue l'essence de l'espèce humaine ? N'est-elle pas à ses yeux la plus belle ou la plus gracieuse, ou la plus conforme à ce que peut désirer un cœur d'homme ? Ne pense-t-il pas qu'il faudrait que toutes les femmes fussent semblables à elle ? Et n'est-ce pas là le prestige qui le fascine ?

Si ceux qui s'aiment sont séparés, le monde animé ne leur semble-t-il pas désert ? Le genre humain disparaît à leurs yeux ; tant il est vrai qu'ils concentrent én eux l'espèce humaine ; elle s'éteint ou revit avec eux. Dans une solitude profonde, ils sont l'un à l'autre tout un peuple ; ce mystère qui nage dans leurs yeux, c'est la nouvelle humanité qu'ils portent en eux-mêmes. Comment n'en seraient-ils pas enivrés ? Le sourd vagissement des générations futures murmure dans leurs paroles et couvre pour eux le bruit de l'univers.

Vous les croyez seuls. Oh ! que vous vous trompez ! Le souffle des générations nouvelles erre sur leurs lèvres ; les temps nouveaux flottent inconscients dans leurs yeux. Ils ont concentré en eux la substance de tous les âges futurs ; comment n'en seraient-ils pas troublés ? Ils n'ont pas conscience de cette humanité nouvelle qui les enveloppe et rayonne autour d'eux ; c'est ce qui achève la magie.

Voyez, dans le tableau de la Conception de Murillo, ces couronnes d'enfants ailés sortis des limbes, qui aspirent à naître. Ils appellent la vie ; ils forment le cercle des générations à venir. N'entrez pas dans le cercle des incantations, vous qui voulez garder votre raison intacte. Ne posez pas le pied sur ce disque magique des enchantements nocturnes.

Allons plus loin. Je veux bien que le génie de la race humaine tout entière soit concentré dans l'âme qui aime et que les siècles de durée de l'humanité future soient en germe dans un moment. Je dis que nous ne connaissons rien encore de l'amour, si nous n'ajoutons un trait qui renferme tous les autres, comme la flamme achève le flambeau.

Ce n'est pas seulement l'espèce qui aspire à naître ; c'est une création meilleure. Il n'est pas d'amants qui ne se figurent pour eux un bonheur tel qu'il n'a été encore possédé par personne. Ils se feront l'un à l'autre un Eden que le monde n'a pas encore vu. Ils se créeront un âge d'or. Le reste du genre humain n'a pas su atteindre la félicité ni même la rêver. Pour eux, ils sauront l'atteindre et la fixer. N'est-ce pas le rêve de tous ? Ainsi, au bout de sa course, l'amour a pour but l'amour, c'est-à-dire un monde meilleur.

Rien n'ébranle profondément l'âme humaine que ce qui est une des conditions de la formation de l'univers vivant. Quand il arrive que l'homme et la femme se choisissent par amour, ils rentrent dans la loi universelle qui a créé le monde animé. Au fond de leur amour se cache l'avenir de l'espèce humaine sans qu'ils en aient conscience.

En cela consiste la grandeur de l'amour tel que tous les temps l'ont adoré, depuis Hésiode. Il ne s'agit pas de deux êtres seulement qui passent et dont nul ne garde la mémoire ; il s'agit d'un monde et d'une postérité meilleurs, entrevus et déjà possédés. C'est parce que les amants portent en eux la vision de cet avenir indéfini de félicité que, même infimes ou obscurs, ils s'élèvent si aisément à une région sublime. Les histoires de Roméo et de Juliette, de Paul et Virginie, d'Héloïse et Abélard égalent en intérêt les annales de plus d'un empire.

Voilà pourquoi ces histoires, toujours les mêmes, ne lassent jamais. Chaque génération y retrouve la terre promise, éternellement convoitée de l'espèce humaine.

Malgré tout, l'amour humain ne produit ses vrais fruits que dans le mariage. Les adultères des dieux enfantaient des Hercules et des héros, parce que les dieux n'avaient rien à cacher. Chez les hommes il en est autrement. L'amour, s'il est obligé de mentir, de frauder, de trahir, enfante des créatures de mensonge et de fraude.

Examinez de près les enfants nés de l'adultère, vous trouverez bien souvent des esprits adultérins.

Enfantés dans le déguisement, la peur, le tremblement, le faux, vous découvrirez physiologiquement que souvent ils portent en eux la marque intérieure de ce trouble profond. Tout leur être conserve par son inconsistance la trace de cette perturbation première. La vérité qui a manqué à leur naissance, à leur berceau, est aussi ce qui manque le plus chez les meilleurs, à leur caractère et même à leur physionomie, depuis la jeunesse jusqu'à la vieillesse.

Tout chez eux est évasif. Pour se maintenir dans le vrai, ils ont à soutenir en eux-mêmes une guerre intestine dont ils ne soupçonnent pas la cause. Plus dignes d'admiration que d'autres, si, nés de la fraude, ils vivent de sincérité.

J'ai toujours été étonné que les moralistes ne condamnent l'adultère qu'au nom des conventions légales. Pourquoi ne le condamnent-ils pas au nom du bonheur? Ils seraient peut-être mieux écoutés.

Osez donc dire enfin, que la plus grande calamité, la plus grande insanité pour une créature humaine est d'aimer celle qui appartient à un autre.

Quand les idées sont si altérées, je suis bien obligé d'en appeler encore au témoignage de toute la nature vivante. Les espèces animales en liberté ne mentent pas, ne fraudent pas dans leur union. Si deux lions ou deux cerfs convoitent la même femelle, l'un chasse l'autre de son domaine, et le mensonge n'entre pas dans leur caverne ou leur forêt, pour altérer le type de leur espèce; des combats furieux assurent la postérité des plus forts, des meilleurs de leur race. Ils règnent en sécurité dans leur famille sur leurs lionceaux ou sur leurs faons.

Mais, qu'est-ce que cette joie furtive que l'homme prétend tirer de l'épouse d'un autre ? De quel bonheur veulent-ils parler dans une alliance où tous deux se trompent nécessairement ? Ils se jurent d'être fidèles et chaque souffle est une infidélité. Mensonge de l'âme et du corps ; pas un instant où le plus aimant, le plus aimé ne doive se dire : Elle me trompe ; elle ment ; elle engendre pour un autre dans le mensonge et dans le crime : crime au nom des conventions humaines, ou crime au nom de l'amour immortel.

Et vous appelez cela : succès, conquête, joie, bonheur, volupté, félicité ? Moi, je l'appelle désespoir.

CHAPITRE VII

RAPPORTS DE L'AMOUR ET DU GÉNIE CRÉATEUR. — EN QUOI CONSISTENT LE PROGRÈS ET LA DÉCADENCE DES ARTS.

Si l'amour du beau est ce qui maintient les espèces animales, comment s'étonner que ce sentiment soit inné dans l'espèce humaine ? Ne demandez plus d'où il vient, comment il s'est formé. Il sort des sources mêmes de l'être. Il est né, non pas d'une réflexion, mais des conditions mêmes de la vie. Il est au fond de l'existence humaine.

L'oiseau cherche le beau dans le plumage, dans le chant. Comment l'homme n'aurait-il pas à son tour cherché le beau dans la vie et dans l'art ? Si le rossignol chante pour charmer sa femelle, comment l'homme n'aurait-il pas la faculté d'inventer des chants, des poésies, pour charmer son espèce ? L'amour du beau n'est pas une fantaisie, c'est une des lois de toute la nature vivante.

L'oiseau déploie artistement son plumage, ses pierreries vivantes, topazes, saphirs, émeraudes, pour atteindre au beau dans son espèce : comment l'homme n'aurait-il pu y atteindre dans la nature humaine ? Si le paon fait la roue par orgueil ou par amour, pourquoi l'homme ne se pavanerait-il pas dans l'Apollon du Belvédère ? Toutes ces prétendues impossibilités disparaissent, sitôt qu'on y applique la vue générale des espèces comparées.

Admettez que, dans la nature, la beauté est utile, que la fleur se pare de ses couleurs pour attirer les insectes qui servent à la féconder ; j'étends cela à l'art humain, et j'incline à penser qu'il est, lui aussi, plus utile qu'il ne vous semble aujourd'hui. Vous verrez que le beau n'est pas seulement une décoration. Il est, le plus souvent, une cause de durée pour un peuple.

Telle nation se couvre des plus belles couleurs de la poésie, de la peinture, de la parole humaine. A quoi bon ? dites-vous ; on pourrait se passer de poëtes. Dites aussi qu'on pourrait se passer de fleurs, de rayons et de ces essaims qui propagent la vie.

Sous la forme immortelle de l'art, une nation peut s'envelopper et subir de longues métamorphoses sans mourir. Comme une chrysalide dans sa coque, elle se réveille et parcourt de nouveaux cycles de vie. Qui peut dire qu'Homère, Sophocle n'ont pas servi à prolonger l'existence de la

Grèce et à la faire revivre ? Ils ont attiré sur elle les yeux du monde, qui, sans cela, l'aurait laissée mourir. Et l'Italie n'a-t-elle pas été conservée par Dante, Pétrarque, Raphaël, pendant trois siècles de mort apparente?

Une nation serait donc une larve. Celles qui périssent tout entières sont celles qui n'ont pu s'envelopper d'une forme immortelle d'art ou de poésie. Elles n'ont pu s'endormir du sommeil de la chrysalide. Elles sont mortes.

Rien ne ressemble plus au génie créateur que l'amour. Il est, comme lui, toujours nouveau. Il s'absorbe, comme lui, dans sa propre création. Il ne voit qu'elle, et il la voit partout. C'est l'univers entier qu'il concentre dans ce qu'il aime. Il le voit dans la trace d'un pas sur la poussière ; il le retrouve scintillant dans l'étoile la plus lointaine. C'est qu'il a créé ce qu'il aime. Il compose un poëme qui respire, il sculpte une statue vivante.

N'est-ce pas ainsi que le génie qui crée une œuvre d'art en est possédé? Chaque objet de la nature lui fournit un nouveau trait pour l'achever. A travers la pierre ou l'airain, il cherche l'œuvre dont il est épris. Il convoite la beauté dans les veines du marbre. Amour insatiable que toute vie révèle. C'est en cela que je fais consister la différence entre les époques fécondes et les époques stériles.

Dans les grands âges de créations d'art, l'homme est doué d'un amour tout-puissant pour tout ce qui renferme un germe de beauté. Les artistes de l'antiquité grecque et de la Renaissance étaient tous amoureux de ce qu'ils rencontraient de beau dans l'espèce humaine et dans les choses.

Ils éprouvaient pour les œuvres d'art le même transport que les âmes éprises sentent l'une pour l'autre à la première rencontre.

A quoi aspiraient-ils ? A enfanter le beau, à faire du présent un Vivant Éternel ; les chefs-d'œuvre naissaient d'eux-mêmes.

En vain, ce premier transport passé, les choses restent ce qu'elles étaient ; la terre est la même, mais l'homme ne la voit plus des mêmes yeux. Chaque jour qui se lève a beau offrir la même merveille ; l'homme est changé. Le grand Amour aux ailes d'or ne le possède plus. Toute création lui devient impossible. Ses efforts pour masquer son indifférence ne tromperont ni le présent ni l'avenir.

Il n'aime plus ; **tout est** là. Impuissance, décadence, stérilité.

Les artistes orientaux n'étaient pas amoureux de leur sujet ; ils n'en approchaient qu'avec la crainte de l'enfant. Comme l'amour leur manquait, ils ne pouvaient produire la vie. Froids colosses qui restent de pierre.

Celui qui a dit, dans l'antiquité, que la sculpture et la peinture sont nées le jour où un amant a gravé sur la muraille l'ombre de celle qu'il aimait, a trouvé le sens de l'art.

L'art est, en effet, une dépendance du grand domaine de l'amour, dans ce sens qu'il faut que l'artiste aime les choses qu'il représente ; sinon l'indifférence se glisse sur sa toile ou dans son marbre et l'art ne peut naître.

Comment voulez-vous que l'artiste fasse circuler le sang dans le marbre, dans l'airain, dans le bois, sur la toile, s'il ne le sent pas circuler dans ses veines ?

Vous regardez avec indifférence les forêts, les eaux, les rochers. De quel droit prétendez-vous les faire revivre sous votre pinceau ? Professer l'indifférence, c'est professer la stérilité.

Dans leur première époque, les Égyptiens ont aimé les choses vivantes ; toute leur sculpture est fondée sur cette époque. L'esprit sacerdotal a glacé cette première fleur pour des milliers d'années. Il n'a pu l'anéantir.

Si ceux qui se vantent de leur sublime mépris de toutes choses et de leur froide ironie étaient sincères, ils ne pourraient rien produire. Mais, sous ce masque, il y a encore quelque reste caché d'une sympathie ou d'une haine, ou au moins, le souvenir d'un temps passé ; et c'est de là qu'ils s'inspirent. La cendre éteinte reste féconde.

Quand vous voyez la vie universelle se dilater, de degré en degré, et l'infini se dérouler devant vous, avouez que la froide ironie est une puérilité prétentieuse. Il n'y a que les enfants qui bâillent au spectacle du lever et du coucher du soleil.

Les Grecs ont fait de la sculpture, parce qu'ils aimaient les beaux corps ; les Flamands, des intérieurs, parce qu'ils adoraient leur *chez-soi;* les hommes de la Renaissance, des œuvres éclatantes de tous genres, parce qu'ils étaient épris de tout ce qu'ils voyaient.

Ne rien aimer, ne rien haïr, tout mépriser et vouloir écrire, peindre ou sculpter, c'est vouloir paraître sans être.

Quelle est donc la marque des artistes de décadence ? La voici : ils n'aiment rien ; ils ne peuvent rien enfanter de vivant.

Comment a-t-on pu dire que les vierges de Raphaël ne sont que de beaux animaux ! Je crois bien plutôt que Raphaël a été amoureux de chacune des vierges qu'il a peintes : c'est pour cela qu'il a mis tant d'amour divin dans chacune d'elles. Ses Enfants Jésus sont ses vrais fils.

CHAPITRE VIII

COMMENT L'ART PEUT ÊTRE A LA FOIS VRAI ET MORAL

Comparons l'art à la réalité des choses humaines.

Un roman où l'on verrait tous les honnêtes gens l'emporter sur les vicieux ne serait pas lisible, tant il serait fade à force d'être faux. Si une œuvre d'art s'attache seulement à la vie réelle, elle montre l'avantage du méchant sur l'homme de bien ; cette œuvre est vraie, mais immorale.

Comment donc l'art peut-il se sauver et être à la fois moral et vrai ?

Voilà la difficulté. Elle se résout par ce sentiment instinctif qui est au fond de toutes les grandes œuvres : le méchant a l'avantage dans la lutte de la vie, en tant qu'individu ; mais l'homme de bien, même vaincu, l'emporte comme représentant de l'intérêt général de l'espèce humaine.

Le premier, dans sa victoire, ne triomphe que pour lui ; le second, vainqueur ou vaincu, combat pour le genre humain. Il meurt et son idée survit ; le monde en profite. Voilà la morale dans l'art.

Examinez ce qui se passe dans un poëme, un drame. Nous ne nous sentons pas représentés par le méchant. Néron, Iago, Lovelace ne sont pour nous que des individus qui nous sont étrangers ; mais nous nous retrouvons dans la victime, quelle qu'elle soit. Combat de l'individu et de l'espèce, c'est le fond même du drame, sa morale et sa vérité.

Nous sortons d'un drame oppressés par la victoire du méchant et consolés par l'attente d'une revanche de la justice.

Voilà pourquoi aucun dénoûment ne nous satisfait. Heureux, nous le soupçonnons d'être faux ; malheureux, nous en attendons un autre.

Chaque drame nous laisse ainsi le désir et le pressentiment d'un autre drame.

On a blâmé le denoûment de Tartuffe. C'est qu'il n'est pas conforme à la vie réelle. Dans le monde, Tartuffe l'eût infailliblement emporté. On eût vu Orgon et les siens chassés de la maison et Mme Pernelle demandant humblement l'aumône à la porte de l'imposteur. Ce dénoûment était le vrai, mais il eût paru intolérable. Molière n'y a échappé que par le *deus ex machinâ*.

Il y a des œuvres qui dessèchent l'âme humaine et ôtent jusqu'à l'espérance. Celles-là, quand même elles seraient peuplées d'anges, seraient la perte de toute morale, puisqu'elles en tarissent la source. Je conçois, au contraire, des œuvres où tous les personnages seraient méchants et qui pourtant seraient morales; ce serait celles qui, en me promenant, dans l'enfer me donneraient l'amour passionné du ciel.

Nous venons d'entrevoir, par l'imagination, l'abîme du mal et du faux. **Osons y descendre.**

CHAPITRE IX

THÉORIE DU MENSONGE

L'univers ne ment pas. Étudiez la physionomie de tous les êtres (car chacun a la sienne), vous verrez qu'ils disent ce qu'ils doivent dire. De génération en génération, l'expression de leurs sentiments internes s'est gravée sur leurs traits en signes involontaires ; langage universel qui ne trompe que ceux qui veulent être trompés.

Après avoir comparé les physionomies, les gestes instinctifs des hommes et des animaux, Darwin (1) a décrit les signes extérieurs des principales passions. Ces signes, se retrouvant à peu près les mêmes à chaque degré de l'échelle animale, sont dus à l'hérédité ; l'homme les a reçus le plus souvent de ses premiers ancêtres. Il y a ainsi une tradition de marques extérieures pour chaque situation de l'esprit : amour, haine, surprise, désir, angoisse, souffrance, étonnement, crainte, horreur. A chacun des états internes répondent certains mouvements

(1) Charles Darwin, *The Expression of the emotions in man and animals*, 1872.

de muscles qui le trahissent aux yeux, comme si une main invisible révélait et gravait, au dehors, dans la chair et dans les fibres, la vie cachée.

Parmi ces situations de l'esprit, je cherche en vain le mensonge. Combien il serait utile de pouvoir en décrire scientifiquement les signes les plus caractéristiques ! Par malheur, ce sont précisément ceux qui manquent au tableau comparé des expressions et des physionomies dans l'animal et dans l'homme.

Encore une fois, c'est que l'animal ne ment pas; il n'a pu transmettre à l'homme les signes caractéristiques du mensonge. Le loup, le tigre ne vous flattent pas pour vous mieux déchirer. Le lion ne se déride pas pour vous capter. Il ne se fait pas un rugissement de courtisan. La vipère se cache, il est vrai ; mais dans ses yeux perçants vous pourriez lire sa haine. Elle ne ment pas. Le chien enragé montre par sa gueule écumante, par sa course effrénée, la rage qui le consume ; il ne ment pas. Même les singes anthropoïdes n'essayent pas de se composer leurs traits. Ainsi de tous les autres. Ceux qui, comme l'araignée, tendent des embûches, ne caressent pas d'avance leur proie. Ils ne mentent pas. Quant au langage des animaux, ils écoutent et imitent des bruits et des voix étrangères. Mais, dans cette imitation, rien qui ressemble à l'intention de paraître ce qu'ils ne sont pas.

Un seul être ment sur la terre, c'est l'homme. Lui seul parvient à se composer un masque, un langage, un visage qui le fait paraître tout le contraire de ce qu'il est. De là vient la difficulté de saisir les traits caractéristiques du mensonge. Nul animal inférieur ne peut en donner l'idée. Comment donc s'est formée la faculté de mentir dans l'homme? Pourquoi ce privilége? Question que personne ne s'est posée. Il faut pourtant essayer de la résoudre. Toute la destinée humaine est là.

Chose étrange, en effet; il est plus facile de voir comment l'homme a reçu de l'animal un héritage de vérité, que de voir comment et de qui il a reçu la capacité du mensonge.

Le carnassier ne sait que se tapir dans une embûche ; mais, là, il ne sait pas adoucir sa face, voiler sa paupière, fausser sa voix, dérider son front, sourire de sa gueule béante, se métamorphoser en agneau. L'homme le sait. Pourquoi ? Parce qu'il a appris à se dominer ; et, par cette puissance, l'instinct animal de la ruse devient mensonge réfléchi dans l'homme. Chez lui, tout peut mentir : le visage, la voix, la bouche, la main, les yeux, le geste, la marche, le corps entier. Ce qui n'est chez l'animal qu'une transformation inconsciente *(mimicry)* est instantané chez l'homme. Il sait prendre la voix et la couleur de sa proie : il sait mimer sa victime.

Voulez-vous donc reconnaître le menteur ? Vous pouvez y parvenir en observant quelques-uns des signes suivants : l'œil éteint (car il s'agit de ne pas se laisser découvrir par le regard) ; le visage pâle (tout le sang se retire au dedans comme si la vie même se dissimulait) ; les prunelles tournées vers les extrémités opposées (moyen d'égarer l'observateur) ; les sourcils froncés et soudainement épanouis (c'est d'abord un effort, qu'il faut aussitôt cacher) ; les dents serrées et bientôt la bouche entr'ouverte (comme pour retenir la parole et la lancer en même temps) ; surtout la langue qui s'effile et se darde dans un mot précipité ; souvent la démarche serpentante, comme pour attaquer et fuir au même moment.

Mais que sont ces signes réduits à eux-mêmes ? Ils doivent se combiner avec les traits et l'expression de celui à qui le menteur s'adresse. Car, la première condition pour lui est d'imiter celui qu'il veut tromper. Il en prend le visage, le ton, le geste, en sorte qu'il diffère de lui-même aussi souvent qu'il change d'interlocuteur. De là une variété infinie qui échappe à l'analyse dans le même individu : simple avec les simples, violent avec les violents, timide avec les timides, le mot qui fait le fond de sa langue est : loyauté.

Maintenant, au lieu d'un seul, supposez une classe d'hommes ou une société qui s'étudie à mentir. Vous verrez une combinaison d'expressions fugitives dont aucune langue ne peut donner l'idée et qui, s'effaçant les unes par les autres, aboutissent à un manque absolu d'expression. Quand vous croyez avoir saisi le menteur, il se dissimule sous la raideur du masque ; rien ne ressemble plus à la raideur de la mort.

Voyez le Judas de Léonard de Vinci dans le tableau de la Sainte Cène.

Le génie réfléchi de Léonard a saisi quelques-uns des traits que nous cherchons. Jésus vient de dire : L'un de vous me trahira. A ces mots, tous les disciples sont saisis d'horreur. Ils se lèvent, ils se penchent, ils interrogent, ils tendent les mains, ils se partagent en groupes. Un seul reste froid, immobile : c'est Judas. Reconnaissez-le à cette fixité, à cet isolement, à ce front d'airain, perdu dans l'ombre. Comme il est sûr de lui-même, le coude fortement appuyé sur la table. Que les autres s'émeuvent, gesticulent, rejettent le soupçon, découvrent leur poitrine. Pour lui, il est impassible comme le Christ ; car de tous les Douze, il est celui dont l'attitude ressemble le plus à celle de Jésus. Il se tourne vers lui, il se modèle sur lui. Voilà bien l'homme en qui tout ment, excepté sa main droite qui serre convulsivement la bourse. Mais qui pourrait faire attention à ces muscles crispés, à ce poing fermé, au milieu de toutes ces mains loyales qui s'ouvrent, se cherchent, interpellent, s'étonnent, interrogent, protestent en pleine lumière ?

Le geste, ai-je dit, est le même dans Jésus et dans Judas. Une différence pourtant : Jésus étend sur la table la paume de sa main ouverte, visible à tous. Judas fait le même geste ; seulement sa main est renversée, comme celle d'un homme qui cache son jeu. Il se retourne à demi vers le Christ, et il fait sur lui-même une ombre épaisse ; c'est cette ombre qui le dénonce et qui dit : Voilà Judas. Tous les autres, excepté lui, rayonnent de la clarté du jour et des splendeurs du Christ.

CHAPITRE X

D'OU VIENT LA JUSTICE ? — D'OU VIENT L'AVANTAGE DES MÉCHANTS DANS LE COMBAT DE LA VIE ?

D'où vient la justice ? Notion inexplicable, nous dit-on, d'après les lois connues de la nature. Car, il n'est pas utile à l'individu d'être juste ; il périrait s'il l'était réellement. D'où peut donc venir le sentiment du juste dans l'homme préhistorique ? Où en a-t-il reçu le germe ? Ce n'est pas lui qui se l'est donné ; ce n'est pas le monde qui lui en a fourni la notion. Il n'y a, encore une fois, qu'un pouvoir extra-mondain, en dehors de la nature, qui lui a révélé la justice.

Voyons cela de plus près. Je crois apercevoir, au contraire, que la Justice est née de l'amour et qu'il y en a un premier germe inconscient dans toute créature vivante. L'oiseau qui apporte la pâture à sa femelle dans le nid où elle couve ses œufs, ne s'oublie-t-il pas lui-même pour un autre ? Ne fait-il pas un acte de justice ? La poule, qui distribue également la nourriture à chacun de ses petits, n'est-elle pas juste à son tour ?

L'un est-il sacrifié à l'autre? Non. Ils ont semblable part, comme s'ils étaient régis par un code éternel : premier instinct de répartition équitable. La lionne elle-même ne fait-elle pas la part égale à ses lionceaux, et la louve du Tibre à Romulus et Rémus? La femme préhistorique ou sauvage n'allaite-t-elle pas également ses nouveau-nés, sans quoi l'espèce s'éteindrait au moment de naître? Et qu'est-ce que tout cela, si ce n'est la première lueur de la justice sous la forme de l'amour maternel qui dompte même les lions? Véritable législation primitive.

Ne dites donc plus que la justice ne peut être née sur la terre; qu'il a fallu, pour cela, que des êtres surnaturels aient dressé l'homme à l'équité, au sens moral, comme l'homme dresse aujourd'hui les animaux domestiques à la chasse, au manége, à l'équitation, à l'habitude de porter les fardeaux, de traîner les chars, de garder les troupeaux.

La justice est née de l'amour : il a seul fait ce miracle.

Vous soutenez que la justice n'est que le sentiment de la prudence. Je ne fais pas le mal, parce que j'ai peur d'être puni. Je vous assure que vous vous trompez. Je pourrais faire beaucoup de mal sans la moindre crainte d'être châtié. Si je ne le fais pas, il faut absolument trouver un autre motif que mon intérêt. Est-ce la sympathie? Mais quoi! me sentirais-je dégagé de toute justice envers ceux qui me sont antipathiques? Non. Je m'obstine à penser que la même force qui tient les mondes en équilibre, descendue dans l'esprit de l'homme, y devient équité, justice, sentiment moral.

A cela vous objectez que la justice diffère partout ; qu'il y a des peuples qui en sont entièrement dépourvus. Mais c'est là ce que je nie à mon tour, car toute société humaine a un certain sentiment de justice. Les voleurs ont un code qu'ils observent entre eux dans leurs repaires, les sauvages dans leur tribu. — Justice informe. — Oui, sans doute, mais embryon de justice, et cet embryon d'où vient-il ? Encore une fois la justice n'est pas seulement la fille avisée de la prudence : elle descend de plus haut.

Voyez la conscience de l'homme de bien.

Pourquoi est-ce le plus beau spectacle de la terre ?

Est-ce seulement parce qu'elle est d'accord avec la loi écrite, avec l'institution locale, le gouvernement, l'autorité officielle? Non, elle est d'accord avec toutes les vérités qui soutiennent l'univers.

« Les cieux pleuvent la justice. » Rien de plus vrai. Ne dites plus que la crainte de la pénalité forme seule la conscience de l'homme de bien. Dites, au contraire, que ce qui est ordre, pondération, équilibre, équivalence des forces dans la nature devient justice dans l'homme. Perdre l'équilibre, la balance intérieure, voilà le commencement de l'injustice.

Il y a, je le sais, dans la nature, une certaine hypocrisie inconsciente. Chaque insecte prend un petit masque et contrefait son voisin. Tous les êtres se déguisent, pour échapper l'un à l'autre. Ces déguisements, très-visibles dans les êtres inférieurs, moins apparents dans les autres, sont ce que les naturalistes anglais appellent *mimicry*. Les plus faibles miment les plus forts. Imitation d'une créature par une autre, œuvre non volontaire, mais inconsciente, dans la grande mise en scène de la nature.

Chez l'homme, ceux qui n'ont que l'apparence de la vertu ont l'avantage sur ceux qui la prennent au sérieux ; car, l'homme est de sa nature comédien, et celui qui joue le mieux a toutes les couronnes.

Ajoutez que ceux qui emploient tour à tour le vrai ou le faux, suivant l'intérêt qu'ils ont à choisir l'un ou l'autre, ont l'avantage sur ceux qui n'emploient que le vrai. Ils ont deux voies ouvertes, là où les autres sont confinés dans une seule.

C'est la réponse à toutes les questions de Job sur la prospérité de l'hypocrite. Il se sert à la fois du vice et de la vertu. Il a deux pouvoirs contre un.

On a réhabilité, de notre temps, Tibère, Néron. Lucrèce Borgia est devenue la bonne Lucrèce. Pourquoi non? Je ne doute pas que le plus méchant homme agisse en homme de bien, quand cela lui est utile, sauf à se rejeter dans le crime, le jour où le crime le sert.

Dans l'état actuel des choses, le mensonge donne à un homme, pour le combat de l'existence, un avantage signalé sur celui qui n'emploie que la vérité. A quoi donc sert la justice? Voilà le cri de l'antiquité qui éclate de nouveau. C'est là encore une fois la question que notre temps pose avec plus de force qu'aucun autre. Voyons si notre époque nous fournira la réponse qui a manqué aux époques précédentes.

CHAPITRE XI

Suite. D'OU VIENT LA VICTOIRE DES MÉCHANTS ?

Au dix-huitième siècle, les philosophes pensaient que la vertu n'est que l'utile.

Et moi je demande : Comment peut-il se faire qu'il y ait encore des hommes qui restent fidèles à la vérité ? Elle leur est utile, dites-vous ?

Dérision des dérisions ! En quoi la dépression, la misère, la persécution, le mépris sont-ils utiles à l'homme ?

J'ai toujours vu les gens de petite conscience s'armer de cette maxime, que la vertu est l'utile, pour en écraser l'homme de conscience. Laissez-le, disent-ils, c'est un sage, un être singulier ; il n'a besoin de rien. Sa conscience lui suffit ; ce serait le gêner que de lui laisser ce qui lui appartient, avec sa place au soleil.

Disant cela, ils le dépouillent et le mettent à nu par déférence, par scrupule ou par amour de la justice ; je vous le laisse à deviner.

Ils s'excusent par ces mots : Nous ne voulons pas de l'idéal. A quoi tout l'univers répond :

Vous n'êtes ni dans l'idéal, ni dans le réel, et plus loin encore de la réalité que de l'idéal. Vous êtes dans le faux, c'est-à-dire dans le néant.

Caractères d'un monde de décadence : toute franchise un embarras, toute honnêteté un obstacle, toute vertu une exagération, tout mensonge une habileté, tout vice une bonne fortune, tout honneur une maladresse, toute loyauté une sottise, tout principe une ânerie. On me fuit comme un principe, dit l'homme de bien.

Pourquoi vivent les méchants, et sont-ils gorgés de richesses ? Cette seule question de Job, me donne la date du poëme iduméen. Répondez avec assurance que l'auteur vivait dans une société déjà en décadence. On le voit clairement par le caractère même de l'énigme qu'il pose. Ce n'est pas dans un temps de prospérité nationale qu'il se serait avisé de sa question.

Les idées de Socrate sur la justice, qu'il regardait comme la première condition du bonheur, appartiennent à une société encore prospère, aux derniers beaux jours de la Grèce. Périclès dans le gouvernement, Socrate dans la philosophie, se répondent l'un à l'autre comme Machiavel répond à Borgia.

Trop souvent j'ai vu le méchant avoir sur l'homme de bien tous les avantages dans le combat de l'existence ; trop souvent j'ai vu le plus honnête foulé aux pieds, comme un embarras ou un reproche. Sans plus de discussion, je tiens pour réfutée la maxime, que la vertu n'est que l'utile. Mais une autre question s'élève : l'amour de la vérité nuit à l'homme, et pourtant l'homme reste fidèle à la vérité. Voilà, sans rhétorique, l'énigme nouvelle. Essayez de la résoudre.

D'abord, considérez ce premier avantage du méchant : les bons le craignent. C'est absolument comme s'ils l'aimaient, puisqu'ils font pour lui, par crainte, tout ce qu'ils feraient par amour.

Autre avantage du méchant. Il dépasse toutes les prévisions de ceux qui ne le sont pas. Il a une fertilité d'inventions monstrueuses que nul autre que lui ne peut égaler. Chez lui, le mal produit le mal par une progression indéfinie du mal, monde fermé à l'esprit de l'homme de bien. Celui-ci est condamné à être toujours surpris par les spirales d'enfer que le méchant déroule sous ses pas.

Que sont les combinaisons des criminalistes, au prix de celles des criminels ? De purs jeux d'enfants.

Quand je suppute ainsi les avantages du pervers, ses facultés d'invention, sa puissance de mentir, toutes ses fibres conspirant à tromper, sa quasi-certitude de faire croire ce qu'il veut, je commence à m'effrayer et à trembler pour l'honnête créature qu'il poursuit et qu'il tient déjà dans ses ongles ! Que peut-elle lui opposer ? Comment se soustraire à ces griffes, à ces morsures venimeuses, elle qui ne possède ni griffes, ni venin ; déjà je la vois perdue sans ressource.

Une foule de questions s'élèvent alors en moi ; car, à ce spectacle, je ne crains pas seulement pour une conscience, une personne. Je crains pour toute l'espèce des bons, des sincères ; et je me demande, pour la première fois, comment restera-t-il sur la terre un vestige de sincérité dans l'individu ou dans l'espèce, puisque la sincérité n'est encouragée ni par les lois, ni par les coutumes.

Il est sûr, en effet, qu'une certaine somme de mensonges (1) fait une partie essentielle de l'éducation des gens bien élevés. Le mensonge est admis dans l'amour, dans la guerre ; il est l'âme de la politique ; non-seulement il est admis, encouragé, mais applaudi ; seul enthousiasme que je voie encore se produire chez les *honnêtes gens.*

Supputant ainsi les ressources accumulées du mensonge, je m'obstinai à me demander par quel prodige a pu survivre la sincérité dans l'espèce humaine ; comme si répéter ma question était la

---

(1) Wallace, *Natural Selection.*

résoudre. Enfin, décidé à ne pas désespérer, je m'avisai de penser qu'il y a une force universelle cosmogonique qui soutient la vérité dans l'homme. C'est sans doute l'univers entier qui la défend en lui. Sinon, il y a longtemps qu'elle aurait disparu de la terre.

Prenant confiance dans cette idée, j'en cherchai les raisons, et voici les premières qui se présentèrent à moi. Pourquoi n'y aurait-il pas, indépendamment de l'utilité éprouvée, un principe de vérité natif dans l'homme ? Ce besoin de vérité existait avant lui ; il s'est transmis à lui. Chaque être, dans l'univers, tient ce qu'il promet. Chaque aurore promet le jour et le jour lui succède.

Il y avait dans le monde, avant l'homme, des créatures sincères qui marchaient avec loyauté vers leur but.

Telles races, se sachant ennemies, ne cachaient pas leur hostilité sous un masque d'amitié.

Quoi qu'on en dise, cet univers n'est ni une fiction, ni une fraude ; il marche conformément à ses règles, il n'affiche pas des lois pour leur désobéir. Tout est sincère dans les trois règnes. Si l'univers mentait, il se détruirait au même moment ; il ne dure que parce qu'il est conforme à ses promesses. Quelque chose de cette sincérité inconsciente de l'univers est entré dans l'homme.

Elle y est devenue sincérité réfléchie, probité, conscience, morale, devoir. Ainsi la même loi d'équilibre qui soutient les mondes, soutient dans l'homme la vérité.

L'astre arrive fidèlement au point céleste que la loi lui impose. La mer arrive au rivage qui lui est assigné. L'oiseau fait ses migrations par le chemin des ancêtres ; si une partie de ce tout manquait au devoir inconscient, le tout s'abîmerait.

Dans l'homme, cette sincérité qu'il a reçue en naissant, l'embarrasse. Il fait tout pour l'extirper, dès qu'il en a conscience, mais en vain. C'est le sceau de la vie universelle imprimé en lui-même, transmis d'espèce en espèce jusqu'à lui. Il peut l'effacer de ses paroles, de ses actions, de ses pensées, non de son être. En dépit de lui, le méchant reste homme, comme le loup reste loup.

Il a beau tendre ses piéges pour extirper la vérité ; la vérité persiste comme la force latente qui meut les mondes et les sphères ; car elle est identique avec cette force.

Chose étrange ! l'homme peut mourir pour la vérité, pour la justice. Il meurt, et rien ne peut le vaincre ; il meurt, et en même temps il survit dans le vrai et dans le juste. Il trouve dans son cœur la force accumulée de toutes les vérités inconscientes qui soutiennent l'univers.

Quand vous êtes sincère, vous sentez en vous-même un point de résistance invincible à tous les éléments ; diamant que l'effort conjuré des mondes ne pourrait entamer.

CHAPITRE XII

COMMENT LA RACE DES GENS DE BIEN PEUT-ELLE SURVIVRE ?

Malgré tout, la même question revient et m'obsède ; puisqu'elle change de forme, changeons aussi la réponse.

D'après les lois de la raison et de la nature, comment expliquer que le méchant ou au moins le médiocre en fait de morale, ayant une supériorité aussi évidente dans les combats de la vie, la race des gens de bien puisse encore exister sur la terre ? Il semble qu'elle aurait dû disparaître depuis longtemps sous les coups répétés et la victoire presque assurée de l'homme de proie. En effet, le fourbe, l'imposteur, l'intrigant, l'envieux, l'oppresseur ont sur l'homme de bien des avantages analogues à ceux des animaux qui ont des griffes, des serres, des cornes, des mâchoires endentées, des vésicules de poison sur ceux qui n'en ont pas. Comment donc le juste peut-il survivre et sa race se propager ?

De grands naturalistes de notre temps, tels que

M. Wallace, déclarent que cette survivance du juste est incompréhensible par les lois naturelles. C'est là, pensent-ils, un miracle qui contredit les règles les mieux établies et suppose nécessairement l'intervention mystérieuse d'êtres supérieurs à l'humanité.

Pour moi, il me semble, au contraire, que si la race des gens de bien s'est maintenue jusqu'à ce jour, si elle tend même à s'accroître, je puis en alléguer plusieurs raisons, sans avoir recours à aucun miracle. Ces motifs sont les suivants.

En premier lieu, une espèce n'est pas nécessairement extirpée, parce qu'elle trouve, dans la nature, des ennemis plus forts qu'elle et mieux armés. Les éperviers et les aigles poursuivent, depuis l'origine du monde, les familles désarmées des passereaux et des tourterelles. Pourtant, ces familles vivent encore. Les tigres et les hyènes n'ont pu extirper les antilopes. Les loups n'ont pu détruire les moutons ; et je parle ici, non des moutons domestiques, mais des moutons sauvages qui, dans le désert de Cobi, n'ont d'autres protecteurs qu'eux-mêmes. Il n'est donc pas absolument incompréhensible que les hommes de proie et de fraude, dévorant les gens de bien, n'aient pu parvenir encore à en détruire la race.

A cette raison, j'en ajoute d'autres tirées plus spécialement de la nature humaine.

Le méchant ne l'emporte pas toujours et infailliblement. Quelquefois, il est pris dans ses piéges ; puis il ne pense qu'à lui, il ne voit que lui. Dès lors, nul autre que lui ne profite de sa victoire. Au contraire, les victoires du juste, en s'accumulant et s'additionnant, finissent par produire une tradition de justice qu'aucune défaite particulière ne peut effacer.

Trouvez le sage par excellence. En quoi sa sagesse lui est-elle utile ? Il est pauvre, il est nu, il est foulé aux pieds. Oui ; mais sa sagesse, sa pureté, sa sainteté sont utiles à l'espèce humaine.

Il est des temps et des lieux où la race des gens de bien diminue et semble disparaître. C'est le temps où les conditions de l'existence leur deviennent trop difficiles ; il en est d'autres où cette race augmente par la raison opposée.

Je crois que les gens de bien augmentent de nos jours. Ils se sentent croître des organes qu'ils n'avaient pas auparavant, et qu'il est difficile de leur ôter : ailes de l'esprit qu'on ne peut leur couper, habitudes prises de s'associer, de se concerter, force d'impulsion acquise, plus de lumières, plus de ressources pour se protéger. Devant cet accroissement, la population des méchants doit nécessairement diminuer dans un temps donné.

Il s'ensuit que le méchant n'a toutes les chances pour lui que dans les sociétés en décadence.

Celles-ci disparues, la victoire des gens de proie disparaît avec eux.

Au contraire, sitôt qu'une société se relève, c'est l'homme de bien qui reprend l'avantage sur le méchant; et, comme les sociétés en progrès tendent à se substituer aux sociétés en décadence, il est manifeste que la victoire des méchants s'efface et que celle de l'homme de bien survit dans le mouvement ascendant de l'espèce humaine.

CHAPITRE XIII

COMMENT DOIT SE POSER LE NOUVEAU PROBLÈME SOCIAL

Ici j'entrevois une issue pour sortir du chaos ; je la trouve dans cette définition nouvelle des époques de grandeur et de décadence.

Les temps de vraie grandeur pour un peuple sont ceux où l'homme de bien a plus de chances de réussir que l'homme de proie dans le combat de la vie. Au contraire, les temps de décadence sont ceux où l'homme de proie l'emporte nécessairement sur l'homme de bien.

De même que dans le combat de l'existence chez les races animales, la prédominance reste aux mieux armés d'ongles et de griffes, de même le progrès d'un peuple ou d'une race consiste en ce que l'homme le plus conforme à la justice et au droit, a le plus de chances de l'emporter.

Réduit à ses termes les plus simples, voilà le problème à résoudre pour chaque nation. Il est clair, il renferme tous les autres ; il est dans le plan de l'économie universelle. Tout ce qui vit et respire le rencontre et travaille à le résoudre à sa manière. Que de leçons une fourmi, une abeille pourraient donner à de grands peuples!

Voyez toute société qui prospère, par exemple, les États-Unis. L'homme de bien n'y est pas nécessairement écrasé. Loin de là, il s'élève au pinacle sous le nom de Washington et de Lincoln. Ce n'est pas le méchant qui avait tous les avantages dans les beaux temps de la Grèce et de Rome. Quelquefois, on allait chercher le meilleur à la charrue.

Ainsi, je m'explique, sans avoir recours au surnaturel, l'étrange obstination de l'espèce humaine, dans la justice, malgré la victoire du méchant. Au fond, ses victoires ne convainquent personne. Succès de surprise; vous sentez que la dernière journée ne peut lui rester.

Dans ma jeunesse, la philosophie se tirait d'affaire en niant ce qui frappe les yeux. Elle affirmait que le méchant porte en lui-même son châtiment; comme si, au contraire, le criminel ne s'endurcissait pas par la continuité du crime. Faisons mieux. Osons voir les avantages de la double langue du fourbe. Laissons-lui ses chances, gardons les nôtres.

Par là, je ne veux pas dire que l'homme de bien, dans les temps de décadence, soit nécessairement condamné à être malheureux. Je dis seulement que, s'il est heureux, il l'est en dépit des triomphes du méchant ; il a placé son cœur si haut que, même blessé et saignant, il domine le vainqueur.

Quand les théologiens vont répétant que le juste ne doit pas chercher le bonheur dans cette vie, sur la terre, ils reconnaissent implicitement tout ce que je viens de dire, de l'avantage du fourbe, dans la lutte de l'existence. Ils font tout pour que le champ de bataille lui reste sans combat et sans partage.

Fausse théologie et fausse morale. Nous voulons, au contraire, disputer pied à pied la terre au méchant et lui en ôter l'empire. N'ajournons pas la victoire du juste au dernier jugement. Cela est trop commode pour le pervers. C'est à lui de disparaître.

Que le progrès, chez les peuples, soit aussi lent que vous le souhaitez, il faut pourtant que la fraude et le mensonge ne restent pas indéfiniment la couleur dominante.

Mais qu'est-ce que le mal et d'où vient-il? Le mal est bien souvent la rétrogression vers des organisations antérieures. L'homme du dix-neuvième siècle qui redevient volontairement l'homme de l'âge de pierre, l'animal de proie blotti dans son embûche, meurtrier, chasseur d'hommes, voilà le mal.

Vous disputez sur le droit de punir. Quand je

vois tant d'hommes pousser l'endurcissement jusqu'à la démence, je crois à la vertu du châtiment. Je comprends que rien ne pervertit l'homme autant que l'impunité. Celui qui aurait la certitude d'échapper à toute peine serait pris, comme Caligula, d'une furieuse envie d'en finir d'un seul coup avec l'espèce humaine. C'est le mal des Césars.

Observez les pervers ; comptez les degrés par lesquels ils descendent. Ils ne sont devenus tels que parce qu'ils ont été toujours au-dessus de la peine ; ils ont marché, la tête haute, plus vite que la justice. Boiteuse, elle ne saurait les atteindre; ils la dédaignent ; de là le cynisme.

Excepté dans un premier moment de fureur, le peuple n'a jamais su punir. Depuis les Gracques jusqu'à Rienzi, il n'a jamais su que rendre leurs armes à ses ennemis. Ils l'en ont accablé. Histoire qui se perpétue toujours la même et jusqu'ici n'a éclairé personne. Magnanimité née de la faiblesse, non de la force.

Malgré cela, n'allez pas croire que l'amour du vrai, du juste, nuisible à l'individu, ne sera jamais profitable qu'à l'espèce. Ne m'attribuez pas cette conclusion désespérante. L'amour du juste est une faculté qui finira par trouver son application, même au profit de l'individu. Ne séparez pas l'une de l'autre ces deux moitiés de vérité.

Cherchez à la base de toute société en progrès,

vous trouverez une grande action ou une grande pensée.

Vous n'avez pas assez de foi dans l'âme, dans l'esprit ; c'est pour cela que vous scandalisez si souvent le monde par votre abaissement. Comment ne pas sourire de ces combinaisons de chartes, de constitutions, dans lesquelles on groupe au sommet de l'État des enrichis, des privilégiés, sans s'inquiéter jamais de savoir si leur fortune est bien acquise. Dans ces arrangements artificiels, vous n'atteignez jamais une parcelle de vérité.

Je ne sais comment l'homme droit, sans intrigues, sans fraudes, se trouve toujours en dehors de toutes vos combinaisons. Il en est exclu, il est, pour vous, l'obstacle. C'est contre lui que se tournent tous vos projets.

Quoi que vous en disiez, pourtant, une âme telle qu'il s'en trouve encore, grande, pure, magnanime est, pour le peuple qui l'a enfantée et nourrie, un trésor plus grand, plus *utilitaire* que tous les fonds secrets employés à la sûreté publique ou à l'élève du bétail. C'est, en effet, le modèle sur lequel les autres se forment, s'il reste une seule chance pour la dignité humaine.

Cette âme, qui s'enveloppe dans le droit et, pour dire le mot ridicule, dans la vertu, contient en soi plus de parcelles d'or pur que la nation brodée, dorée des dignitaires, des députés bien pensants, des fonctionnaires à tous serments, des archevêques et évêques infaillibles et des employés de première classe, depuis 1815.

Écoutez encore ceci : Pour qui la possède, cette âme juste est une fortune plus grande, un bien plus légitime, un capital plus sacré qu'une fortune de quatre-vingt à cent mille francs de rente, acquise en un jour à la Bourse, réalisée dans les canaux ou les obligations de chemins de fer, enregistrée au bureau des hypothèques et scellée du grand sceau de l'État.

LIVRE DEUXIÈME

PHYSIOLOGIE SOCIALE

CHAPITRE I

POURQUOI DES ESPRITS SI ENNEMIS DANS UNE MÊME NATION.

Quelle distance incommensurable met entre les hommes l'incompatibilité des pensées ! Je me sens plus seul, plus étranger cent fois au milieu de certains de mes compatriotes, que je ne serais dans le désert du Sahara; et pourtant j'ai respiré le même air, vécu de la même vie. Qui donc a fait cette différence absolue que l'usage de la même langue ne sert qu'à enraciner à chaque mot ?

Explique qui pourra cette incompatibilité de sentiments, de désirs, d'espérance ? Ce n'est pas la tradition des ancêtres, ni l'éducation, ni la différence du sang. D'où vient cet infini entre nous? Je le sens qui s'augmente à chaque souffle. Est-ce la haine? Mais pourquoi la haine? Je m'en défends; la différence, entre nous, n'en est que plus grande.

Quand l'esprit se pétrifie, toute pensée féconde lui semble une folie. Est-ce là ce qui nous sépare?

Est-ce la différence d'un esprit qui se glace et d'un esprit qui s'obstine à penser?

Est-ce la différence de la mort et de la vie? Peut-être.

Mais non. Car la mort enfante la vie et ici elle n'enfante que la désorganisation. Comment donc, en une même nation, peuvent se produire des esprits si naturellement armés l'un contre l'autre?

Où ont-ils puisé ces tempéraments de frères ennemis?

Peut-être que dans chacun de nous, notre vieille histoire revit et retentit en chacune de nos fibres. Ne sommes-nous que la résonnance des haines passées? Le tombeau n'a-t-il rien étouffé? Les vieilles armures de fer du moyen âge résonnent-elles en nous? Sont-ce les clameurs prolongées, inconscientes des Bourguignons et des Armagnacs, des ligueurs et des royalistes, des frondeurs et des mazarins, des feuillants et des girondins? Si cela est, pourquoi suis-je dans un camp plutôt que dans un autre?

Je ne me couvrirai pas de ces raisons d'atavisme. Je n'ai qu'un moment. Je veux que ce moment soit mien, que ma vie date de moi.

Non, je n'ai pas emprunté aux morts mes amours ou mes haines. Je n'accepte pas le legs involontaire des sentiments d'un autre âge. Moi, moi seul, je me sens responsable de ce que je suis; car c'est moi qui me fais chaque jour. Ne m'excusez pas sur les Latins, sur les Gaulois, sur les Allobroges, ou sur les Francs de ce que je suis aujourd'hui.

Je ne me sens le serf d'aucun temps.

CHAPITRE II

DE L'HÉRÉDITÉ. — NOUVEAUTÉ DES COUCHES SOCIALES

Les dispositions qu'un peuple reçoit de ses ancêtres, par une hérédité continue, sont si fortement empreintes, qu'elles peuvent paraître invincibles. Si elles l'étaient en effet, l'histoire ne serait qu'une répétition successive. Pourquoi se renouvelle-t-elle ? Parce que sur le fond des anciennes habitudes naissent un nouvel esprit, de nouvelles aptitudes qui, en se fortifiant de génération en génération, deviennent à leur tour comme une seconde nature.

Le catholicisme était au moyen âge le fond héréditaire des Français. On eût pu croire que leur tempérament était fixé, qu'aucune variété ne se montrerait à l'avenir.

Cependant, par la Renaissance, la Réforme, la Philosophie, on vit des instincts jusque-là inconnus se produire et faire souche. Aujourd'hui, ils se sont si bien enracinés, que nous voyons deux France aux prises, l'ancienne et la nouvelle ; et celle-ci montre toute la vitalité qui manque à l'autre.

Le grand point est de distinguer ce qui est vraiment hérédité de ce qui n'est qu'imitation. Car celle-ci joue un grand rôle dans ce que l'on présente comme la tradition reçue des ancêtres. Autant le fait de l'hérédité est tenace, autant ce qui vient de l'imitation est éphémère.

Si la réaction française était réellement un phénomène d'hérédité, elle n'eût jamais été libérale. Elle aurait reproduit, à toute occasion, sous tous les régimes, le même caractère. Mais si vous voyez des hommes passer les quarante premières années de leur vie dans l'esprit moderne et se jeter dans l'esprit de réaction dès qu'ils touchent au pouvoir, concluez hardiment que l'hérédité organique n'est pour rien dans ce changement.

Quand je vois ce que l'ancien régime appelait la ribaudaille revenir à l'esprit de l'ancien régime dès qu'elle est enrichie, je reconnais là un fait d'imitation, non pas d'hérédité.

Le parvenu, l'enrichi que j'ai sous les yeux, contrefait le grand seigneur, non point parce que ses ancêtres ont été grands seigneurs, et que son cerveau a reçu cet instinct par hérédité, mais seulement parce qu'il trouve bon d'imiter le contraire de ce qui lui a été transmis par ses ancêtres. Lutte entre l'organisation et l'imitation. L'organisme fait l'homme du peuple, l'imitation fait le parvenu.

De là, l'instabilité en toutes choses, le néant du caractère; le changement en un jour d'idées, de vues, de projets, de traditions. Aucune famille ne conserve le même tempérament. Le père était janséniste, le fils est jésuite. Telle famille était libérale, du jour au lendemain elle devient absolutiste. On croit se faire une noblesse de sang, si l'on singe instantanément les préjugés de la noblesse.

C'est dans le même homme la guerre entre le naturel qui lui vient de ses ancêtres et celui qu'il veut se donner par faux air. Mais qu'est-ce que le faux air peut produire de durable? Le reniement de leurs aïeux de la plèbe, voilà ce qu'ils appellent tradition.

CHAPITRE III

LES RÉVOLUTIONS DANS LES TYPES PHYSIOLOGIQUES SONT LES CAUSES DES RÉVOLUTIONS POLITIQUES ET SOCIALES.

Si l'organisation physiologique léguée par les ancêtres n'eût été modifiée par des extinctions de races, par des mélanges de famille, par de nouvelles aptitudes acquises, il n'y aurait pas eu de Révolution de 89. D'aussi grands changements d'idées n'auraient pu trouver place dans les têtes des hommes, si elles étaient restées ce qu'elles étaient au douzième siècle. Mais sous d'anciens noms empruntés surgissaient des familles toutes nouvelles qui apportaient avec elles un sang nouveau.

Une chose abusera longtemps les historiens. Partout où ils voient un ancien nom, ils croient rencontrer les descendants d'une ancienne souche auxquels ils attribuent le tempérament d'ancêtres imaginaires. Rien n'est mieux fait pour altérer l'histoire. Depuis que nous savons par l'histoire naturelle que les familles (1) historiques ont une durée très limitée, qu'elles ne se prolongent pas au delà de deux ou trois siècles, que les noms s'effacent nécessairement, il n'est plus permis d'être dupes des subterfuges par lesquels les titres et les noms (2) tendent à se perpétuer. Affranchissons au moins l'histoire de ces simulacres. Rentrons dans la réalité.

Ne cherchez pas chez les modernes les *gentes* ou familles de la vieille Rome.

Celles-ci pouvaient se prolonger par l'empêchement des mariages entre les patriciens et les plébéiens. Dans le mariage moderne où Justinien épouse Théodora, la noblesse d'épée, la noblesse de robe, et le grand seigneur la bourgeoisie enrichie, il ne peut plus y avoir de transmission physiologique du type de la noblesse et du grand seigneur.

Tout cela a disparu dans les formes héréditaires et la constitution physique plus encore que dans la loi. Chaque jour je rencontre le type plébéien

---

(1) « L'extinction rapide des aristocraties et corps de citoyens fermés est un fait général de l'antiquité. » Benoiston de Châteauneuf, cité par A. de Candolle, *Histoire des savants*, p. 387. Voy. *Mémoires de l'Académie des sciences morales et politiques*, V, 753.

(2) « On connaissait déjà la faible durée des familles de ducs, en Angleterre. » Voy. A. de Candolle, *Histoire des sciences et des savants*, p. 388.

dans le noble, le type patricien dans le plébéien, et même dans le prolétaire.

Avec quelle rapidité disparaissent les noms et les familles qui ne se recrutent que dans une classe ! A Sparte, au temps de Cléomènes, il ne restait que cinq cents (1) Lacédémoniens en état de porter les armes.

En France, dès la première moitié du neuvième siècle, le sang teuton (2) avait disparu. Les familles des conquérants germains n'avaient duré que trois siècles. Il n'y avait plus de noblesse par la différence du sang. Il ne restait déjà que des Gaulois-Romains. Cette extinction rapide des conquérants barbares et le premier mélange des races furent marqués par la révolution qui mit les Capétiens à la place des Carlovingiens. Voilà pour notre histoire.

En Angleterre, dans la Chambre des lords, sur quatre cent vingt-sept sièges, quarante et un seulement sont antérieurs au dix-septième siècle (3). Tous les autres appartiennent à des hommes nouveaux qui remplacent les vieilles familles éteintes. S'il en est ainsi de l'aristocratie anglaise, si elle n'a conservé qu'un dixième de ses membres, jugez de ce qu'il faudrait dire de la France.

---

(1) Voy. Ot. Muller, *Die Dorier*, t. II, p. 195.
(2) De Maistre, *Du Pape*, p. VII.
(3) Galton, *Hereditary Genius*.

Par là s'explique une des difficultés du monde actuel. Les familles étant ainsi récentes n'ont aucune racine physiologique dans les temps de la féodalité. Les plus anciennes appartiennent à l'époque toute moderne où la noblesse comme la bourgeoisie était aux pieds d'un roi absolu. Dans leur constitution physique elles n'ont pas une fibre qui se rapporte à un temps antérieur. Nées dans le dernier moment de l'ancien régime, aux genoux d'un maître, dans la domesticité royale, elles n'ont reçu héréditairement que l'inclination à servir et obéir. Tempérament physiologique qu'elles ont puisé sous le régime des derniers rois.

Lorsqu'elles prétendent aujourd'hui commander, à titre de classes supérieures, on voit trop qu'elles se mettent en lutte contre leur propre tempérament. Façonnées à obéir passivement, par leurs propres origines, comment sauraient-elles commander ? Elles ne le savent pas. Loin d'avoir sur leur front le signe héréditaire du commandement, elles portent celui de l'obéissance passive.

Voilà pourquoi il leur est impossible de faire accepter du monde actuel leur domination qui ne paraît qu'un caprice. Invoquent-elles leurs ancêtres, ceux-ci n'ont qu'une réponse : Obéis, comme j'ai obéi. Ce n'est pas avec de telles traditions physiques et intellectuelles que se fondent les dominations d'une classe ou d'une race. Les conclusions des sciences naturelles aboutissent ainsi à une démocratie ou à une humanité formée de toutes les aptitudes nouvelles du corps et de l'esprit.

CHAPITRE IV

DÉCADENCE D'UNE CLASSE D'HOMMES.

Ce qui marque la décadence d'une classe d'hommes, c'est lorsqu'elle renie les instincts physiologiques reçus des aïeux. La bourgeoisie et la noblesse moderne sont peuple et ne peuvent être que peuple. Hors de là, tout caractère les abandonne; il ne reste que la fiction et la déclamation.

« Celui qui ne ressemble pas à ses parents, di-
« sait Aristote, est une sorte de monstre, car la
« nature s'écarte en lui de son espèce ; premier
« degré de dégradation. »

Appliquez cette loi aux classes d'hommes qui renient leurs parents, vous avez le secret de la décadence des parvenus.

Le principe de beaucoup d'historiens est absolument faux : que la Révolution de 89 a été la lutte entre les Francs et les Gaulois. La physiologie dit tout le contraire. La noblesse de 89 n'avait en rien le type des conquérants francs. Elle était plutôt revenue au type dégénéré des Gallo-Romains. Légèreté, suffisance, asservissement à Rome.

Nos races de chevaux du moyen âge, nos *fleurs de coursier*, ne se retrouvent plus nulle part ; bien moins encore nos races humaines féodales.

La vérité, la voici : Quand la noblesse, en 89, perdit son autorité par les lois, elle l'avait elle-même abolie, en se détruisant physiologiquement par les mariages d'argent. Ce n'est pas seulement la révolution politique qui a établi l'égalité dans la loi ; c'est avant tout l'égalité physiologique qui a produit l'égalité sociale. Voilà pourquoi rien ne peut l'anéantir. Il faudrait, pour cela, reconstruire un type physiologique qui n'existe plus.

La Révolution de 89 a été possible parce que l'organisation physique était devenue la même pour toutes les classes. Si les classes supérieures avaient eu, comme au douzième siècle, des cerveaux plus amples que les inférieures, l'égalité devant la loi n'aurait jamais pu devenir le dogme de la société nouvelle.

La Révolution n'a fait que constater ce qui était écrit dans la constitution physique de la nation française.

En un mot, c'est le nivellement physiologique qui a amené le nivellement politique et social.

Comment, demandez-vous, la décadence d'une classe d'hommes peut-elle devenir irrévocable ?

Je réponds : Quand les organes mêmes de la pensée sont altérés ou diminués. Mais comment cette altération se produit-elle ? C'est ce qu'il s'agit de voir.

Une chose est certaine. Par l'exercice de la pensée, les organes de la pensée s'augmentent ; le cerveau qui se nourrit de vérités s'accroît. Au contraire, dans l'oisiveté, il s'affaisse. Supposez une classe d'hommes, que son intérêt immédiat pousse à rejeter toute vérité ; cette classe ne s'attachera qu'à des idées mortes. Elle se fera une atmosphère de sophismes qui ne fournira aucun aliment vital à son cerveau. Les têtes devenues vides, elle comblera ce vide par des déclamations auxquelles elle n'ajoutera pas foi ; elle se rendra incapable de faire autre chose que déclamer.

Mais il est périlleux de jouer ainsi avec sa raison. Combien de temps croyez-vous qu'une classe d'hommes puisse impunément violer toutes les lois de l'intelligence, sans atrophier en elle l'organe de l'intelligence ? L'altération est plus rapide que vous n'imaginez.

Je rencontre des hommes qui, depuis plus d'un demi-siècle, n'ont pas acquis une idée, une notion. Comment la faculté de comprendre ne s'oblitérerait-elle pas dans cette désuétude de la pensée ? Nous accusons leurs intentions, peut-être à tort. C'est l'organe même qui chez eux s'engourdit. Il y a des fossiles vivants, des pétrifications qui parlent et gesticulent. Vous demandez en quoi consiste la décadence. Je viens de le dire.

Voici quelle est la progression du mal : D'abord par la passion, on s'obstine à ne pas voir le vrai ; plus tard on devient incapable de le voir. A force de fausser dans le secret de sa conscience l'esprit intérieur, on arrive à fausser l'organe même ; et si, par les mariages entre des familles imbues de la haine de la lumière, cette prédisposition organique se transmet aux enfants, elle se fixe, elle s'invétère chez eux. La décadence d'esprit devient une décadence d'organe.

Voilà la déchéance d'une race d'hommes.

C'est ce qui est arrivé aux Byzantins. L'habitude du sophisme, transmise de père en fils, avait certainement altéré ou diminué chez eux la masse cérébrale. J'ai dit ailleurs qu'avant et après le Bas-Empire la capacité crânienne n'avait pas été la même (1). L'esprit intérieur qui se construit sa demeure dans le cerveau humain la rapetisse aussi, quand il se renie. Dans ces têtes grêles, étroites des médailles byzantines, ne voyez-vous pas le travail interne et rongeur du sophisme et du faux ? Je veux bien que la main du sculpteur ait été pour quelque chose dans ces figures diminuées, ces fronts

---

(1) Voy. *La Création*.

comprimés. Il m'est cependant impossible de ne pas y voir aussi l'effet héréditaire de l'esprit byzantin.

Au moyen âge, lorsque la capacité crânienne diminuant encore, les figures humaines des statues se trouvèrent amaigries, émaciées, il ne faut pas seulement l'expliquer par les maladresses d'un art barbare. Les crânes du douzième siècle, mesurés aujourd'hui dans les cimetières, expliquent par leur rétrécissement celui des figures des cathédrales gothiques. L'humanité, en s'interdisant de penser pendant mille ans, avait réduit pour le plus grand nombre la masse cérébrale.

Ainsi, selon les époques d'intelligence ou de sommeil d'esprit, le type physiologique s'enrichit ou s'appauvrit. L'évolution ou la dépression cérébrale correspond aux époques de grandeur ou de décadence des classes comme des empires. Avertissement aux classes supérieures de nos jours. Elles sont précisément à cette limite extrême où l'organisation physique oscille encore entre la régénération et l'irrévocable déclin.

Tous les jours, je me demande quelle peut être l'influence permanente du mensonge sur l'organisation physique. Il n'est cerveau humain qui de père en fils puisse résister à l'emploi obstiné de l'art de mentir.

Cette influence est bien pire que celle de l'alcool ou de l'opium.

Dans la décadence d'une classe, voici, au point de vue physique, les premiers signes de la dégénérescence : le regard éteint et que la colère même ne parvient pas à faire revivre. Plus de physionomie. La face, non impassible, mais inaminée ; la calvitie précoce. C'est surtout par l'organe de la voix que se trahit la dégénérescence physique. Écoutez cette voix criarde, écorchée qui n'a presque plus rien d'humain. Un degré de plus, c'est celle de l'anthropoïde.

Au point de vue moral, ce qui périt d'abord, c'est la hauteur de la pensée. Les classes élevées reprennent dans leur décadence plusieurs des caractères des peuples incultes ; par exemple, elles ne peuvent plus comprendre la générosité, ni la pitié, ni la clémence. Est-ce par l'effet de ce que les naturalistes appellent régression vers le type de l'âge de pierre ?

Nous ferons des lois de vengeance, disent-elles. Si les Australiens parlaient de loi, ils ne parleraient pas autrement.

C'est ainsi que sous le masque civilisé reparaît soudainement le barbare.

Quel serait le remède à cette dégénération morale ? L'éducation. Or c'est précisément l'éducation qu'une classe en décadence rejette avec effroi.

C'est par la tête que périssent les peuples. Les classes supérieures déclinent longtemps avant le gros de la nation. Celle-ci peut encore subsister dans ses masses, quand les classes aristocratiques ne sont plus que l'ombre d'elles-mêmes.

C'est toujours par le haut que commencent la corruption et la mort : dans la nation par les classes élevées, dans celles-ci par les parties nobles de la nature humaine.

Quand une aristocratie a été longtemps dominante, elle empêche le peuple de naître et de grandir, comme les grands arbres touffus empêchent les petits de croître à leurs pieds. L'arbre abattu, tout est mort autour de lui. L'aristocratie romaine une fois abattue, il ne se trouva pas un peuple pour prendre sa place. Il ne resta que le césar.

C'est le salut de la France, que le règne des classes riches ait été court et souvent interrompu. Comme puissance politique, elles ne datent que de ce siècle. Le temps leur a manqué pour étouffer le peuple sous leur ombre et prendre sa place au soleil. Aujourd'hui il est trop tard pour le déraciner.

Voilà l'erreur du césarisme contemporain. Il ne s'aperçoit pas de la différence des temps. Il ne voit pas que sa place est prise, et qu'il y a un peuple moderne, au lieu de la populace du vieux césar.

J'ai eu dans ma vie d'écrivain, un rare privilège

que m'envieront les philosophes. C'est de voir, dans une expérience journalière, par quelle loi s'accomplit le rétrécissement progressif de l'esprit dans un groupe d'hommes. Un jour, une idée vivante que l'on croyait généralement acceptée, s'éteint dans leur intelligence; avec elle s'éteint tout le groupe d'idées qui lui était ordinairement associé. Figurez-vous un grand clavier : d'abord il répondait à toutes les nécessités de l'harmonie; un jour, certaine note cesse de résonner, puis des octaves entières; il devient impossible de frapper un accord. Enfin il ne reste plus qu'une seul corde obstinée, criarde, usée, fausse, qui n'en fait plus vibrer aucune autre; elle se tait à son tour. Silence, mort intellectuelle, ruine d'une classe ou d'un peuple.

Par une marche opposée, vous pouvez concevoir comment l'esprit humain, réduit d'abord à une seule corde fondamentale, en fait vibrer d'autres qui lui sont congénères.

Il arrive ainsi, par une association inconsciente, à se faire un clavier complet. Chaque idée, en se développant, en éveille une multitude d'autres. Accord, **sympathie**, grandeur de l'esprit, âge prospère.

CHAPITRE V

COMMENT LE TYPE ET LA RACE SE PERDENT DANS LES ARISTOCRATIES. — LES RICHES HÉRITIÈRES. — LES CHANGEMENTS DE NOMS.

C'est dans les questions qui touchent à l'aristocratie que l'on voit combien les notions les plus élémentaires de physiologie, les vérités d'ordre naturel sont aisément méconnues par les politiques.

L'aristocratie se perd par l'avidité d'argent. Comment cela ?

Elle épouse de riches plébéiennes. Rien de mieux. Mais elle croit conserver l'ancien type nobiliaire ou gentillâtre. Là est l'erreur. La nature reprend ses droits. Dans ces mélanges formés par la seule cupidité, il n'y a plus ni le type aristocratique, ni le type plébéien. Le produit est un métis qui n'appartient plus aux races fortes du peuple, ni aux races élégantes de la gentilhommerie moderne.

Nulle idée plus fausse que celle-ci, à savoir, que le père seul fait la race. Tous les jours, on voit des hommes dont la mère est plébéienne, se figurer qu'ils sont patriciens. Rien de plus commun en France que cette absurdité physiologique. Le fils né de ce mélange croit ne porter en lui que le type de son père. Tel se croit de la famille des grands ducs parce qu'il renie en lui le côté maternel. « Je « ne connais pas les parents de ma mère, » me disait l'un d'entre eux.

Suffit-il donc de renier tout un côté de ses origines, pour l'effacer de ses traits, de son tempérament, de son naturel ? Non ; cette descendance que l'on renie, persiste ; elle se mêle aux pensées comme aux actions de chaque jour.

De là naissent des générations, qui reniant la moitié d'elles-mêmes, portent en elles leur propre destruction ; ni aristocratie, ni peuple. Semblables à ces chevaux en qui toute race a disparu et dont on ne sait que faire. Esprits décousus, ces hommes ne peuvent revenir à l'unité. Ils ne sont que contradiction. L'esprit de suite manque, la tradition encore plus. Reste la prétention, et comme conséquence nécessaire la déclamation et la ruse, qui deviennent pour eux leur art et leur seconde nature.

Mme de Grignan donnait déjà le secret de cette décomposition, quand pour s'excuser d'avoir marié son fils à une bourgeoise, elle disait : « Il faut mettre du fumier sur les bonnes terres. »

Avec cela, elle croyait maintenir intact le type des Grignan ; comme si la mère et les aïeux de la mère ne comptaient pour rien dans la constitution de ses enfants !

Ceci explique pourquoi le caractère disparaît si entièrement dans ce qui était autrefois le *monde*.

Les anciens qui savaient ce que c'est que noblesse et aristocratie héréditaires, tenaient compte de l'origine maternelle autant que de l'origine paternelle. Chez les Etrusques, le nom d'un homme se composait des deux noms réunis de son père et de sa mère. Chez nous, la mère ne compte pas, si elle est née du peuple. Voilà pourquoi nos prétendues aristocraties sont boiteuses. Ce qui leur manque le plus, c'est la race.

A mesure que les fils de famille se ruinent, ils ont pour ressource d'épouser des filles, grandes héritières. Or, qu'arrive-t-il ? Une chose étrange. Les riches héritières sont stériles. Elles se marient aisément, mais ce sont elles qui ont la plus faible chance de laisser des descendants (1). Témoin l'Angleterre ; les pairs anglais dont la famille a promptement disparu, sont ceux qui ont

---

(1) « Les nouvelles familles de la pairie ont ainsi une grande chance de s'éteindre dès la première ou la seconde génération. » A. de Candolle, *Histoire des savants*, p. 388. Galton, *Hereditary Genius*, 1869.

épousé de riches héritières. Fait singulier dont l'histoire naturelle donne l'explication. Ces filles, en effet, ne sont riches, que parce que leurs frères et leurs sœurs sont morts avant elles, et leur ont laissé l'héritage ; ce qui prouve qu'elles appartiennent à un sang pauvre et qu'elles portent en elles un principe de stérilité ou un germe de mort précoce.

Il s'ensuit que la population n'augmente guère que par les masses du peuple. C'est l'effet du petit nombre des naissances dans les familles riches ou aisées. D'où cette seconde conséquence, que ce qu'on appelle noblesse est formé des entrailles du peuple. Il n'y aurait plus, depuis longtemps, le moindre vestige de gentilhommerie, si ce que nous appelons de ce nom ne naissait pas des masses.

Si le duc de Saint-Simon reparaissait dans le monde, combien de noms authentiques de familles retrouverait-il ? A peine un sur cent. Les grands seraient pour lui ce qu'il appelait des gens de peu ou de rien.

En présence des classes qui se disent supérieures, le peuple se laisse quelquefois imposer par une apparence d'antiquité. En entendant des noms anciens, il croit avoir affaire à d'anciennes origines. Qu'il changerait bientôt de sentiment, s'il pouvait savoir combien ces anciennes couches sociales sont nouvelles, comme elles datent d'hier, comme cette prétendue antiquité est une pure fiction ! Regardez à travers ce déguisement, vous trouvez le peuple non d'hier, mais d'aujourd'hui.

Souvent j'ai observé ce manège. Un paysan a deux fils. De l'un, il fait un prêtre, curé de son village, et aussitôt, de cette hauteur mystique, celui-ci passe au mépris de son origine. Voilà une des colonnes des hautes classes. Quant au second de ses fils, le paysan l'envoie encore en veste au collège. Celui-ci, fort de cette grandeur, ne connaît, n'estime plus que les grands. Il renie les siens. Le voilà entré dans la classe dirigeante et bientôt dans l'aristocratie. Il s'est lavé les mains. Il a ses clients. Quelle élégance ! s'écrie-t-on, quelle carnation ! Quel type achevé du seigneur d'autrefois !

Balzac dans ses romans a fait une physiologie souvent fictive. Partout où il rencontre un nom nobiliaire, il s'extasie sur la distinction des traits, sur la transparence de la peau. Pure duperie ! Ce qu'il fallait voir, c'est tout le contraire : sous de grands noms empruntés le visage plébéien ; sous le nom de M. et Mme d'Escarbagnac, la figure, le sang, l'aigre fausset de Turcaret ou de Frontin.

Voilà où est l'originalité, la vérité.

Ainsi, par l'histoire naturelle, nous découvrons que ce qu'on nomme aujourd'hui aristocratie héréditaire est le plus souvent une illusion pure, puisqu'il est démontré que les familles historiques ont duré moins de trois cents ans. Les familles des Francs avaient déjà disparu au neuvième siècle. Celles des croisés du douzième siècle avaient fini d'exister au seizième. Que parle-t-on des fils des croisés? Politique fondée sur une physiologie fausse. Ni dans un camp, ni dans un autre, le caractère cérébral du croisé n'existe plus chez personne.

Par cette extinction rapide des anciennes familles, il est clair que la réaction n'est pas une tradition des aïeux. Ce n'est pas le sang des croisés qui circule dans les veines des réacteurs modernes; c'est bien un sang de plébéien.

Si la réaction était un fait d'atavisme, on trouverait les qualités des anciennes races. Mais ces qualités ne se retrouvent pas. Ce sont tous les tempéraments plébéiens qui sont rassemblés sous le masque aristocratique. Le gentilhomme a disparu, le plébéien renégat s'est mis à sa place, et lui a pris ses titres.

Quel est aujourd'hui le tempérament des grandes réunions d'hommes? L'emportement à tout propos, la déclamation, le tumulte, c'est-à-dire les marques de la multitude, voilà le parti des grands. Où est, au contraire, la froideur, l'esprit contenu, la réserve, la domination de soi-même? Dans le parti du peuple. Tant il est vrai que l'hérédité physiologique n'est plus pour rien dans la différence des classes. Les plus élevées changent à leur gré de tempérament parce qu'elles n'ont plus celui des ancêtres.

Avec les familles elles-mêmes, se perdent les noms de famille, dans un temps assez court. Il faut des noms nouveaux pour remplacer les anciens. Mais d'où viennent ces noms nouveaux? Découverte surprenante! ils viennent en premier lieu des enfants trouvés, qui, n'ayant pas de noms de famille, en reçoivent de fantaisie. Ainsi, ces pauvres êtres sans parents, sans origine connue, voilà la source où se recrutent en grande partie les nouveaux noms qui ne rappellent aucun passé. Cette création compense l'extinction inévitable des anciens noms de famille (1).

Il est une autre origine de noms nouveaux, et celle-ci est inépuisable comme la vanité d'où elle descend. J'ai vu ce jeu se répéter mille fois.

Un homme sort de la glèbe; presque aussitôt il change de nom. Comment cela? Au nom de ses honnêtes parents, ouvriers, paysans, petits marchands, il substitue celui du moulin qu'il a acheté,

---

(1) « Les noms de famille sont ordinairement recrutés : 1° par les enfants trouvés, etc. » A. de Candolle, *Histoire des sciences des savants*, p. 386-389.

du hameau où il est né, et voilà un homme descendu des croisés. Le lendemain, il a ses armoiries. Quelle large base à une aristocratie historique, à ce que les uns appellent les grands seigneurs, et les autres les barons sans-culottes !

Race sans aïeux qui n'est ni du peuple, ni de la bourgeoisie, ni de la ville, ni de la cour ; fantôme plutôt que réalité, poussière qui n'a jamais vécu, morte avant que de naître. Est-ce sur cette poussière, Athéniens, que vous comptez asseoir l'oligarchie des Eupatrides ?

Rien ne corrigera-t-il le parvenu de la manie de changer de nom, de s'en fabriquer un de fantaisie, auquel ne manque jamais l'oripeau gentillâtre ?

Vivre sa vie entière sous un faux nom de bourgeois-gentilhomme, s'attacher ce mensonge sur la figure, l'incruster dans sa propre chair, se couvrir de cette lèpre jusqu'à la mort, emporter ce masque dans le tombeau ; comprenez-vous quelle cause de duplicité et de dépravation pour un individu et pour une famille ? Cette cause, agissant jour et nuit, doit produire à la longue des hommes-mensonges ; elles finit par armorier et blasonner jusqu'au crime.

Je ne puis oublier qu'un jour, visitant le bagne de Toulon, on me montra sous son habit de forçat le fameux comte de Sainte-Hélène. Il avait vraiment grand air sous son bonnet vert et sa souquenille de galérien. Comment se trouvait-il là ? Il s'appelait Cogniard et il avait été domestique du comte de Sainte-Hélène. Ayant tué son maître, il lui vola ses titres, et joua très bien le rôle de comte. Par malheur, au milieu de ses grandeurs il fut reconnu par un garde-chiourme et rejeté au bagne. Quand je le vis, il était attaché à un compagnon de chaîne, et, du haut d'une estrade, il semblait encore commander.

— C'est vous, lui dis-je, qui êtes le comte de Sainte-Hélène ?

— Oui, monsieur, me répondit-il ; toujours enchanté d'avoir affaire aux honnêtes gens !

Il allait continuer quand son compagnon l'entraîna avec un grand bruit de chaînes et de ferrailles.

Une société composée de plébéiens qui renieraient le plébéianisme, c'est ce que j'appelle une société de parvenus. Elle étonnerait le monde pas ses contradictions. Elle en serait le fléau par sa stérilité. Pourquoi ? Parce qu'en reniant ses origines, elle s'ôterait sa raison d'être. Sans passé, elle n'aurait pas de présent. Nul être sur la terre qui n'ait ses ancêtres. La société dont je parle, n'osant avouer les siens, se placerait en dehors de toutes les conditions de la vie ; sans pères, sans aïeux, elle n'aurait pas même la consistance de l'éphémère. Chez elle tout serait faux : son éloquence, déclamation ; son esprit, mièvrerie ; ses manières, affectation ; son art, palinodie. Née du vide, elle mourrait dans le vide ; impuissante même à se reproduire.

Rien de monstrueux qui ne puisse arriver dans des sociétés de ce genre.

Le tempérament national surtout s'y effacerait comme une ombre qui passe sur la terre.

Où m'avez-vous transporté les yeux bandés pendant la nuit ? Quel est ce pays où nous avons abordé ? Quels sont ces hommes ? A quel peuple appartiennent-ils ? Je n'entends point leur langage. Tous mes efforts sont vains pour comprendre ce qu'ils veulent dire par ces cris déchaînés. Hier j'étais en France ; aujourd'hui je me réveille dans une terre inconnue qui, sans doute, est aux antipodes. De grâce, apprenez-moi son nom. A quelle latitude la placent les géographes ? Non seulement vous m'avez transporté dans un monde étranger, mais dans un temps qui n'est pas le mien, qui a disparu depuis mille ans.

C'est donc un rêve qui me poursuit ? Je regarde, j'écoute, je vois, j'entends, je frappe des mains, j'appelle et je suis forcé de dire : Non, ce n'est pas un songe ; ce ne sont pas des fantômes. Est-ce donc possible ? Oui, cela est possible, cela est.

Prêtant l'oreille à cette langue inconnue, je crois discerner ces mots qui reviennent et frappent les échos : Place aux jeunes ! Parole de vieillard; parole funeste à tous. De la part des jeunes, elle signifie qu'ils se donnent quelques années à peine pour penser, vouloir, agir, lutter; après quoi, fatigués de ce premier effort, ils se retireront du combat de la vie; car la carrière ne peut être longue pour ceux qui en rapprochent eux-mêmes le terme.

De la part des vieux, ce mot veut dire : inertie, plaisir du *far niente*, abandon de soi-même, oubli des autres, mort anticipée.

Dans tous les cas, parole sans âme, puisqu'elle nie la puissance de l'âme; comme si la pensée ne servait de rien à l'homme: comme si le travail de l'intelligence, l'effort accumulé par la raison, étaient une quantité nulle, un pur zéro ; comme si la tête et le cœur avaient disparu et qu'il ne restât que le poing !

Dans un peuple prospère, les générations s'appuient les unes sur les autres. Une même volonté puissante circule d'âge en âge. Personne ne songe à réduire la vie nationale à un petit filet de vie qui s'épuise et tarit avec chaque printemps de l'année. Les jeunes comptent sur les vieux, et les vieux sur les jeunes. L'idée de les diviser n'a pu naître que dans une crise d'esclavage.

CHAPITRE VI

DÉPOPULATION. — SES CAUSES.

La population en France diminue progressivement; on en cherche la cause sans pouvoir la trouver. Ouvrez les yeux, elle vous frappera par son évidence.

Dans l'Espagne, l'Italie, le Portugal, la population a diminué à mesure que le catholicisme a grandi. Ces peuples devenaient au dix-huitième siècle des peuples d'abbés et de moines. D'où l'on peut conclure que le catholicisme ultramontain est aujourd'hui une religion de dépopulation.

Appliquez cela à la France. Vous verrez que le grand accroissement du cléricalisme date chez nous des derniers temps de la Restauration et surtout de la conversion du libéralisme français au jésuitisme. L'effet a commencé à se montrer dans la génération suivante, ce qui correspond aux premiers indices de la diminution de la population française. Ce dépérissement augmentera tant que le catholicisme papal ira en grandissant. Favoriser l'accroissement de la puissance catholique, c'est donc travailler au dépérissement physique de la France.

Mais pourquoi le catholicisme est-il devenu une cause de dépopulation ? Il y en a des raisons évidentes ; par exemple, une caste sans famille et sans postérité. Il y a d'autres raisons plus secrètes que j'ai dites cent fois (1) : Abâtardissement de l'esprit, diminution de vitalité, déperdition de forces physiques et morales, pharisaïsme, mensonge et fraude dans le principe même de la vie.

Lisez ces chiffres : De 1866 à 1872, les documents officiels constatent une diminution de population d'environ quatre cent mille habitants, indépendamment d'un million six cent mille que nous a ravis la conquête.

La population de l'Italie, de l'Espagne se relève à mesure que ces États échappent à l'esprit monacal. La population de France a diminué, à mesure que cet esprit l'a gagnée.

Tirez de là les conséquences.

Partout le jésuitisme a tari les sources de vie; il est temps de s'en apercevoir et d'aviser.

Mais ces questions ne peuvent être traitées en toute liberté chez nous. Que les peuples chez les-

---

(1) Voy. dans mes Œuvres complètes, *les Jésuites, l'Ultramontisme, le Christianisme et la Révolution française*.

quels il est permis de parler nous viennent en aide.

Montesquieu avait pu dire impunément, il y a plus d'un siècle :

« Les hommes se sont vus détruire souvent
« sans sentir les causes de leur destruction. Les
« pays désolés par le despotisme ou par les avan-
« tages excessifs du clergé sur les laïques en
« sont deux grands exemples. »

Il s'agit de tout pour la France, et il est à peu près interdit de dire un mot de vérité sur ce point. Il ne m'est permis que de résumer la question. Toute nation monacale diminue de population. Avertissement à qui veut voir et entendre (1).

Expliquez-moi pourquoi notre population basque se sépare de nous, pourquoi elle émigre chaque année en si grand nombre dans l'Amérique du Sud? Ce sont les plus anciens possesseurs de notre sol, avant les Celtes, les Gaulois. Ils ont les plus vieilles racines dans notre territoire. Pourquoi nous quittent-ils? On prévoit déjà le temps où ils auront cessé d'exister parmi nous.

Est-ce que notre terre de France n'exerce plus d'attraction sur ses plus anciens habitants? Faisons-nous tout ce qu'il faut pour les retenir? Facilité

---

(1) « Clergé. Ses privilèges exclusifs dépeuplent un État, et « cette dépopulation est très difficile à réparer. » Montesquieu, *Esprit des lois*.

des voyages d'outre-mer, vastes pâturages des pampas, est-ce là ce qui les décide, comme si les pacages manquaient aux Pyrénées? Est-ce le besoin d'indépendance? Je le croirais plutôt. Tant qu'ils furent ignorés, ils vécurent libres et ne songèrent pas à émigrer. Aujourd'hui, on les a découverts et c'est pour eux comme s'ils avaient été conquis. La discipline de nos lois les effarouche. Pour fuir la dépendance sous une civilisation rigide, ils traversent l'océan, ils vont chercher des déserts.

Ainsi deux branches de l'arbre nous sont arrachées, presque en même temps, la Germanique, au nord, par l'Alsace, l'Ibérienne, au sud, par les Basques. Le vieux tronc en est ébranlé jusque dans ses racines.

LIVRE TROISIÈME

L'ESPRIT NOUVEAU DANS LA SCIENCE POLITIQUE

CHAPITRE I

COMMENT TENIR SON AME EN PAIX DANS LES TROUBLES CIVILS ?

Au milieu d'un monde où tout respire la haine, défends-toi de la haine.

— Elle me monte au cœur. Ma seule crainte est de ne pas la montrer assez.

— Pense que ce sont tes compatriotes.

— Ils sont aux antipodes de tout ce que je crois, de tout ce que j'aime. Je me sens séparé d'eux par l'épaisseur de la planète.

— Prends patience. Vous **tous ne** serez bientôt plus que cendre.

— Mais non pas une même cendre ; les vents ne nous confondront pas.

— Il est donc vrai que l'homme redevient, par la contagion de la haine, *homo-lupus* ?

— Je me cherche, je veux me ressaisir à travers cette vapeur de sophisme.

— Oublie-les.

— Mes oreilles sont pleines de leurs clameurs.

— Ferme tes oreilles; dis-toi qu'il y a encore des abris pour la raison, qu'au fond des bois tu retrouveras la vérité.

— Leur souvenir m'y suivra.

— On ne se sent offensé que par ceux qu'on aime. Es-tu offensé de ce que les Mingréliens et les Afghans ne pensent pas comme toi? Arrive enfin à l'indifférence.

— A l'indifférence du bien ? Le remède est pire que le mal.

— Souffre donc et tais-toi ; car ils ne changeront pas, ni eux ni les fils de leurs fils.

— N'y a-t-il aucun moyen de m'empêcher de mépriser et de haïr?

— Hais le crime et non pas le criminel.

— Je ne puis les distinguer.

— A tort. Ne peux-tu distinguer le mensonge et le menteur? Il le faut absolument. C'est le premier progrès à faire sur toi-même. L'indignation te suffit. N'y ajoute pas l'horreur. N'oublie pas que, chez les hommes de décadence, ce qui s'atrophie d'abord, c'est le cœur. Après quoi l'esprit devient si étroit, qu'il est impossible d'y faire entrer une pensée nouvelle. C'est une infirmité. Pourquoi la maudire ? Maudis-tu les goîtreux, les microcéphales, les monomanes, les pestiférés ?

— Je les maudirais, s'ils voulaient être mes maîtres.

— Songe que tu montres toi-même la limite de ton esprit, quand tu supposes que les autres sont faits comme toi, qu'ils doivent avoir la même soif de vérité et de justice. Tu leur offres un breuvage dont ils ne veulent pas. Ils aiment mieux ce qui te semble un poison ? Fais tomber de leurs mains la coupe, ne t'abaisse pas à les haïr.

Surtout réserve une partie de toi-même, et ne permets pas aux clameurs d'y pénétrer jamais. Quand on habite un foyer de peste, on se fait un réduit dont on défend l'approche aux fossoyeurs.

CHAPITRE II

LE RÉACTIONNAIRE FRANÇAIS ET LE RÉACTIONNAIRE ALLEMAND.

Voyez le conservateur allemand; vous croiriez avoir affaire au réactionnaire français. La haine du peuple, du prolétaire, c'est-à-dire le quatrième ordre, condamné comme un fléau, le suffrage universel bafoué, une voix accordée aux riches, un dixième de voix à l'artisan; la noblesse et la haute bourgeoisie maîtresses de tout; la monarchie présentée comme le salut; jusqu'ici, vous applaudissez. Vous reconnaissez dans ce conservateur allemand votre allié, votre image; vous allez lui tendre la main à travers le Rhin. Attendez.

Que pensez-vous, je vous prie, de ces autres maximes du même conservateur auquel vous venez d'applaudir ?

Écoutez ses questions, il fait aussi les réponses :

— Sommes-nous encore chrétiens (1) ?

— Non, nous ne sommes plus chrétiens.

(1) Strauss, *Der alte und der neue Glaube*, 1872.

— Avons-nous encore une religion ?

— Oui et non, suivant ce que vous entendez par là. Nous sommes sortis du vieux système religieux de la chrétienté.

— Si nous ne croyons plus à la vieille Église, avons-nous besoin de nous en faire une autre ?

— Non certes. Si la vieille Église ne peut plus nous tromper, nous n'avons aucun besoin de nous en faire une autre.

— Sommes-nous spiritualistes ?

— Nous ne voulons plus de ce faux spiritualisme qui mettait l'homme en dehors de la nature.

— Ne croyez-vous donc pas nécessaire d'avoir un culte, vous qui êtes réactionnaire en politique ?

— Un culte ! Si nous renonçons à toute Église, que ferions-nous d'un culte ?

— Cependant, pour établir la réaction, vous avez besoin d'une religion ?

— Une religion ! C'est une faiblesse qui n'est bonne que pour l'enfance des peuples. Nos innombrables virtuoses de dévotion font aujourd'hui une figure bien mondaine, en comparaison de ceux du moyen âge. Le domaine religieux de l'âme humaine ressemble au domaine des Peaux-Rouges ; d'année en année, ils sont refoulés par les Peaux-Blanches.

— Vous qui voulez empêcher le peuple de grandir, vous devez pourtant croire à l'enfer ?

— Le local nous manque pour l'enfer, depuis que la géologie nous a fait toucher du doigt les couches souterraines du globe.

— Au moins, vous croyez en Dieu ?

— Entendons-nous. Dieu sans le monde ou avant le monde n'est qu'une pure fantaisie. L'idée supérieure est celle de l'univers. Nous demandons pour l'univers cette même piété que l'homme pieux (ancien style) avait pour son Dieu.

Encore une fois, qui croirait que ces vues sont celles d'un conservateur monarchiste ? Ici nous touchons à la vraie différence du réactionnaire français et du réactionnaire allemand. Le Français, quand il entre dans la réaction, se livre tout entier, esprit, imagination, raison. Il est pris dans un engrenage de fer, où aucune partie de lui-même ne subsiste intacte. Il est mis en poussière.

Le réactionnaire allemand ne livre que la plus petite partie de lui-même, sa surface politique. Il réserve tout ce qui est du domaine de l'esprit. Son libre arbitre reste sain et sauf. Son besoin d'indépendance philosophique s'accroît même des concessions qu'il fait à un parti rétrograde.

Le réactionnaire français n'a aucun besoin d'une intelligence libre. Il ne réserve aucune portion de lui-même. Obligé de renier tout ce qu'il a admis et proclamé, il est pris d'une certaine peur d'avoir à expier ses reniements infinis. Aussi la peur est-elle l'essence de son existence. Dans ce vide prodigieux, tous les spectres le hantent. Sans pensée, sans lendemain, il n'est pas bien sûr d'avoir encore la tête sur ses épaules.

Vous qui passez, rassurez-le.

Chez les hommes de décadence, on voit une chose que l'imagination ne devinerait jamais : c'est la transformation de l'homme de bien. Dès le premier pas qu'il fait dans le mal, il s'applaudit. A mesure qu'il s'y enfonce, il s'admire davantage. Sa valeur à ses yeux est décuplée. Il peut donc, lui aussi, fausser sa parole, ramper, trahir avec grâce ?

Que de talents cela suppose, et comme il se promet de les mettre en œuvre ! A sa première bassesse déclarée, il s'écrie en lui-même : *Anch'io son pittore !*

CHAPITRE III

QU'EST-CE QUE L'ESPRIT BYZANTIN ? — COMMENT S'ÉTEINT UNE NATIONALITÉ.

La seule question importante de nos jours, la régénération du peuple français, est la seule qui ne soit jamais posée, la seule qui n'entre pour rien dans les combinaisons de notre temps. Un peuple plongé dans l'abîme veut en sortir, et tous ceux qui ont une puissance s'en servent pour l'y replonger. C'est le spectacle auquel j'assiste chaque jour. Cette nation respire encore ; c'est un désordre. Le cadavre froid, rigide, voilà la paix, la sagesse.

Tout ce qui se passe dans le monde officiel, discours pour déguiser sa pensée, manœuvres, habiletés, qui se prennent au piège, art de parvenir : tout cela est la continuation du mouvement de décadence qui a commencé avec le second Empire. Ces vingt années d'esclavage se perpétuent dans l'esprit qui les a subies sans résistance : chute de chaque jour, impossibilité de concevoir autre chose que le faux et le vide. S'il n'y avait que cela dans la nation française, elle ne compterait plus au nombre des vivants.

Mais sous le détritus de cette poussière humaine, voilà tout au fond, loin de cette société morte, un peuple qui chaque jour grandit, aspire à la lumière. Je l'ai vu; comment pourrais-je en douter? Il est le contraire du monde momifié qui n'a gardé que le semblant.

Ainsi, d'un côté, esprit de décadence; il conclut imperturbablement à la mort sociale. De l'autre, esprit de renaissance. Celui-ci n'a presque aucune occasion de parler. Tenu pour suspect dès qu'il se montre, sa force s'atteste, en toute chose. Tels sont les deux esprits qui luttent comme la mort et la vie dans l'organisation humaine.

Toutes les fois que la liberté a paru en France, elle a été maudite comme une hérésie ou un crime.

Au treizième siècle, la liberté se montre avec les Albigeois. Hérésie! Ils sont extirpés dans les supplices. Plus tard, la liberté s'est appelée Réforme. Hérésie! Les hommes du passé l'extirpent avant la fin du dix-septième siècle. Au dix-huitième, la liberté prend la forme de la philosophie; elle ose paraître sans déguisements, en 89, dans la politique. Hérésie! Une réaction de quatre-vingts ans l'a poursuivie et extirpée comme un crime. De nos jours, la liberté reparaît. Les mêmes hommes du passé l'appellent radicalisme, et sous ce nom de guerre conspirent à l'anéantir. Souffrirons-nous cette nouvelle extirpation de l'hérésie?

Qu'est-ce que l'esprit byzantin?

Quand un gouvernement monacal voyait au loin la lumière transfigurée du Mont-Thabor, et qu'il ne voyait pas chez lui l'État menacé au dedans et au dehors, la ville assiégée, le peuple éperdu sur les places publiques, c'était là l'esprit byzantin.

Il consiste à voir ce qui n'est pas, ce qui ne peut être et à fermer les yeux à tout ce qui est.

De nos jours, ceux qui, sous la République française, s'obstinent à en nier l'existence, pour ne voir que leur Thabor royaliste, ceux-là sont revenus à l'esprit byzantin. Ils nous parlent de la lumière subtile de monarchies fantastiques, et ils nient la réalité qui les enveloppe. Ils se font de la royauté absente une montagne miraculeuse; et la terre qu'ils habitent, ils ne la voient pas.

Aveuglément volontaire et contre-sens perpétuel, voilà donc le fond de l'esprit byzantin. Il anéantit la patrie; car comment la sentir, quand on n'habite plus qu'avec des chimères monacales?

Toutes les ressources de l'intelligence sont employées à se donner à soi-même le change, à ne pas sentir ce que l'on sent, à ne pas entendre ce que l'on entend. Dans ce travail de mutilation que devient la France? Elle disparaît comme toute autre réalité. Pour le Byzantin français, rien n'existe que sa vision : légitimité, orléanisme, bonapartisme. Voilà, nous dit-on, le vrai. Il consiste à ne pas être. Au contraire, la République qui est, que l'on voit, que l'on touche, voilà le faux. Elle a le vice d'exister.

Quand ce mal saisit une société, elle est en grand danger ; si ce mal augmentait, ce serait la mort même. Ne croire qu'à ce qui n'est pas, ne se complaire qu'aux fantômes, ne respecter que les ombres, ne nier que l'évidence, n'adorer que le faux ; comprend-on où mène une pente semblable ?

Si quelque chose m'effraie, c'est le vide d'idées qu'un pareil état d'esprit entraîne avec lui. Des orateurs connus se succèdent, ils parlent avec assurance ; ils tournent sur eux-mêmes sans jamais avancer, ni rencontrer une pensée. C'est le tournoiement d'une danse de derviches qui se prolonge jusqu'à l'épuisement des forces vitales.

Pourquoi cette affreuse stérilité chez des hommes que la nature a si bien doués ? Pourquoi cette éloquence plus aride que le désert ? Pourquoi tant de paroles habiles qui ne peuvent rien faire germer dans une nation ? C'est que tout se passe chez ces hommes en dehors de la réalité.

On fait parler des ombres qui ont la voix exténuée des ombres ; pâles habitants des Champs Élysées, ils ont beau enfler leurs voix, il ne s'en échappe qu'un son grêle qui ne peut arriver jusqu'aux vivants.

Vous demandez pourquoi la langue française perd de sa popularité dans le monde ? La réponse est facile. Son autorité diminue à mesure que s'accroissent les déclamations de la réaction française. Le vide, le creux, la fadeur jésuitique, combinés avec une rhétorique furieuse, la haine de la vérité, la peur de l'intelligence, l'horreur de la pensée, en quoi, je vous prie, cela peut-il intéresser le monde ?

La réalité, la vérité sont les seuls soutiens de l'homme, les seuls aliments d'une vie nationale ; lorsque, par système, on se soustrait au réel, on tombe nécessairement dans le vide.

La gageure de nier la République qui est, peut bien se soutenir un moment, comme un amusant défi au témoignage de nos sens et à la clarté du soleil. Je consens à trouver cela plaisant pour un premier essai de rhétorique. Mais si cette gageure se prolonge, si on veut me la faire prendre au sérieux, elle s'épuise promptement. Il n'en reste qu'une déclamation d'école d'où ne peut même sortir aucun effet oratoire, ni à plus forte raison aucun effet utile pour celui qui parle et pour la nation qui écoute. Tout ce que produirait la déclamation de l'absurde tournée en habitude serait d'assoupir une nation au point de l'empêcher de se réveiller jamais.

Je comprends maintenant comment, au murmure de ce genre d'éloquence, les Byzantins se sont endormis du sommeil éternel. L'arrivée des barbares, le fracas des invasions n'ont pu les réveiller.

J'ai vu je ne sais combien de royautés arborer leur drapeau à la tribune. Dans ce conflit, je cherchais vainement la France. Chacune de ces royautés en emportait tranquillement et fièrement un lambeau.

Une certaine faculté de paroles subsiste qui ne disparaîtra jamais chez les Gallo-Romains. Mais ces paroles ne contiennent plus aucun atôme de vie ; les vieux partis mâchent une poussière de vieux bois sépulcral.

Je connaissais les subtilités doctrinaires nées des invasions de 1814 et de 1815. Je demandais quelle subtilité nouvelle serait enfantée par l'invasion de 1870. Je le sais maintenant. Après les uhlans, voici les sophistes.

Au nom de la tolérance, il faut, dit-on, trois royautés et une république dans l'État. Voilà la bonne république, bonne surtout à condition d'être étouffée.

Ne voit-on pas qu'un État peut subsister avec plusieurs religions, parce qu'aucune d'elles ne prétend être l'État ? Mais trois monarchies et une république qui prétendent chacune être l'État, n'est-ce pas la dissolution de l'intelligence humaine? Hélas! oui. Chacune de leurs paroles va à cette conclusion. Mais moi, qu'ai-je fait pour être condamné à entendre et réfuter ces inepties?

La vraie garantie de durée pour un gouvernement, disent-ils encore, c'est d'être précaire, de ne pas s'établir dans les esprits, d'être écrit sur le sable, de n'avoir d'autre valeur qu'une ombre. Gage certain de perpétuité : n'avoir pas de lendemain.

Et cela s'appelle sagesse. Oui, la sagesse des intelligences qui ne s'appartiennent plus, des esprits étouffés dans la main de l'ennemi.

On faisait des raisonnements de ce genre dans les diètes polonaises, convoquées sous le bon plaisir de la Russie. On y démontrait que le plus grand bien, pour la Pologne, c'était d'avoir cessé d'exister. Rien de plus sage que ce bienheureux néant.

O vous, qui vous appartenez encore, qui ne pensez pas, ne parlez pas sous le bon plaisir d'un maître, écartez ces ténèbres, délivrez au moins nos esprits. Empêchez-les de se faire esclaves volontaires ; ne laissez pas notre intelligence périr comme les intelligences de ceux qui sont tombés en esclavage. Rendez-nous la lumière, le bon sens, tout ce qu'on veut nous ôter.

N'appelez pas libération du territoire la cession

définitive de nos provinces aux envahisseurs. Sommes-nous libérés parce que nous n'avons plus Strasbourg, Metz, l'Alsace et la Lorraine ? De grâce, trouvez un autre mot qui soit un démenti moins flagrant à l'évidence. Veut-on nous ôter aussi le souvenir ? Cathédrale de Strasbourg, qui perces de loin l'horizon, je te vois d'ici en écrivant ces lignes. Ce n'est pas moi qui t'oublierai jamais.

Reconnaissez à ce signe l'homme en qui s'éteint l'esprit de nationalité. Il devient sourd aux cris de détresse de sa nation. Elle a beau crier : Pitié, pitié ! il répond dans son cœur : Point de pitié ! Et il se fait une âme de pierre.

Ses petites pensées lui cachent les pensées de l'universalité des citoyens. Il hait le peuple qui lui devient une énigme ; car est-il besoin d'un peuple, où il n'y a plus de nation ? Tout ce qui est esprit public, national, lui paraît un désordre, un péril, une ligue dangereuse, un complot qu'il s'agit de déjouer sans retard.

Au lieu de la France, il dit : Ce pays-ci. A mesure qu'il s'en détache, il le gourmande, il voudrait le châtier comme s'il l'avait envahi et conquis. Ses conseils sont des ordres, et ses ordres ne sont que haine. Il parle en étranger et s'indigne de ne pas être entendu. En discourant, il frappe l'air du poing fermé, comme s'il tenait un fouet.

La frivolité et la déclamation, quand elles se

joignent à l'esprit de routine et à des idées cadavéreuses, sont de tous les spectacles le plus repoussant. Cela ressemble trop à la Danse des morts.

Jusqu'ici j'avais refusé d'associer et de prononcer ces deux mots : Malheureuse France ! Ils m'échappent aujourd'hui, malgré moi.

Ne se retrouvera-t-il donc pas, à la fin, un homme, qui, porté au pouvoir, prenne pitié de cette infortunée nation ? De son côté, tant de bonne volonté, tant de patience, tant de bonne foi ! Cela ne touchera-t-il personne ? Et, d'un autre côté, tant de dureté, tant d'aveuglement, tant de vues personnelles !

Il est certain que, depuis ses malheurs, la nation a montré les qualités d'un peuple digne d'être libre. Que lui a-t-il manqué ? Ce qui lui a manqué toujours, un gouvernement qui puisse la comprendre.

Une nationalité qui baisse, c'est un fleuve qui tarit et abandonne ses rivages. Il met à nu les caïmans qui se cachaient dans ses eaux profondes.

CHAPITRE IV

PRIÈRE DU PHARISIEN.

Chaque jour j'entends cette prière du Pharisien de l'Évangile : Mon Dieu, je te remercie de n'être pas comme ce pécheur radical, qui pèche cent fois le jour. Je te remercie d'avoir fait de moi un esprit sage, honnête, modéré, destiné à occuper tous les emplois, à obtenir tous les honneurs sans les avoir mérités par aucune action et par aucune pensée.

Je te remercie, mon Dieu, de ne m'avoir donné que de sages pensées de lucre ou d'ambition toutes personnelles, qui n'ont rien de commun avec les pensées philosophiques et désintéressées de ce libre penseur.

Mon Dieu, je te remercie de m'avoir instruit, dès mon enfance, à tout rapporter à moi, à moi seul, et de n'avoir rien de commun avec cet homme dangereux qui voudrait que tu étendisses tes bienfaits à toutes les créatures et même aux nouvelles couches sociales. Je te remercie de m'avoir fait de tes mains le cœur étroit, destiné à te plaire. Chaque jour je m'applique à le rapetisser encore.

Mon Dieu, je te remercie de n'être pas comme cet utopiste endurci qui ose parler encore de dévoûment à la cause du peuple et de l'humanité. Je ne songe qu'à jouir, à entasser, thésauriser et à me divertir devant le Seigneur. Amen.

CHAPITRE V

L'ÉCOLE HISTORIQUE ET L'ÉCOLE PHILOSOPHIQUE

Dans notre siècle, l'école historique a tenu une grande place ; son pouvoir était d'autant plus étendu qu'elle s'appuyait sur le génie même de notre époque, le sentiment de l'histoire.

Cette école enseignait que tout effort d'un peuple est vain, s'il ne s'appuie sur une tradition antérieure. Pour être libre aujourd'hui, il faut l'avoir été hier. Rien ne s'acquiert par la volonté, encore moins par les révolutions ; d'où il suit qu'un peuple esclave dans le passé doit être nécessairement esclave dans le présent et l'avenir.

Par là étaient extirpées en germe toutes les aspirations qui ne reposaient pas sur un précédent. Telle fut la grande querelle de l'école historique et de l'école philosophique, de l'Allemagne et de la France. Elle a rempli notre siècle.

Qui mettra fin à ce procès ? L'historien a été impuissant à convaincre le philosophe et le philosophe à convaincre l'historien.

La France n'a pu persuader l'Allemagne, ni

l'Allemagne la France. Qui donc finira le débat ? La science impartiale entre toutes, l'histoire naturelle.

Elle a montré que, dans le règne animal une certaine aptitude peut se produire dans un individu, par lui se communiquer à la race, par la race à l'espèce, qui acquiert ainsi une faculté et même un organe que ne possédaient pas ses premiers ancêtres. D'où s'explique le développement de la vie universelle.

S'il en est ainsi des formes inférieures du règne animal, que sera-ce de l'espèce humaine ? Ne dites donc plus de tel peuple qu'il est condamné à n'être jamais libre, parce que ses premiers ancêtres ne l'ont pas été ; qu'il ne peut acquérir telle institution, parce que vous ne la trouvez pas écrite dans ses anciennes archives, ni contracter aucune habitude nouvelle d'esprit, ni changer la forme de ses lois, de son gouvernement, de sa vie publique, de sa religion.

Autant vaudrait dire que le chasseur ne peut devenir pasteur, ni le pasteur agriculteur, ni l'agriculteur commerçant, ce qui serait nier l'expérience de la vie humaine.

L'oiseau lui-même change la forme et l'architecture de son nid, quand les circonstances sont autres. Il a laissé les fibres végétales et le crin pour le fil et le coton. L'hirondelle a modifié, en

Amérique, ses habitudes ; depuis trois siècles, elle a changé les matériaux de son architecture ; et l'homme ne pourrait rien changer à ses matériaux traditionnels, à son nid historique !

Réduite à l'érudition, l'histoire enfermait l'humanité dans un cercle de désespoir. La science naturelle a brisé ce cercle ; elle a rouvert l'horizon de l'espèc humaine.

CHAPITRE VI

LA PLUTOCRATIE OU LE GOUVERNEMENT DE L'ARGENT

Montesquieu n'a pas rencontré de son temps ce système de gouvernement ; voilà pourquoi il n'en parle pas. Profitons de ce que d'autres temps nous ont montré pour le décrire.

Ce gouvernement est toujours inquiet ; il ne compte jamais sur un lendemain et la peur le rend cruel. Il ne se rassure qu'en serrant toujours le frein.

Comment n'aurait-il pas peur ? Il a le tempérament de l'avare et tremble jour et nuit pour son trésor. Partout il voit des voleurs qui le lui enlèvent. Il crie incessamment que les voleurs sont là, qu'ils en veulent à sa propriété, à sa religion, à sa famille. Il veut arrêter tout le monde, il s'arrête lui-même.

Il ne s'appuie ni sur la naissance, ni sur l'opinion, ni sur le peuple, mais sur l'argent ; et, comme de sa nature l'argent est instable, il sent partout le terrain qui lui manque. Son règne n'est qu'un désespoir sordide.

Dans cette fièvre d'angoisse, ne lui parlez pas de se rattacher à son principe d'origine. C'est le seul gouvernement qui n'ait aucun principe. Nulle répression ne suffit à le rassurer. Il entasse lois sur lois, peines sur peines, comme l'avare multiplie les verrous ; il n'est que plus impuissant et plus misérable.

La monarchie, l'aristocratie ont un passé et croient à un lendemain. La plutocratie n'a point de passé, elle suspecte le présent, elle maudit l'avenir.

La royauté et l'aristocratie ont leur jour de joyeuse entrée où elles cherchent à se faire populaires. La plutocratie ne sourit jamais à personne ; elle se tait ou menace. Née du peuple, elle déteste le peuple ; elle l'injurie, croyant par là s'en distinguer ; dure, aveugle, inexorable. Elle sait se faire haïr et ne peut se faire craindre.

Il est dans sa nature de faire peser tous les impôts sur les masses. La misère du peuple ne lui déplaît pas, elle en vit ; le parvenu croit grandir de la ruine de tous.

Autre caractère du gouvernement des riches : il est absolument le même à toutes les époques de l'histoire.

Les aristocraties, les démocraties, les royautés diffèrent. La plutocratie est partout identique à elle-même. Dans l'antiquité et dans les temps modernes, elle a même visage, même forme, même mot d'ordre. Il y a plus de deux mille ans, elle se couvrait aussi d'un faux ordre moral.

Qui a lu l'histoire de la réaction des riches dans Thucydide, connaît l'histoire de cette réaction dans tous les temps et chez tous les peuples. Comme elle a pour fond la passion la plus stérile, l'avarice, il n'est aucun type de gouvernement qui ait moins de variété. Son histoire se répète d'une manière immuable.

Par quel aveuglement a-t-on voulu ranger Thucydide parmi les partisans de l'oligarchie de la richesse? C'est lui, au contraire, qui en a donné la formule. C'est lui qui en a dévoilé l'esprit et l'iniquité, si bien qu'il n'a presque rien laissé à dire à ceux qui viennent après lui. C'est lui qui a dénoncé le premier (et avec quelle ironie!) le faux *ordre moral* (1), dont se couvre toute plutocratie.

Il a décrit la Terreur blanche d'Athènes. Et ce tableau, comparable à sa description de la peste, est le tableau de toutes les terreurs blanches de la France et du monde.

C'est Thucydide qui a démasqué la conjuration de tous les réactionnaires anciens et modernes, leur acharnement à en finir avec la vieille liberté na-

---

(1) Τὴν ὑπὸ τῶν Ἀθηναίων ὕπουλον εὐνομίαν. Thucydide, VII, 64.

tionale, leur haine insensée du peuple d'où ils sortent, les assemblées publiques placées par eux sous les poignards, leur entente avec les armées étrangères; déjà Coblentz dans le Pirée, et la jeunesse dorée du Directoire dans les Quatre-Cents d'Athènes.

C'est Thucydide qui a mis en plein jour leur dessein de livrer la patrie à l'ennemi plutôt que de subir le droit commun et la justice pour tous.

C'est Thucydide qui a montré que les fortifications qu'ils élevaient au Pirée, en apparence contre l'étranger, étaient en réalité tournées contre leur pays. Il a fait voir les petites portes, les fausses poternes, les issues secrètes qu'ils préparaient à l'ennemi, pour l'introduire dans la place contre leurs concitoyens.

Conjuration éternelle des oligarchies, toujours la même, quel que soit le nom des chefs, Pisandre ou Pichegru, Grèce ou France, Athènes ou Paris. Il fallait la langue de Thucydide pour resserrer en si peu de pages ce mélange de perfidies et de fureurs, de prétendu ordre moral et d'assassinats, de ligues des *honnêtes gens* (1) et de coups de couteaux dans l'Agora. Ce tableau, qui s'applique à tous les temps, est fait depuis

---

(1) Τούς τε καλοὺς κἀγαθούς. Thucydide, liv. **VIII, 48.**

plus de deux mille ans. Relisez-le. Je n'ai à y ajouter qu'un mot :

De tous les gouvernements, la plutocratie est celui qui dure le moins. Fondé sur l'argent, il en a la mobilité. Aussi les plutocrates d'Athènes et du reste du monde, désespérant de fixer la fortune, cherchent partout un maître qui détienne pour eux l'autorité qu'ils se sentent incapables de garder.

CHAPITRE VII

LOI DE L'ATAVISME DANS L'HISTOIRE DE FRANCE. — S'IL Y A ENCORE DES AMES ESCLAVES ?

Le fait le plus important et qui semblait devoir être le plus fécond de l'ancienne France, est l'établissement des communes. Il remplit le xiiᵉ et le xiiiᵉ siècle. A peine cette grande marée montante a-t-elle atteint ses limites, une force opposée, la monarchie, la repousse. La royauté fait servir le xvᵉ, le xviᵉ et le xviiᵉ siècle à reprendre les conquêtes que la nation avait faites dans les temps précédents.

Quand vint le xviiiᵉ siècle, les libertés acquises par les révolutions communales étaient extirpées. Il fallut les regagner toutes par une révolution nouvelle : 89.

Par là se montre la loi qui régit la nation française. Dans son passé, on voit le rhythme sur lequel se meut son histoire. D'abord, un grand progrès accompli par l'énergie nationale, et ce progrès aussitôt combattu, peu à peu supprimé par le gouvernement ; d'où la nécessité d'une révolution nouvelle pour reprendre ce qui a été enlevé et porter plus loin la limite.

Tel est le rhythme de l'ancienne histoire de France. Voyons si cette loi se reproduit dans la France nouvelle.

De 1789 à la fin du siècle, rétablissement en quelques années de ce qu'a enlevé la monarchie; la borne portée à l'extrémité de l'horizon des peuples modernes.

De 1800 à 1814, réaction, retour par l'Empire au principe byzantin, au césarisme carlovingien.

De 1814 à 1830, une apparence de liberté, et bientôt même ce simulacre détruit.

1830, révolution pour regagner ce qui a été perdu.

Dès le lendemain, le droit nouveau disputé et fraudé, puis annulé.

1848, révolution pour ressaisir le droit perdu : République. Dès le lendemain, réaction, retour en arrière, restauration du pouvoir byzantin avec le second Empire. Despotisme.

4 septembre 1870. Encore une fois révolution; marche en avant dans le droit moderne. République.

Après quelques mois, réaction; ligue de toutes les réactions despotiques : césarisme, moyen âge, ancien régime, droit divin.

Concluez de ce tableau, que le rhythme marqué dans l'ancienne France tend à se prolonger dans la nouvelle. Après un pas en avant, un pas en arrière, et l'équilibre rétabli par un mouvement imprévu, un acte spontané, c'est-à-dire par une révolution.

S'il est vrai que toute vie a son rhythme, la France a aussi le sien, encore antique, traditionnel, auquel elle n'a pu se dérober, marche ondulatoire qui tient de l'enfance, non de la vieillesse.

Action. — Réaction. — Révolution. Comment sortir de ce rhythme à trois temps, dans lequel chacun amène nécessairement celui qui le suit? A mesure que le passé s'éloigne, sa force magnétique décline en raison de la distance. Il viendra un moment où cet aimant du passé ne se fera plus sentir. La réaction est destinée à s'user; l'action seule demeurera continue et patiente, parce qu'elle ne sera plus combattue.

En Angleterre, le torysme et le whigisme, de plus en plus rapprochés, marquent à peine un dernier mouvement de balancier dans l'État.

Notez bien qu'en France, chaque révolution trouve moins d'obstacles que celle qui l'a précédée. D'époque en époque, la vague s'est brisée sur la vague avec moins de furie. La révolution de 1830 a rencontré moins de résistance que celle de 89. En 1830, le combat a duré trois jours;

en 1848, une matinée ; au 4 septembre, il n'y a pas même eu de combat. Concluez-en que, si de nouvelles révolutions se produisent, elles trouveront, pour s'accomplir, moins de résistance que les précédentes, jusqu'à ce que le mouvement de révolution, de moins en moins contrarié, se résolve en un équilibre social, un battement intérieur des artères, régulier, presque inconscient, qui marque les pulsations de la vie, dans un organisme achevé.

Certes, il semble aujourd'hui absurde de supposer que des factions si ennemies puissent se concilier et aboutir à l'équilibre. Jamais esprits ne furent plus éloignés les uns des autres. C'est peu de se combattre, ils se nient. Comment donc pourront-ils jamais se fondre dans une même nation ? Le catholicisme ne suffira-t-il pas toujours à les tenir séparés ?

Oui, sans doute, si nous ne consultons que les passions actuelles. Mais si nous étendons notre vue au delà du présent, ne pouvons-nous pas admettre que les partis même ennemis, sans cesser de se haïr, seront forcés de se rapprocher ?

Ils se détesteront encore, ils se verront de plus près.

Aujourd'hui tout les sépare. Un temps viendra peut-être où ils auront quelques mots communs dans leur vocabulaire.

Il y aura encore lutte, mais l'habitude de se rencontrer leur rappellera qu'ils font partie d'un même peuple.

Aujourd'hui ils sont aux deux extrémités opposées des choses humaines. Qui sait si ce qui se passe dans la nature ne se réalisera pas aussi parmi eux; si le pendule qui oscille de la droite à la gauche, de l'ancien régime au nouveau, de la vieille France à la nouvelle, ne sera pas forcé, en dépit des aversions, de diminuer ses oscillations et de se reposer dans un centre commun de gravité?

« Non, disent-ils, il y a l'abîme entre nous. »

L'abîme! N'en abusons pas trop : c'est au temps à le combler et à la postérité à l'enjamber.

Il y a certainement encore des âmes esclaves dans le monde. Vous les émancipez, vain effort. Elles ne veulent pas être libres. Ces âmes se trouvent dans toutes les conditions sociales, en bas, au milieu, surtout en haut. Elles rejettent, dites-vous, la liberté pour les autres, mais elles la veulent pour elles seules. Non, elles n'en ont pas l'idée pour elles non plus que pour autrui. Elles ne comprennent que la nécessité de servir. Étrange état d'esprit et tout à fait inconcevable, si l'on ne se rappelait les douze ou quinze siècles de servage ou de domesticité de cour qui, de père en fils, les ont courbées, au point qu'elles ne peuvent plus se relever et garder la station droite.

Les âmes basses engendrent le plus souvent les âmes basses, rien de plus certain. Comment donc échapper à ce cercle infernal, car je ne veux pas désespérer?

La progression des âmes basses peut être interrompue par des mariages entre des classes différentes. Mais cette première réponse en appelle une seconde qui domine tout ce livre. Peut-on refaire le caractère? C'est ce que je vais examiner.

CHAPITRE VIII

L'ART DE REFAIRE DES CARACTÈRES.

De grands esprits, tels que Labruyère, ont passé leur vie à décrire les caractères, sans dire jamais ce que c'est que le caractère.

Je me contenterai ici de dire que c'est le fond naturel que l'individu a reçu de ses ancêtres.

Chacun a son caractère qui le distingue de son espèce en général, comme l'espèce est distinguée du genre.

Croyez-vous que l'espèce ne peut se modifier en rien? Vous devez croire aisément la même chose de l'individu : ce qui revient à dire que chaque caractère est immuable; d'où la conclusion, que c'est peine perdue de vouloir améliorer celui qu'on a reçu en naissant.

Au contraire, admettez-vous que l'espèce peut être décomposée en variétés? C'est une grande raison de croire que le caractère peut aussi se modifier et varier.

Vouloir changer un caractère en son contraire, c'est se briser contre la nature; rien de plus vrai.

Autant vaudrait essayer de changer un chêne en olivier, un figuier en sapin. Ce serait vouloir sortir de l'espèce ; mais observez les hommes de plus près ; vous verrez que chaque caractère humain a ses variétés, comme chaque espèce a les siennes. De là, s'ouvre un jour nouveau sur les principales questions de l'éducation nationale ou privée.

Rousseau a donné une méthode générale qu'il applique à tous les enfants, c'est-à-dire à l'homme abstrait. Il eût été beau de voir l'auteur d'*Émile*, montrer quel système convient à chaque caractère en particulier ; car il n'est pas possible que la même méthode convienne également à tous.

Reste à faire une classification des variétés de chaque caractère qui peuvent se transformer l'une dans l'autre. L'espèce des violents renfermerait l'impétueux, l'énergique, le résolu, l'héroïque. Celle des patients renfermerait le réfléchi, l'habile, le calculateur. A la légèreté confine la cruauté.

C'est ce que l'on voit sur une grande échelle dans chaque nation. A des moments différents, vous croyez avoir affaire à des nations différentes. Est-ce qu'elles sont sorties de leur forme originelle ? Non, mais seulement elles ont passé d'une variété à une autre variété de leur caractère fondamental.

Les Espagnols ont été aventureux et inertes, avares et magnifiques, amoureux et cruels, surtout fanatiques. Pourquoi? Parce qu'ils ont passé à travers toutes les variétés de leur caractère fondamental, la passion. Féroces dans la religion, parce qu'ils ont porté les jalousies de l'amour humain dans l'amour divin.

Les Allemands ont été patients, endurants; ils rêvent, disiez-vous. Maintenant qu'ils ont été durs, rancuneux, armés du marteau de Thor, et qu'ils savourent leur vengeance, vous demandez : Est-ce bien là le même peuple?

Les Italiens ont parcouru les nuances diverses de l'habileté, de l'expérience, jamais déconcertés, toujours maîtres d'eux-mêmes jusque dans le feu de la poésie et des arts.

Les plus multiformes ont été les Français, toujours changeants et toujours les mêmes : du clan gaulois à la coterie actuelle, entre la liberté et l'esclavage, incapables de longues haines, parce qu'ils n'ont jamais cru qu'on pût les haïr; avides de gloire et ardents à se dénigrer eux-mêmes, louangeurs de l'étranger, les plus novateurs des hommes et les plus routiniers, enthousiastes et sceptiques; que de peuples en un seul, et souvent dans le même âge!

Les mêmes métamorphoses qui s'accomplissent dans les nations peuvent s'accomplir dans les individus; toute la science de la vie est la science composée de ces deux genres d'expérience.

Chacun a reçu avec le naturel qui lui est propre une certaine aptitude aux variétés dont ce caractère se compose. Attachez-vous à la meilleure, vous pourrez en faire le trait dominant.

Sans sortir de l'espèce, vous faites d'un arbre sauvage un bon arbre à fruit. Pourquoi ne feriez-vous pas d'un caractère sombre un caractère sérieux, d'un esprit mobile un esprit étendu ?

De là, je déduis la règle véritable de l'éducation. Elle consiste en ceci : tirer d'un caractère la variété la meilleure qu'il comporte.

Voulez-vous distinguer la bonne et la mauvaise éducation ? Le moyen est aisé. Il y a une éducation, qui, sans s'occuper des différences de caractères, se vante de briser tous les caractères. Anéantir la volonté ! Et que reste-t-il de l'homme après cela ? Il est certain que, l'homme disparu, toute difficulté de théorie et de pratique disparaît avec lui.

Voyez si c'est la solution à laquelle vous aspirez.

Dans le dernier siècle, les hommes élevés par les jésuites ont été les plus ardents à réagir contre le jésuitisme. De notre temps, au contraire, les hommes, une fois ployés sous cette discipline, ne relèvent plus la tête. Est-ce que le ressort a été faussé ?

Il est certain que des caractères peuvent être brisés. Dans ce cas, la volonté n'est plus que velléité. Tout acte courageux paraît extravagant. En des moments imprévus, l'ancien tempérament reparaît, mais seulement par surprise et par accès; après quoi, la force de vouloir s'efface de nouveau. Tout effort pour la faire renaître semble odieux. Dans cette ruine de l'ancien homme, l'intelligence peut subsister encore, à condition de ne jamais conclure qu'à l'inertie, sous le nom de sagesse et de modération.

Refaites des caractères!... Mais ce qui est brisé dans l'homme peut-il être réparé? Pourquoi non? Vous savez à merveille tremper le fer. Vous en faites un acier invincible qui résiste dans la mêlée aux chocs des armures; s'il a été froissé, vous savez le durcir encore. Pourquoi n'y aurait-il pas un art de retremper les hommes de notre siècle? Vous avez vu chez les Allemands et les Italiens, l'individu se retremper dans le sentiment de la race, depuis cinquante ans.

Cet art existe donc réellement. Comme on peut mettre en poudre les caractères, on peut aussi les refondre. Mais de tous les arts, ce dernier est celui qui rencontre le plus d'obstacles. Et la raison? Vous la savez comme moi. On trouve plus aisé de gouverner des machines que des hommes.

Nul homme, nous dit-on, ne peut sortir de son caractère. D'accord. Mais quand vous ajoutez que chaque caractère est immuable, comme chaque objet de la nature, vous supposez que tout objet est immuable ; en cela vous vous trompez.

Pour moi, j'ai vu tant de violents devenir modérés, tant de modérés devenir furieux, tant d'audacieux changés en timides, tant de timides en audacieux, tant de superbes s'abaisser, tant d'humbles se redresser, qu'il m'est impossible de croire à l'immutabilité du caractère, à moins que le caractère essentiel de l'homme soit de n'en avoir aucun.

Le caractère de l'homme n'est pas ce point indécomposable, géométrique que vous supposez. Ce n'est pas une figure mathématique, un triangle, un carré toujours semblable à lui-même. C'est une figure vivante, une géométrie animée et supérieure qui, pour chaque problème, a plusieurs solutions. Chaque homme enferme en lui plusieurs hommes ; qu'il choisisse entre eux celui qu'il veut être, là est sa liberté.

Un caractère acquis n'est pas celui que vous vous faites par des maximes artificielles. C'est celui qui est en vous, au plus profond de vous-même et qui souvent est masqué par un tempérament ou des inclinations inférieures. Ne vous arrêtez pas à cette première écorce ; creusez plus profond. Vous vous découvrirez vous-même.

— Non, reprenez-vous. La raison, les prières, les supplications, l'exemple, l'expérience ne peuvent rien pour changer ma manière d'être et d'agir. Je suis ce que je suis. Je ne puis et ne veux être autre chose. Mon caractère est ma nécessité.

— Ainsi les animaux, les végétaux peuvent passer d'une souche grossière à une souche meilleure, s'élever à un caractère supérieur sans sortir de leur espèce. L'herbe sauvage a pu se changer en pur froment, la vigne des bois se métamorphoser en vigne cultivée. Vous seul dans le monde ne pourriez devenir meilleur? Vous vous arrêteriez à la première forme grossière que vous rencontreriez de vous-même, et vous diriez : Tel est mon caractère ; je ne puis en sortir.

Si vous aviez rencontré le *triticum* sauvage, vous n'auriez jamais songé à en tirer le blé. Vous auriez dit : Cette herbe est stérile ; elle n'est bonne qu'à être broutée par les bœufs ou les chevaux ; voilà son caractère, n'essayons pas de le changer. De même, vous auriez dit de la vigne sauvage : Cette plante est stérile, je veux l'extirper, ne pouvant en rien faire. Et cette méthode de stérilisation, vous l'appliquez au caractère humain. Vous refusez de fouiller en vous-même, au delà de la première enveloppe, pour en tirer le pur froment.

Vous faites de l'homme le plus esclave des êtres. Vous vous créez vous-même une fatalité qui n'est nulle part. Fausse histoire naturelle, fausse morale, fausse philosophie.

— Connaissons une fois pour toutes, dit un Allemand (1), nos forces et nos faiblesses, et prenons-en notre parti.

— Non, je ne prendrai pas, une fois pour toutes, mon parti de n'être pas une volonté droite ; je ne prendrai pas mon parti d'être une créature inachevée, à laquelle manque encore la meilleure portion de moi-même. Ce que j'ai été n'est point la règle de ce que je peux être ; car chaque jour j'acquiers des forces que je n'avais pas. Je sens mon être qui s'accroît. Je ne me reposerai pas oisivement sur ce que j'ai fait. Je travaillerai à développer l'infini qui est en moi comme dans la nature entière.

Vous me dites que le vrai moyen de m'épargner les mécomptes est de ne plus rien risquer dans le combat de la vie ; et moi je sens très bien, au contraire, que le mécontentement de moi-même commencerait le jour où je refuserais d'ajouter une expérience à mes expériences passées. Ce que vous appelez prudence, je l'appelle quiétisme, inertie, désertion de la vie.

---

(1) Schopenhauer 4ᵉ édition.

Tant que l'insecte vit, il complète son être. Il reste insecte, et il tire de lui-même une nouvelle variété de caractères. Il se donne des pieds, des yeux, des ailes qu'il n'avait pas. Il tisse sa toile, et tire de lui-même ce long fil infini. Je ne veux pas, dans la rivalité des êtres, rester au-dessous de l'insecte.

LIVRE QUATRIÈME

L'ESPRIT NOUVEAU DANS L'HISTOIRE

CHAPITRE I

EN QUOI NOUS DIFFÉRONS DU XVIIIe SIÈCLE. — FIN
DE LA CROYANCE AU PEUPLE PRIMITIF.

Un des points par où nous nous trouvons le plus séparés du xviiie siècle, est l'idée que nous nous faisons aujourd'hui des sauvages. Les philosophes du dernier siècle, ne les connaissant que par de vagues récits, plaçaient parmi eux la vie innocente et bienheureuse. De là, il n'y avait qu'un pas à admettre, pour l'origine du genre humain, un peuple-modèle, illuminé de toutes les clartés d'une révélation primitive. Les rayons de cette société bénie se seraient dissipés peu à peu ; le monde moderne ne serait qu'une dégénération, une chute après l'époque d'illumination dans laquelle on réunissait la légende de l'Éden et l'âge d'or du paganisme.

Ces visions sont tombées. Le sauvage s'est montré, non plus à la dérobée, mais dans une cohabitation prolongée au milieu de nos établissements européens. Alors qu'a-t-on vu? L'homme ébauché (1), point de famille, point d'amour, le mariage, autre forme d'esclavage, une religion d'enfant; en un mot, le genre humain tel qu'il pouvait être dans ses premières origines, à l'époque de l'âge de pierre.

Alors aussi est tombée cette croyance en un peuple primitif qui avait reçu des dons uniques, et, par le privilège d'un droit d'aînesse, une sagesse venue du ciel, un langage presque divin, des lumières surnaturelles, une confidence sacrée, une science infinie puisée à la source du Très-Haut.

A la place de ces visions, le réel s'est montré : l'homme nu, ayant tout à conquérir par lui-même. Nous avons été, nous sommes débarrassés des songes. La vérité a paru, embrassons-la. Elle vaut mieux que les fausses lueurs, par lesquelles les philosophes eux-mêmes avaient consenti à se laisser prendre. Joies de notre siècle : voir tomber tous les voiles, oser regarder la vérité sans

---

(1) John Lubbock, traduit par Barbier, *Origines de la civilisation*, p. 67.

masques, déchirer le mensonge ; pour cela, il vaut la peine de vivre.

Dans ma jeunesse, la plupart des savants vivaient encore sur ce fond d'illusions : la sagesse d'un peuple primitif (1). Leur pensée en était enténébrée. J'ai vu ces imaginations se dissiper à la clarté de l'esprit nouveau. Disons adieu à ces chimères, que je n'ai jamais accueillies, et d'où la poésie même s'était retirée. Paix à ces ombres. Marchons en avant. *Guarda e passa.*

Nous savons aujourd'hui que la religion des sauvages est surtout l'adoration des esprits malfaisants. Qu'ont-ils besoin de vénérer les bons ? Ils n'ont rien à en craindre. Ils les négligent ou les oublient. Mais tous les êtres odieux, venimeux, féroces : voilà ceux qu'il faut prier et adorer.

Raison capitale pour se faire des dieux méchants : les sauvages voient le plus méchant l'emporter sur le bon, dans la lutte pour l'existence.

C'est devant le méchant, homme ou animal, qu'il faut se prosterner à deux genoux.

Cette religion n'est pas seulement celle des sauvages ; j'en ai souvent rencontré des restes chez des peuples civilisés.

Surtout elle m'éclaire sur les plus lointaines origines. Avant que l'homme se fût donné des

---

(1) Parmi eux Schelling, les Schlegel, Creuzer, Ballanche ; je pourrais en citer une multitude d'autres.

armes, que pouvait-il contre les animaux féroces qui étaient les rois de la terre? Presque rien. L'homme fit pour les désarmer, ce qu'il fait aujourd'hui chez les sauvages contre les forces malfaisantes. Il se créa des dieux carnassiers, à têtes de loups, d'ours, de lions, de gorilles, de taureaux, de crocodiles. Par cette flatterie, il crut se les rendre propices. Ne pouvant les vaincre, n'osant les attaquer, il les adora.

Les peuplades de l'Afrique élèvent aujourd'hui des temples aux serpents; elles imaginent se rendre ainsi favorables les reptiles. Voilà le principe de la religion des animaux sacrés dans l'antiquité.

Les crocodiles, nourris par les prêtres à Memphis et à Thèbes, répondaient de l'alliance de l'espèce des crocodiles avec le peuple d'Egypte. Les dieux aux mufles de lions, répondaient de l'amitié de l'espèce des lions. En face de ces idoles, vous respirez l'odeur des temps où les grands carnassiers étaient les maîtres de l'univers. L'homme fuit ou se prosterne; la caverne de l'ours est le premier temple.

CHAPITRE II

NOUVELLE INTERPRÉTATION DES RELIGIONS DE L'ANTIQUITÉ PAR LES NOUVELLES MÉTHODES D'HISTOIRE NATURELLE.

Ne croyez pas que les religions de l'antiquité soient nées seulement des hasards du langage. Tous les dieux ne sont pas des métaphores. Plusieurs sciences nouvelles ouvrent sur ce point une perspective inattendue ; je crois voir se renouveler en quelques parties l'histoire des religions grecques.

Tant que l'on ne rattachera pas la formation des mythologies à un premier état de l'esprit humain, il n'y aura pas de critique de la genèse des religions de l'antiquité. Je veux montrer ici qu'il est impossible de ne pas donner désormais aux révolutions géologiques une part dans la formation des cultes antiques et des héros légendaires. En voici des exemples.

Dans le Parthénon d'Athènes, tout était plein de la lutte de Minerve et de Neptune. Pourquoi ce combat ? Que veut-il dire ? Pourquoi cette victoire de Pallas-Athéné sur le dieu marin ? Si vous ne sortez des méthodes ordinaires, aucune explication n'est suffisante. Les plus érudits ne savent pas ce que veut dire « la vieille et mystérieuse querelle de Minerve et de Neptune pour la possession du sol de l'Attique. »

Et que peuvent être les droits revendiqués par le fils de Neptune sur sa propriété ? Etrange procès d'où sortent des guerres et des tragédies. Enigme sans issue.

Dans ces ténèbres où la critique se perd, j'interroge les nouvelles découvertes des géologues ; et tout s'explique. On vient, en effet, de s'assurer en fouillant le sol de l'Attique, qu'il est formé alternativement de couches marines et de couches d'eau douce, qui se sont succédé à de longs intervalles (1) ; par où l'on voit que la mer et la terre se sont disputé la place qui devait être un jour le territoire d'Athènes. Chacune des époques de cette lutte a laissé ses traces dans les stratifications de fossiles marins et terrestres. Ce n'est pas seulement un point du rivage que la mer a battu de ses flots. Elle a recouvert à plusieurs reprises le sol sacré, tantôt s'avançant, tantôt reculant avant de céder sa conquête à une force rivale.

Traduisez cette histoire de l'époque tertiaire

(1) Albert Gaudry, *Animaux fossiles et Géologie de l'Attique*. 2 vol. 1867.

dans la langue de la mythologie ; vous avez devant vous la querelle de Pallas-Athéné et de Neptune-Poséidon, c'est-à-dire le sol tantôt émergé, tantôt repris, inondé par les flots ; les conglomérats, les brèches, le limon rouge à ossements, de formation terrestre, miocène, recouverts par les bancs marins d'huîtres et de pectens pliocènes ; et, à la fin, les limites assignées, l'Attique sortie de l'Océan, la paix faite entre les deux divinités rivales, c'est le Parthénon qui consacre leur alliance. A côté du temple de Minerve, s'élève le temple de Neptune. Les deux divinités apaisées se donnent la main au-dessus de l'horizon. Entre elles un autel commun dédié à l'oubli. Ce même Parthénon, la merveille du siècle de Périclès, se trouve ainsi représenter un des souvenirs de l'époque tertiaire. Sans le savoir, Phidias a couronné une ère géologique.

Perdue à l'extrémité du temps, comment la mémoire de cette révolution du globe s'est-elle transmise à la race grecque, sous la forme de ces deux divinités marine et terrestre ? L'homme existait donc à ce moment de la formation du territoire de l'Attique ? Il le faut bien. A-t-il été témoin de cet âge où la mer et la terre se disputaient l'espace qui devait être un pour le monde d'Athènes ? Apparemment. Il faut qu'il ait vu de ses yeux et remarqué les derniers envahissements de la terre sur la mer. Sans cela, comment aurait-il eu l'idée d'en faire une légende et le principal élément de son culte ?

Mais ces couches marines et terrestres à quelle époque remontent-elles ? Je l'ai dit ; les espèces fossiles ne laissent aucun doute sur ce point. Ces terrains se sont succédé à l'époque tertiaire. N'est-ce pas la preuve la plus claire que l'homme vivait déjà, au moins vers la fin de cette époque géologique, puisqu'il en a éternisé la mémoire dans sa religion et dans les temples de l'Acropole ? Il devait mettre son plus grand art à perpétuer ses souvenirs les plus lointains. Minerve et Neptune remontent ainsi par leur origine à l'âge de la faune tertiaire, miocène.

Voilà un point par où les religions grecques plongent profondément dans les révolutions géologiques ; et de là quelles perspectives nouvelles dans l'histoire des religions nationales ! Nous touchons ici au monde tertiaire non plus seulement par des fragments de hache, par des têtes de flèches de silex, par des grattoirs en os, mais par les empreintes immortelles des dieux. Pallas-Athéné armée de cette lance que l'on voyait du cap Sunium et qui commandait à l'horizon, couvre de son bouclier le territoire miocène qu'elle a conquis sur Neptune dans les temps géologiques. Elle démontre que l'homme **a** été témoin de ces révolutions, puisqu'il les lui a attribuées.

Où vont ces processions des grandes Panathénées, ces vierges de Phidias qui portent leurs corbeilles pleines des fruits de la terre? Elles vont célébrer la mémoire de la formation du territoire de l'Attique en offrant à Minerve les prémices du sol ; car c'est elle qui l'a fait. Elle ne protège pas seulement le territoire, elle l'a tiré du gouffre.

Vingt figures représentent dans les bas-reliefs sa lutte ; de sa main droite elle montre au monde une *Victoire ailée*.

Ainsi les religions de l'antiquité contiennent dans leur substance la mémoire transformée et le retentissement des époques géologiques jusqu'à la fin de l'âge pliocène. Ce que les géologues appellent aujourd'hui soulèvement, affaissement de terrain, les religions l'appelaient le combat de Poséidon contre Héra pour le territoire de Mycènes ; contre Pallas-Athéné, pour celui de Trézène ; contre Hélios, pour celui de Corinthe.

Pendant une durée indéfinie, l'homme a vu tour à tour la terre s'élever et s'affaisser. Il a assisté à l'apparition des plaines encore à demi englouties sous les eaux ; il s'est dérobé aux flots envahissants ; il est revenu quand le flot s'est retiré. Tout cela est écrit en caractères ineffaçables dans les guerres sacrées du dieu marin et de la déesse terrestre qui a la première planté l'olivier.

Par quelles transformations ont passé ces divinités, depuis l'âge où elles ont apparu d'abord à un cerveau humain ?

Assurément elles ont changé de forme, autant que les espèces animales dans le monde des fossiles. La Pallas tertiaire à la tête de chouette devait différer de la Pallas classique d'Homère autant que l'hipparion tertiaire aux pieds digités diffère du cheval des courses d'Olympie.

Il me suffit d'avoir montré que l'idée informe encore de cette divinité existait dans l'esprit de l'homme préhistorique : embryon de ce qu'elle devait être plus tard, l'idéal souverain de Phidias et de Périclès.

De tout cela retenons une chose. L'homme tertiaire ou quaternaire pensait réellement qu'il y avait une divinité qui faisait avancer les flots, une autre qui les repoussait et soulevait la terre. Ce n'était pas là des métaphores ni des jeux de la parole. D'un côté le trident, de l'autre la lance. Guerre sacrée qui avait duré des siècles de siècles sous le regard de l'homme. Cette vision était réalité pour lui.

Ainsi plusieurs des mystères des Grecs comme des autres peuples ont leur origine et leur cause dans les temps que la géologie révèle. Souvent elle explique l'inexplicable. Cette pensée devra entrer pour quelque chose dans la science nouvelle des religions.

J'ai parlé des dieux; venons aux héros.

CHAPITRE III

HISTOIRE DE L'HOMME QUATERNAIRE. — HISTOIRE DES MONSTRES LÉGENDAIRES. — CHRONOLOGIE DANS L'HISTOIRE DES RELIGIONS.

Les ossements de l'homme préhistorique ont été retrouvés de nos jours. Mais son histoire, ses impressions, où sont-elles? Il est impossible, dites-vous, d'en retrouver la trace. Au contraire, cette histoire existe en traits éclatants, et il ne s'agit que de savoir la lire. Elle existe dans l'histoire des héros légendaires, les Hercule, les Thésée, les Persée. Relisez-la à ce point de vue ; vous verrez que l'histoire humaine s'enrichit sous vos yeux de plusieurs époques qui remontent de l'une à l'autre jusqu'au premier éveil de la nature humaine.

Le monde de l'antiquité n'a pas attendu Cuvier pour expliquer à sa manière les ossements fossiles des grands mammifères tertiaires qui se montraient çà et là à la surface du sol. En aucun pays peut-être le hasard n'a fourni plus d'occasions qu'en Grèce (1) à des rencontres de ce genre. Desséchés en été, les petits fleuves de Grèce, tels que celui de Pikermi, laissaient à découvert, dès les temps préhistoriques, d'énormes ossements fossiles, le dinothérium, le mastodonte.

Il y avait même des lieux où ils étaient offerts à la curiosité publique ; et les anciens remarquaient déjà combien ces restes étaient plus grands que les ossements des hommes. Premier objet de stupeur et de vénération.

A quels êtres avaient appartenu ces os ? L'imagination hellénique répondit à cette question, en créant ses légendes de géants aux pieds de serpent, de Titans, de Minotaures, de Cyclopes, de Lestrigons ; dernier retentissement du monde organique de l'époque tertiaire dans le génie grec. Vous retrouvez là une page de l'histoire de l'âge de pierre.

Chacun de ces débris d'ossements, qui aujourd'hui fournit un élément à la science, fournissait alors un épisode à la légende. Ainsi s'est composé ce vaste royaume de monstres et de chimères qui sont une partie des religions grecques et, à travers la fiction, retiennent l'empreinte ineffaçable d'une réalité perdue.

---

(1) Voy. Albert Gaudry, *Animaux fossiles et Géologie de l'Attique*. Atlas

Dans nos villages, pour le paysan de nos jours, les enroulements de l'ammonite, c'est le grand serpent mystérieux, *la Vive* qui portait sur sa tête un diamant et se cachait dans les fossés du château. En Grèce, toute ammonite repliée sur elle-même devenait un dragon, gardien d'un trésor.

Qu'était-ce, lorsque le laboureur ionien découvrait sous sa charrue les ossements du paléotherium, ou de l'elephas primigenius? C'étaient, dit Pausanias, les ossements du géant Géryon, gardien des troupeaux du Soleil, ou les ossements d'Hyllus, le fils de la Terre. Découvrait-on une vertèbre de mastodonte sur les côtes de l'Eubée, on consultait la Pythie de Delphes. La Pythie reconnaissait les restes de Pélops, fils de Tantale. Suivez cette voie, vous verrez naître plus d'un demi-dieu.

La fécondité incroyable de monstres qui fermentent au fond des religions grecques fait supposer qu'il y a eu à l'origine une faune monstrueuse. C'est là, en effet, ce que les découvertes et les fouilles récentes dans les couches terrestres miocènes mettent hors de doute. La réalité a été au moins égale à la fiction. Je voudrais que quelqu'un entreprît l'histoire des monstres légendaires; il retrouverait l'histoire idéale de l'homme tertiaire ou quaternaire.

Dans le reste de l'Europe, l'époque de l'homme

préhistorique est muette. En Grèce, elle est toute retentissante. Chaque lieu a son monstre, géant ou titan, produit des imaginations et surtout des épouvantes des premiers ancêtres. Étudiez les Grecs à ce point de vue. Vous entendrez ces longs âges, que l'on croyait vides et muets, retentir subitement de l'immense rumeur du monde antédiluvien. Les Tritons à la voix humaine enfleront leurs joues ; ils publieront l'histoire des temps innommés, antérieurs à l'âge de pierre.

Les faunes éteintes des grands mammifères perdus sifflent, hurlent, beuglent, rugissent au fond des traditions grecques dont ils forment la plus ancienne couche.

Voyez comment la réalité et la fiction se sont mêlées pour enfanter les monstres. Les grands animaux tertiaires, éléphants, rhinocéros, girafes, félides, n'ont pu vivre en Attique et en Grèce que parce qu'ils étaient en communication avec un continent qui les liait à l'Asie et à l'Afrique. Ce n'est pas le sol nu, écorché d'Athènes qui eût pu nourrir les ruminants et les pachydermes gigantesques du Pentélique.

Leur présence en Grèce démontre que la terre ferme s'étendait derrière eux jusqu'aux plaines d'Asie, d'où ils tiraient leurs origines. Le jour où la communication fut rompue par l'irruption de la mer de l'Archipel, ils périrent.

Comment l'immense dinothérium ou le mastodonte eussent-ils trouvé leur subsistance sur les gradins escarpés de l'Hymette qui ne nourrit que les abeilles et les cigales ?

Cette faune gigantesque disparut. Mais, avant qu'elle ne s'éteignît, l'homme en put voir du moins les derniers survivants, soit qu'il l'eût suivie en Grèce, par le même chemin, soit qu'il fût arrivé d'île en île à travers l'Archipel, après la submersion du continent méditerranéen, soit qu'il apportât d'Asie le souvenir éloigné de la faune tropicale.

Les ossements fossiles n'ont pas seuls laissé une trace dans les légendes religieuses ; j'y sens de plus la vie réelle. Il faut que l'homme ait vu de ses yeux des espèces animales, éteintes aujourd'hui. Il a vécu avec quelques-uns des colosses organisés des premiers temps ; et d'âge en âge, il en a gardé un souvenir d'effroi, que l'éloignement a augmenté. Comme la terreur s'est ajoutée à la distance pour tout grossir et défigurer, ne vous étonnez pas si les monstres gigantesques de l'époque tertiaire sont devenus, de tradition en tradition, plus monstrueux que dans la réalité.

Celui qui aura rencontré le premier ancêtre du chien, l'amphycion, a cru lui voir trois têtes. Il en a fait Cerbère, le chien de l'Enfer, à la voix d'airain. Il aura donné des ailes aux hipparions et des pieds de serpent aux énormes ruminants et pachydermes cachés dans les hautes herbes primitives. Genèse de monstres, nés de l'épouvante.

On pourrait reconnaître les singes (mésopithèques) du Pentélique dans les satyres, les rhinocéros dans les licornes, l'antilope dans la chèvre Amalthée, les sirénoïdes dans les sirènes, le *felis spelæus* dans le lion de Némée, le mastodonte dans le Minotaure, et toute la faune miocène dans les Gorgones, les Cyclopes, les Lestrigons, Borée, aux pieds de reptile, qui erre aux derniers confins du monde grec.

Mais, direz-vous, je voudrais trouver un témoin vivant, immortel des âges préhistoriques.

Ce témoin existe. Sachez le reconnaître. C'est Hercule Idéen, Tyrien, Thébain, Assyrien; car il se retrouve partout; en lui se montre l'homme préhistorique que vous cherchez.

Dépouillez seulement Hercule du costume dont les époques postérieures l'ont recouvert, que voyez-vous? Ses douze travaux, ses combats contre le lion de Némée, le sanglier d'Erymanthe, l'hydre de Lerne, le chien de l'Enfer, le minotaure de Marathon, Géryon aux trois têtes. Et que signifie cette lutte acharnée? Aucune des explications tirées des symboles ne réussit à me convaincre. L'énigme reste énigme.

Mais que je fasse entrer dans la question les données récemment fournies par les sciences naturelles, l'énigme se résout d'elle-même.

Qu'est-ce que ce combat de chaque jour contre les monstres? Je réponds : C'est l'histoire résumée de l'époque préhistorique où l'homme a aidé la nature à se débarrasser des grands mammifères carnassiers, soit tertiaires, soit quaternaires.

Suivez le héros. Il vient de sortir de sa caverne; il a la tête couverte de la peau du mufle du lion, la massue à la main (car à ce moment il n'a pas encore inventé l'arc et la flèche). C'est l'homme qui se retourne contre les grands chats de caverne, le grand ours, le rhinocéros bicorne, les proboscidiens, les dinothériums et les mastodontes qui lui disputent l'entrée de son antre.

Longtemps il a fui devant eux. Maintenant, pour la première fois, il ose les attaquer. Il les étouffe de ses bras, il les brise de sa massue. Il a posé le genou sur le cerf au bois gigantesque. Il a lutté contre le machærodon du Pentélique, aux canines en forme de lames de poignard, le roi de l'époque tertiaire. Il vient d'en délivrer le monde. Après les avoir détruits, il se fait une terre habitable, dont il a desséché les marais, chassé les reptiles, brûlé les sauterelles, assaini les rivages; c'est ce qu'il appelle nettoyer l'étable d'Augias. Epoque universelle qui se retrouve partout, représentée dans chacun des actes du héros préhistorique. Il ne s'agit plus ici de suppositions arbitraires. C'est le tableau du premier état de l'espèce humaine, en face de la nature ennemie et encore indomptée.

Vous cherchiez celui qui a porté le premier les haches de pierre. Nous venons de le découvrir. Toute une époque perdue de l'histoire se retrouve ici, pleine de réalité. Voilà l'état primitif de l'esprit humain, à peine échappé de son berceau, encore enveloppé des langes du règne animal.

Dans les bas-reliefs et les vases peints, ce trait du dompteur des carnassiers efface tous les autres. La peinture, la sculpture ont laissé l'artificiel, et se sont attachées avec une force surprenante à ce qui est le caractère essentiel de la légende primitive du demi-dieu. Voyez ce grand corps nu, musculeux, où tout respire la force, cette petite tête (dirai-je dolichocéphale?), ces épaules puissantes, faites pour porter les sangliers gigantesques d'Érymanthe, cette massue qu'il laisse tomber à terre pour se reposer (car il est las de tant de travaux), ces mains qui tiennent à la hauteur des flancs la flèche, à la pointe de pierre ou d'os, sur l'arc à double courbure, ces yeux qui mesurent de loin la distance jusqu'à la proie, ces reins effacés qui se retirent pour se cacher sous la haute forêt, cette empreinte de fatigue, ce mélange de soucis et de calme : voilà bien le premier ancêtre des peuples chasseurs, dompteurs de carnassiers, l'homme quaternaire ou tertiaire, qui attend l'ours de caverne, l'urus, l'aurochs, le bos primigenius, le mastodonte dans l'embuscade.

Les découvertes de Cuvier sur les fossiles remontent à 1812. Aujourd'hui, je tente les premières applications de ces découvertes à l'histoire des religions de l'antiquité. La paléontologie et la science des religions vivaient séparées; les voilà réunies. L'avenir dira ce que doit produire leur alliance.

Ce qui, jusqu'à présent, a le plus manqué à l'histoire des religions antiques est le sentiment de l'histoire. Dans les ouvrages les plus célèbres de notre siècle, il est impossible de retrouver, parmi tant de systèmes sur les dieux, un tableau qui réponde à un état vrai de l'espèce humaine. Que font les auteurs des systèmes sur les légendes mythologiques? Ils réunissent pêle-mêle, à propos du même héros, les traditions de toutes les époques. Au milieu de ce chaos d'âges différents, vous ne sentez plus nulle part la vie. Nulle trace de chronologie dans la genèse des religions. Toute réalité a disparu.

N'est-il pas inconcevable que, par l'effet d'une méthode étrangère aux sciences positives, Otfried Muller écrive un livre entier sur Hercule, sans dire à peine quelques mots des travaux du héros et de ses combats contre les monstres? Il évite ainsi le fond même du sujet. Pas une ligne sur la race grecque à ses origines. Vous croiriez avoir affaire, dès les premiers temps des migrations, à des temps classiques. C'est l'histoire de Pharamond, écrite d'après les mémoires de la cour de Louis XIV.

La première chose à faire pour l'histoire des religions est de découvrir les plus anciens germes des traditions nationales. C'est ce que j'ai entrepris en montrant dans Hercule le dompteur des animaux quaternaires, le destructeur des espèces éteintes; dans Neptune et dans Minerve, les légendes issues de l'époque tertiaire, au delà desquelles il n'y a rien, ni hommes ni dieux. J'ai constaté, dans ces imaginations naissantes, un souvenir lointain du monde préhistorique. Voilà pour moi un point initial, un embryon des choses divines et humaines. J'échappe ainsi au vague des pensées contradictoires, qui ne répondent à aucun moment de l'histoire humaine.

Que diriez-vous d'un historien qui, confondant au hasard, dans le même âge, l'esprit de tous les temps, mêlerait sans critique, en une même époque, les villages lacustres, les clans gaulois, les rois francs, les glossateurs du moyen âge, les classiques de Louis XIV, les encyclopédistes du dix-huitième siècle, les métaphysiciens et les positivistes du dix-neuvième ? Il composerait de tout cela un monstre, qui n'aurait jamais vécu dans l'esprit d'aucun homme. Songe érudit qui ne pourrait produire que des songes. Vous demanderiez à sortir de ce vide, vous chercheriez un point fixe pour vous orienter dans votre propre histoire.

Et moi aussi je demande la lumière dans l'histoire des religions. Le dompteur des animaux carnassiers et des espèces éteintes, voilà pour moi le premier Hercule. Il répond à une époque certaine de l'esprit humain. Premier degré dans l'échelle de l'humanité. Plus tard, la civilisation s'éveillera et grandira. Le porte-massue quaternaire grandira avec elle. Sa massue de chêne ou d'olivier deviendra d'airain. Il assiégera des villes, il conquerra Éphyre et Pylos. Il conduira les migrations des Doriens. Il s'élèvera jusqu'aux astres; le voilà dieu solaire. Enfin, dans les époques philosophiques, il deviendra la divinité métaphysique des stoïciens.

Dans tout cela, le dompteur des carnassiers reste l'élément primitif des légendes transformées. L'Hercule quaternaire reste le premier ancêtre de tous les Hercules qui se succèdent, de race en race, sans changer de nom. L'histoire du demi-dieu a sa chronologie comme l'histoire des hommes.

CHAPITRE IV

L'ESPRIT NOUVEAU DANS L'HISTOIRE DU DROIT ET DE LA PROPRIÉTÉ. — COMMENT LA PROPRIÉTÉ A ÉTÉ FONDÉE ET RESPECTÉE.

Le dix-huitième siècle a posé cette question : Sur quel principe a pu se fonder celui qui a dit le premier : Ceci est à moi.

C'était chercher l'origine du droit de propriété. Rousseau et ses contemporains ont répondu en supposant l'existence d'un contrat entre les premiers hommes. Cette parole a ébranlé le monde.

De toutes parts on a cherché ce contrat primordial; nul n'en a trouvé le moindre vestige. Alors sont venus les jurisconsultes qui ont répété la question en l'aggravant encore. Ils ont dit : Puisque nous ne trouvons aucune convention à l'origine du droit de propriété, comment ce droit a-t-il pu être respecté par les peuples? Comment les hommes, sans contrat ni convention, ont-ils consenti à garantir la possession les uns des autres ? Qui a pu, dans une condition encore informe, les empêcher de se ruer sur ceux qui s'étaient attribué la possession de quelque chose?

Tel est l'état de la question; les juristes (1) les plus renommés la déclarent insoluble.

Ils ont raison au point de vue de leur science particulière ; mais je cherche ailleurs mon point d'appui, et voici ce que je trouve.

La réponse à la question posée par les juristes n'est pas dans les codes, elle est dans l'histoire des religions. Quittez la théorie, voyez la réalité.

A l'origine la plus lointaine des sociétés humaines, au temps des Rig-Vèdas, où est le droit de propriété? Sur quoi s'appuie-t-il? Il n'est pas question du droit du premier occupant, ni de celui du premier qui a défriché un coin de terre.

Tout droit repose sur les largesses des dieux. C'est Indra, ou Agni, ou Varouna qui possède tous les biens. Il les cède à qui lui plaît, en récompense du sacrifice. Après les avoir donnés, il s'en fait le gardien. Maître du grand troupeau, il le distribue à ses amis.

Voilà leur titre de possession. Qui oserait les dépouiller? Ce serait dépouiller le dieu à la main d'or.

La propriété est ainsi la récompense de la prière et de l'offrande : « Toi qui est riche (2), donne-

---

(1) Henri Sumner Maine, traduit par Courcelle-Seneuil, *l'Ancien Droit*, p. 230-241.

(2) Rig-Véda, traduit par Langlois, p 45, *passim*.

« nous des vaches, des chevaux, des brebis, des
« béliers, des taureaux, des chevaux, de l'or.

« Maître des richesses, donne-nous les biens
« dont tu peux disposer, un char d'or.

« Conduis-nous dans de bons pâturages.

« Cette richesse, tu la tiens dans ta main. »

L'homme avide de biens terrestres fait des offrandes et il est payé de son sacrifice en troupeaux. Ce qu'il possède, il l'a reçu en récompense de l'holocauste. Droit de l'époque patriarcale chez un peuple pasteur.

Au commencement des sociétés grecque et romaine, quel est le premier propriétaire d'un territoire ? Ce n'est pas tel homme, ou telle famille, c'est le dieu local. Jupiter *latialis* est le propriétaire du Latium, Pallas-Athéné, de l'Attique, Junon Argienne, de l'Argolide, Apollon Héraclès, du domaine dorien. Voilà la première forme du droit de propriété chez les Hellènes et les Latins; c'est ainsi que les hommes ont commencé à en avoir l'idée.

Poursuivons. Ces dieux nationaux, propriétaires incontestés du domaine public, ont des fils, des descendants, toute une famille humaine qu'ils investissent du droit territorial. Ils en font leurs délégués. Seconde forme du droit de propriété et même du droit des gens. Ce qui était aux dieux, passe au chef de famille; transmission qui ne saurait être douteuse pour ceux qui ont foi dans la divinité de leur race. Ceci se voit bien clairement dans la manière dont les races antiques s'emparent des territoires qu'ils envahissent.

Suivez, par exemple, les invasions des Héraclides. Ils sont les fils ou les neveux d'Hercule. Partout où ils mettent la main, ils réclament le domaine comme l'héritage de leur premier ancêtre. C'est ainsi qu'ils deviennent les propriétaires du Péloponèse, d'une partie des îles, de l'Asie Mineure et de la Sicile. Hercule était le maître de ce champ, de cette forêt, de cette montagne. Nous sommes les fils d'Hercule, nous venons recueillir son héritage et nous mettre en son lieu et place.

Ce droit est clair, il a toute la force juridique. Voilà la propriété fondée.

Mesurez les conséquences de cette investiture divine. Le dieu concédant la chose à sa postérité humaine, c'est une féodalité divine qui se forme.

Vous demandez comment la possession de ce domaine a pu être respectée. Ne voyez-vous pas que le dieu s'est assis sur le seuil de la maison, sous la forme d'idole ou de pénate ? Il devient le gardien de la chose concédée. C'est Jupiter Hercéus, Jupiter du domicile qui veille sur l'entrée et éloigne les déprédateurs. Qui donc oserait l'expulser ? Le plus audacieux voit déjà la foudre lancée par Jupiter tonnant. Cette protection vaut bien celle d'un code pénal.

Les colonies se fondaient le plus souvent par la volonté d'un oracle. Le dieu dorien Apollon envoie son peuple où il lui plaît. Il lui assigne tel territoire. Qui eût osé résister au dieu de Delphe, à l'arc d'or? Ainsi, l'homme des premiers âges respecte la possession d'un autre, parce qu'il respecte le dieu de son peuple, de sa tribu, qui a délégué le bon droit. Ce sentiment semble analogue à celui qui faisait qu'au moyen âge, le fort craignait de dépouiller le vassal par crainte d'un plus fort, le seigneur du lieu. Il y a pourtant cette différence : chez les anciens on craignait le dieu ; chez les modernes, on ne craignait que l'homme.

CHAPITRE V

EN QUOI LA PRISE DE POSSESSION A DIFFÉRÉ CHEZ LES ANCIENS ET CHEZ LES MODERNES.

Par là je suis conduit à montrer en quoi la prise de possession des territoires a différé chez les anciens et chez les modernes.

Quand les barbares du quatrième et du cinquième siècle et plus tard les Normands ont envahi l'Occident, ils n'ont pas eu l'idée de faire ce qu'avaient fait, par exemple, les Héraclides.

Ils n'étaient plus païens et ils étaient à peine chrétiens. L'idée ne pouvait donc leur venir de se donner pour les héritiers de leur dieu. Ils n'ont pas fait de ces dieux barbares, Odin ou Thor, les premiers propriétaires de la Neustrie, de l'Austrasie ou de la Burgondie. Ils ne se sont pas présentés comme les successeurs de ces dieux, à titre légitime. Non, leur prise de possession, ils n'ont su l'établir sur aucun autre titre que la force; de là l'immense différence que je vais indiquer.

Dans la féodalité divine de l'antiquité grecque, l'homme ne relevait que du dieu, non de l'homme.

Il n'y avait rien là qui portât atteinte à la fierté de l'individu. C'est ce qui rendit possible la liberté grecque et romaine. Le chef de famille pouvait se déclarer le serviteur de Jupiter, de Pallas-Athéné, de Junon, et garder sa liberté native. L'homme libre entra ainsi la tête droite dans le monde civil et politique. Les familles grecques tenant leurs droits de propriété, à titre égal, d'un dieu national, égal à tous les autres, ne pouvaient avoir l'idée de se subordonner les unes aux autres dans cette chaîne de servitude universelle que nous appelons la féodalité du moyen âge.

De cette égalité native dans la main d'un même dieu national, sortirent les constitutions libres d'Athènes et de Rome.

Au contraire, dans la féodalité barbare du moyen âge, le droit de propriété part d'une source moins haute. Il ne se cache pas dans la nue, il n'est que le fruit de la violence sans voile. L'homme moderne entre ainsi dans la vie publique par une porte basse. C'est une des raisons pour lesquelles il a tant de peine à relever la tête.

Que d'hommes qui se croient nobles, naissent serfs, restent serfs et meurent serfs, au dix-neuvième siècle, comme ils l'étaient au douzième ! Qui veut les affranchir leur semble un ennemi. Leur père était vassal d'un autre ; ils veulent être vassal à leur tour. Nulle autre notion ne peut entrer dans leur esprit. Ils s'élancent, ne les arrêtez pas. Où vont-ils? Ils courent chercher un maître.

On n'a jamais expliqué comment s'est formée à l'origine cette trempe des âmes de l'antiquité qui nous étonne; mélange du demi-dieu et de l'homme. Je crois en avoir dit la vraie cause.

Quand, par l'effet des lumières croissantes, nul ne crut plus être le fils ou l'héritier d'un dieu, l'habitude était prise de parler en son nom. La propriété d'origine sacrée communiquait au possesseur une inébranlable sécurité. Chez nous, chose singulière, elle n'inspire que la peur de la perdre.

Tout bien considéré, ce qu'il y a de plus rare dans le monde moderne et principalement dans les classes élevées, c'est une âme fière. Le miracle de la Révolution française est d'en avoir créé un grand nombre.

Je ne voudrais pour rien au monde que l'on ôtât à la démocratie sa fierté légitime en lui proposant pour modèle une noblesse historique qui n'existe pas et une élégance traditionnelle de mœurs qui existe moins encore.

CHAPITRE VI

INTERPRÉTATION NOUVELLE DES LOIS DES BARBARES. — A QUELLE SOURCE ONT ÉTÉ TREMPÉES LES AMES DANS L'ANTIQUITÉ.

J'eusse certainement mieux aimé être le vassal du sage Hermès ou de la sublime Pallas que de l'être d'un homme qui se disait mon seigneur, parce qu'il était le domestique d'un Franc ou d'un Vandale.

Si la haine du genre humain a poursuivi d'âge en âge le pouvoir féodal, c'est qu'il n'a su se donner d'autre origine que la force. Le droit qu'on laissait subsister était purement apparent; voilà pourquoi, malgré tant de règlements, il ne resta bientôt plus en chaque lieu qu'un seigneur et des serfs.

Nous avons appris comment il est facile d'écrire une chose dans une loi et de faire le contraire dans la pratique. Si cela est aisé et habituel parmi nous, qu'était-ce donc sous les barbares? Il ne faudrait pas prendre trop au sérieux leurs règlements toutes les fois que ceux-ci ne s'accordent pas avec leur intérêt. Ce devrait être là une des premières règles dans l'interprétation nouvelle des lois des Barbares.

Dans la féodalité antique, chaque propriétaire tient son domaine du dieu national. Tous sont propriétaires au même titre, ils sont égaux.

Dans la féodalité du moyen âge, il n'y a à l'origine d'autre droit que la force et une force inégale ; chacun se livre à un plus fort. Règne de l'inégalité par excellence.

Je vois dans l'antiquité les hommes libres sortir égaux de la constitution première de la propriété.

Chez les modernes, j'en vois sortir, en chaque lieu, le pouvoir absolu. Quand le vasselage disparaît de la législation, il persiste au fond des âmes.

De nos jours même, la fureur de se donner des titres, de prendre un faux nom est-elle la dernière forme du servage ? Décidez-en vous-mêmes.

Au moyen âge, chez les Anglais, l'équité découlait de la conscience du roi.

Au contraire, les anciens avaient fini par identifier la conscience de l'homme juste avec la conscience divine, immortelle, éternelle. Cette manière de sentir des stoïciens entra sous le nom d'équité ou de droit naturel dans le droit romain ; c'est aussi ce qui lui donne son grand caractère. Le genre humain sembla y puiser comme à la source olympienne de la justice civile.

Ne dites donc plus que le régime féodal appartient à la nature humaine. Il est résulté des conditions particulières des invasions germaniques. Rien de semblable chez les anciens; il n'est pas un moment de leur histoire où l'on ne trouve qu'un seigneur et des serfs.

Le manque absolu de droit à l'origine fut la cause des immenses donations que les rois et les seigneurs firent au clergé. Ils voulurent racheter l'usurpation flagrante, le défaut de titres, par la complaisance des évêques. C'est dans ce vide qu'allèrent s'abîmer plusieurs fois tous les biens du royaume. On pillait et on se baptisait; puis on se couvrait de l'autorité des évêques qu'on achetait en leur donnant une portion du butin. Voilà en quel sens il est vrai de dire que les évêques ont fait la France.

Ce qu'on appelle révolution des lois féodales n'est souvent que le jeu de la force et du caprice. On donne, on reprend ce qui a été donné. Cela est écrit sur la poussière, le moindre vent qui passe efface tout. Montesquieu lui-même se consume à chercher les assises fondamentales de ces sables mouvants.

CHAPITRE VII

COMMENT LA SERVITUDE A FAUSSÉ DE NOS JOURS L'HISTOIRE ANCIENNE. — UNE DES TÂCHES DE NOTRE TEMPS.

Dans la servitude rien ne se corrompt si vite que l'histoire. La poésie résiste mieux et plus longtemps.

Le césarisme, en reparaissant, en France, pendant vingt ans, a eu son reflet immédiat dans les théories des historiens de nos jours. Il y eut un moment où rien ne semblait si beau que l'étouffement d'un peuple. Quiconque, dans le passé, avait fait un Deux-Décembre, fût-ce en Assyrie, en Cappadoce, en Égypte ou à Rome, était sûr de se voir célébré par quelque érudit soudainement converti à la théorie des pouvoirs forts. On porta l'esprit du Deux-Décembre dans l'histoire universelle ; on l'en empoisonna. Les étrangers subirent cette fascination du crime, plus encore que les Français.

Quiconque osait protester contre cette réprobation de toute vie libre était alors mis au ban, au nom de la *science*; car le Deux-Décembre étant accepté comme le dernier jugement des choses humaines, il ne restait qu'à conformer le passé à cette règle suprême et à décembriser l'histoire de tous les siècles. Ce qui fut fait par plusieurs avec une complaisance qui prouve combien les esprits, même philosophiques, ont de peine à se soustraire aux enseignements de la force criminelle, dès qu'elle parle avec arrogance.

Par ce qui a été exécuté dans ce moment d'interrègne de l'intelligence et de la justice, nous voyons ce que nous avons à faire. La première nécessité est d'expulser de l'histoire universelle cet esprit d'esclavage et les souillures que l'on a portées à la hâte dans tout le passé. Rétablissons l'esprit humain dans les choses humaines.

Déjà cette œuvre s'accomplit d'elle-même sous nos yeux. Car ces prétendus monuments historiques avaient tous pris pour base la nuit du second Empire, c'est-à-dire une heure de surprise que l'on croyait devoir être la loi de l'avenir, le *consummatum est* de la France et du monde.

Il a passé ce césarisme d'un jour, et il a entraîné avec lui les systèmes de tout genre et les livres que les historiens avaient écrits sur cette poussière. Émanciper de ce mauvais rêve l'histoire antique et moderne, c'est là une des premières tâches de notre temps.

Certes, il était beau de railler l'âme humaine pendant quarante siècles de la vie du genre humain. Il était beau de traiter de *Sancho Pança* (1) quiconque n'avait pas acclamé la servitude. Mais il est beau aussi de prendre les moqueurs au piège; et il est risible de voir leurs œuvres se ruiner d'elles-mêmes, au premier retour de la justice et du droit sens. Essayez de relire ces ouvrages, vous verrez combien un seul jour de liberté les a vieillis et mis en poudre.

Je ne demande pas que l'histoire soit un thème oratoire, comme elle l'a été longtemps parmi nous. Mais je veux que nous ne portions pas dans le tableau de l'espèce humaine les passions de nos coteries. Faire de ce long passé du genre humain l'apanage d'une coterie dirigeante, réduire l'humanité aux proportions d'une intrigue, donner à tous les siècles l'empreinte uniforme de la réaction française, avouez que c'est là un pire anachronisme que d'écrire Clovis avec un C au lieu d'un K.

Après s'être tant moqué de la fausse couleur donnée à l'histoire dans le dix-huitième siècle, est-il raisonnable d'habiller tout le passé du costume des petits crevés de nos jours? Est-il sûr que l'équivoque jésuitique de notre temps ait toujours

---

(1) Voy. Mommsen, *Histoire Romaine.*

été le seul fond des choses humaines? Vous me dites que le respect de la loi est la marque d'un esprit borné, que rien n'est plus digne d'admiration que de fausser sa parole. Je veux bien que ce soit un des dogmes des honnêtes gens de nos jours. Mais étendre cette même maxime à tous les temps, à tous les lieux, est-ce là de l'histoire ou de la déclamation?

Quand Bossuet donnait pour terme à l'histoire universelle le peuple juif, il voyait à l'extrémité le christianisme et le monde renouvelé. Mais quand vous donnez à la succession des temps pour dernier terme le Deux-Décembre à perpétuité, vous voulez être pervers et vous êtes dupes de la perversité de vos maîtres. Car ce modèle classique sur lequel vous prétendez tout régler a déjà disparu ; il vous a échappé.

CHAPITRE VIII

SOPHISMES SUR L'ESPRIT D'INDÉPENDANCE NATIONALE. — EFFORTS POUR DÉFIGURER L'HISTOIRE. — SOCRATE EST-IL LE CHEF DES RÉACTEURS ? — PÉRICLÈS ET L'HOMME D'ÉTAT FRANÇAIS.

Le siège de Paris par les Prussiens, en 1870, a réveillé dans quelques historiens le souvenir du siège de Jérusalem. Il faut voir ce que l'esprit de la réaction française a fait de ce dernier effort d'une nationalité antique pour s'affranchir de l'ennemi.

Tel remonte dans la haute antiquité orientale et poursuit de sa colère un peuple qui a osé combattre à outrance contre l'invasion étrangère. Il prend à partie cette nation révolutionnaire, obstinée à échapper à l'esclavage ; il la harangue, il la menace, il l'injurie. Voyez, dit-il, ces fous furieux, ils résistent au plus fort. Quel scandale ! Et sur cela il redouble ses invectives. Qu'ils se rendent sur-le-champ à merci, s'écrie-t-il ; qu'ils remettent à Titus la tour Antonia, ou je vais tout passer par les armes. — Trêve de colère. Songe donc qu'il y a bientôt deux mille ans que ces hommes sont morts, ne les crucifie pas de nouveau. Ne les punis pas de n'avoir pas eu, il y a dix-neuf siècles, le bon esprit, la saine politique des capitulations de Sedan ou de Metz.

Tel autre s'en prend à Démosthènes ; pour celui-là, il le foudroie. Quoi ! résister à Philippe ! N'avoir pas compris que l'esclavage d'Athènes était une de ses missions historiques ? Résister au roi de Macédoine ! N'avais-je pas averti cent fois que le roi de Macédoine serait le plus fort ; qu'ainsi il fallait au contraire se ranger de son côté, dès l'occupation de la Phocide ; après cela lui faciliter la prise de l'Eubée, lui abandonner les îles, lui ouvrir les Thermopyles, lui livrer Érétrie et Orée et Byzance et tout ce qu'il pouvait souhaiter? Voilà la politique sage, qui ne hasarde rien et que j'avais toujours soutenue. Les hommes de désordre l'ont repoussée ; je reste seul avec ce livre que je dédie au temps, comme Eschyle, pour l'instruction des peuples à venir.

Tel autre ne voit dans le monde grec, depuis la première Olympiade, qu'une seule chose, le parti des enrichis. C'est sur eux que tout s'ordonne. Malheur à qui n'a pas de mines d'argent en Thrace, ou ailleurs !

Vous pensiez que la liberté d'esprit, l'imagination créatrice avait été pour quelque chose dans la civilisation hellénique. Sachez que toute l'histoi... grecque est renfermée dans la rue de Poitiers d'Athènes. Hors de là, rien n'existe. Combien tout est simplifié ! Pour tenir dans vos mains l'âme d'Athènes et de Sparte, nul besoin de savoir la langue, d'étudier les monuments. Solon, Léonidas, Socrate, Thucydide étaient-ils du parti des riches? S'ils en étaient, admirez-les, sinon n'en parlons plus. Sachez cela et vous savez tout. L'admirable méthode pour abréger le travail des historiens ! Il n'est plus question ni de philologie, ni de critique. Nombre de gens s'en réjouissent.

Jusqu'ici, la Grèce antique était une lumière, une force morale accumulée qui soutenait l'âme humaine dans ses mauvais jours. L'homme le plus abattu y puisait un espoir immortel ; arme divine forgée pour tous les siècles. Avouez que ce serait un coup de partie de faire de cette jeunesse de l'humanité un écho des passions vieillottes, stérilisantes de nos jours. Mettre nos esprits décrépits, nos petites factions pétrifiées, nos complots contre la vie et la lumière sous l'égide étincelante de Pallas-Athéné ; éteindre le grand soleil d'Athènes, au souffle empesté de notre marais ; changer l'Agora en marécage, quelle admirable victoire pour l'esprit de réaction ! On serait enfin débarrassé du souvenir incommode de l'antiquité grecque qui empêche le monde de se pétrifier pour toujours.

La victoire de l'esprit de mort serait assurée, si

l'on pouvait faire du plus sage des Grecs, de Socrate, le chef des réactionnaires. On n'a pas manqué de l'essayer. Dans de longues histoires savantes, patientes, Socrate a été présenté comme le chef de la réaction universelle. Il a suffi de quelques plaisanteries du sage des sages pour le transformer en ennemi du peuple, en partisan de l'esprit de coterie rétrograde. Lui, qui a apporté au monde la méthode nouvelle, démocratisé la philosophie, déplacé les dieux, jeté le monde moral et politique dans un autre moule, lui, un réacteur ! Il est mort pour attester l'esprit nouveau. De grâce, ne faites pas de lui le premier ancêtre des conservateurs-bornes.

A cet effort pour tout brouiller, une figure a résisté, Périclès. L'occasion était belle pourtant de le changer lui aussi en agent des classes dirigeantes, instrument et modèle de toute oligarchie.

Personne jusqu'ici ne s'est donné cette tâche. Périclès est encore à cette heure l'homme de la démocratie. Cette figure transparente, comme le marbre du Pentélique, n'a donné aucune prise aux historiens sophistes. Cela vient de ce qu'il a su se transformer tout entier, devenir un homme nouveau, sans aucun lien avec les opinions mortes de son temps. Jamais homme ne fut moins homme de coterie et ne tint moins du parvenu. Il comprit où était le siècle nouveau, il se mit à sa tête. Il ne chercha pas des compromis impossibles entre l'oligarchie et la démocratie.

N'allons pas chercher si aisément nos autorités chez les comiques grecs. Ils faisaient profession de déchirer même les dieux. Dans notre fureur de réaction, tout nous est bon. Nous prendrions volontiers à la lettre le Périclès du comique Eupolis, Jupiter à la tête d'oignon, pour en semer nos pamphlets historiques.

Comme Socrate avait rejeté la vieille philosophie, Phidias, la vieille statuaire, de même Périclès rejeta la vieille politique. Pour corriger le peuple il s'appuya sur le peuple. Pas un moment d'incertitude ; la voie droite vers l'avenir. Aussi sa politique est belle comme la sculpture de Phidias, lumineuse comme la philosophie de Socrate. Voilà pourquoi le siècle où il vivait a pris son nom et l'a appelé l'Olympien.

Où est de nos jours le sophiste qui le découronnera ? Essayez d'en faire un réacteur de 1798 ou de 1874. Vous arrivez trop tard. Cette figure est restée ce qu'elle était dans l'Agora. N'y touchez pas.

Nulle figure au monde n'est plus éloignée du type uniforme de l'homme d'État, tel que nous le voyons se dessiner en France depuis le commencement de ce siècle. Chez nous, l'homme d'État pense ne mériter ce nom qu'à condition de déclarer la guerre à son temps et à son peuple. « Il faut que la France marche à notre gré, » répètent-ils l'un après l'autre.

Périclès faisait distribuer au peuple les terres conquises, ce qui fut le but des Gracques. Il a ouvert à tous les fonctions publiques en les rendant lucratives. C'était le radicalisme antique. Périclès était radical.

Si la société française est quelque chose, c'est une démocratie. L'homme d'Etat français se donne pour tâche d'en faire une oligarchie. Périclès s'armait des instincts et des vœux du plus grand nombre. Il se sentait d'accord avec tous les dieux et toutes les déesses d'Athènes. De là sa force, sa douceur, son équilibre et sa grandeur. Chez nous, l'homme d'État, reniant ses origines, croit se faire grand en se séparant des masses du peuple. Il regarde comme une rébellion criminelle tout ce qui dépasse ses étroites pensées. « A moi ! s'écrie-t-il, voici l'ennemi ! » Il se trouve que cet ennemi, c'est la nation entière.

Depuis soixante ans, je vois, en dépit de tous les changements, toujours le même système, toujours le même homme, faisant le poing à la nation, ou glapissant contre elle pour imposer à tous son tempérament, sa médiocrité, quelquefois sa taille de nain. Perpétuel pugilat d'un individu contre un peuple. L'individu toujours colère, mesquin, menaçant : le peuple souvent patient, plus sage que son Jupiter tonnant, mais qui, à la fin, s'irrite et fait rentrer en un jour le dieu dans son néant.

Est-ce donc que le pouvoir tourne aussitôt la tête à nos Périclès ? Ce vertige fait que de tant d'hommes d'État, bien disants, il en est à peine un seul dont la nation française garde la mémoire. Ils se sont séparés d'elle ; elle se sépare d'eux Ils ont cherché le faux, ils ont trouvé le vide. Il en sera ainsi jusqu'à ce qu'un homme s'avise enfin de chercher la grandeur là où elle existe, non dans l'esprit de coterie, mais dans l'esprit et l'âme de la nation.

Les Grecs disaient : *le bon ordre* (1), le séparant du mauvais, qui est le despotique. Nos sages disent simplement : l'ordre, comme à Varsovie.

(1) Εὐκοσμία.

CHAPITRE IX

LES MISSIONS HISTORIQUES. — COMMENT A ÉTÉ FAUSSÉE L'HISTOIRE DE CÉSAR. — IDÉE D'UNE HISTOIRE NOUVELLE DES DERNIERS TEMPS DE L'ANTIQUITÉ.

Ce sont les Allemands qui ont mis à la mode les missions historiques. Du moins, ils ont eu le bon goût de choisir pour eux la mission historique de régner en maîtres sur tous les peuples de nos jours, et sur nous en particulier. « Si je suis le précepteur de mon siècle, disait modestement Schelling, c'est mon siècle qui l'a voulu. »

Fort bien; mais nous, Français, quelle mission historique nous donnerons-nous? Toutes les bonnes missions sont prises; laquelle nous reste? Est-ce seulement d'obéir et de servir? Heureux le peuple, qui, occupé ailleurs, n'a pas encore connu ces doctrines !

Si les nations qui ont été écrasées par le plus fort, ne méritent aucun regret, aucune mention, qui voudra désormais écrire l'histoire des vaincus ? Le hourra du vainqueur suffit. S'ils eussent connu ces belles maximes, Augustin Thierry se serait épargné la peine d'écrire l'histoire des Anglo-Saxons, Fauriel, celle des Provençaux, Napoléon Peyrat, celle des Albigeois. Le *Væ victis!* eût remplacé leurs ouvrages. Un mot au lieu d'une histoire.

Je me défie des thèses qui stérilisent l'esprit humain.

Rien de plus plaisant que la pitié de quelques historiens de nos jours pour tous ceux qui ont prétendu sauver un reste de probité ou de caractère. « Préjugés respectables, disent-ils ; mais, mon Dieu ! quelle étroitesse d'esprit ! » ajoutent-ils en d'innombrables volumes.

Chose terrible d'ôter de l'antiquité toutes les âmes grandes, fortes, que l'on était accoutumé à y voir, et de n'y laisser subsister que les petitesses de nos coteries. Caricature plutôt qu'histoire.

Voyez l'histoire romaine, telle qu'on l'a faite (1). Qu'est-elle autre chose que le Deux-Décembre transporté dans les cinq siècles de la République romaine ? Tout ce que l'on avait admiré dans l'antiquité : talent, caractère, force d'âme, héroïsme, moqué et bafoué; Caton, *pauvre fou ridicule;* Brutus, *esprit borné, niais;* Cicéron, faiseur de feuilletons. Au-dessus de ces générations conspuées, un seul homme parfait, complet, celui qui

(1) Mommson.

les a écrasés tous, César, l'homme du Rubicon, qui eut la gloire incomparable d'ouvrir l'avenir aux prétoriens et d'imposer silence aux bruits fastidieux des hommes libres ; voilà le seul qui compte. C'est pour lui que l'antiquité est faite.

César a foulé sous ses pieds l'âme humaine ; honneur à César ! César a mis le silence dans le monde ; gloire à lui ! César a imposé l'esclavage ; César est grand, il est unique, il est divin.

N'ajoutez pas au moins que le césarisme romain était la démocratie couronnée. Rien de plus faux historiquement et politiquement. J'ai déjà dit qu'aucune démocratie n'avait pu naître sous le poids de l'aristocratie romaine. Celle-ci remplissait l'État ; après elle, il ne resta pas de peuple, mais seulement une ombre de peuple. César se couronna, il ne représenta que César. Ni patriciens, ni plébéiens, un seul homme remplaçant une nation : Tel est le césarisme de tous les temps. Une seule tête et un monde vide, n'appelez pas démocratie ce néant.

« Le détestable César, » avait dit Machiavel. « Les crimes de César, » avait repris Montesquieu. De nos jours, nous avons été condamnés à accepter, *comme les derniers résultats de la science*, la réhabilitation des vices et des crimes si bien percés à jour par Machiavel et Montesquieu. On est allé jusqu'à célébrer dans César tout ce qui a été le germe des monstruosités de Tibère, de Caligula et des autres.

« Des personnes du plus haut rang, nous dit-on, durent attendre des heures dans son antichambre. » Et il faut que je m'incline après dix-huit-siècles devant cette belle manière de clore l'antiquité.

Nous louons surtout César d'avoir pris la peine d'écraser, pendant dix ans, nos ancêtres les Gaulois. Rien de plus beau à nos yeux. Celui qui hasarde aujourd'hui une objection ne peut manquer d'être contredit par la science. Je risquerai pourtant une parole.

La monarchie de César extirpa toutes les nationalités vivantes autour de la Méditerranée. C'est là ce que je dois admirer. Voyons la fin. Quand la Gaule fut détruite, il resta un grand vide où se précipitèrent les Germains. Rien ne put les empêcher d'avancer et de passer le Rhin. De même en Orient. Ces nationalités étaient les boulevards qui arrêtaient les invasions des Germains et des Huns. Quand la Rome césarienne eut détruit les peuples libres qui lui faisaient sa ceinture, la frontière entre la civilisation antique et la barbarie disparut. Le vide se fit partout. Les barbares nomades n'eurent plus qu'à marcher pour tout envahir. Ils débouchèrent de la Gaule, de l'Espagne, de la Thrace. On vit alors que la Rome césarienne, en détruisant les forces vives qui l'entouraient, s'était détruite elle-même. Le grand César, après avoir joué l'univers, fut joué à son tour. C'est ce qui m'empêche de le glorifier sans mesure.

Grande différence entre les conquêtes d'Alexandre et celles de César. Alexandre, en partant de la Grèce et marchant sur l'Indus, refoulait devant lui tout le monde barbare, asiatique. Il couvrait la civilisation grecque. César en détruisant la nationalité gauloise ouvrait le chemin aux Germains; il faisait le vide où allaient se précipiter les barbares du Nord. Il leur livrait l'Occident.

Fausse histoire, fausse philosophie. On nous dit : Numance, Sagonte, et chez nous Gergovie, Alize, et en Asie la dernière des nationalités vivantes, Jérusalem, ont eu tort de se défendre contre les envahisseurs. Il fallait se mettre à la discrétion de l'ennemi, dès la première sommation.

Et moi je demande quelle nation pourrait vivre un seul jour, si ces maximes passaient des livres dans les actions. Le moindre inconvénient de cette manière de substituer à l'esprit de l'antiquité l'esprit de nos coteries est celui-ci : Il devient impossible de comprendre une seule journée du monde antique. La passion de l'indépendance nationale en était le fond; elle est pour nos écrivains le crime des crimes. Il n'y a plus que des révoltés dans l'histoire. Ceux qui capitulent sans coup férir, c'est *la bourgeoisie honnête*. Le transfuge qui conduit les ennemis et leur sert de machine de guerre, voilà l'homme sérieux, le véritable homme d'ordre.

« Hanan cherchait sous main à ralentir la fabrication des armes, à paralyser la résistance, en se donnant l'air de l'organiser. Hanan était bien ce que les révolutionnaires appellent un traître. » D'où il suit qu'un homme qui livre son pays à l'ennemi, n'est un traître que pour les révolutionnaires. Eux seuls ont conservé ces gros mots. Pour les gens de goût, trahir est-ce donc être modéré ?

Les résistances nationales contre Rome ne sont que brigandage. Pourquoi ? Par ce grand motif humanitaire, disent-ils, que Rome avait raison de vouloir détruire toutes les nationalités vivantes. Rome seule avait le droit de vivre.

C'est un plaisir de voir comme ces subtilités se détruisent d'elles-mêmes. Avec un coup d'œil plus sûr, on eût reconnu que, si Rome subsistait, c'était précisément parce qu'elle était couverte par les peuples assis autour de la Méditerranée. Car enfin les barbares datent de loin ; les Germains, les Sarmates, les Huns, les Parthes vivaient déjà en foule dès les temps prospères de la République. Qui donc les empêchait d'approcher et de se ruer sur la civilisation occidentale ? C'étaient les nationalités établies en Gaule, en Espagne, en Grèce, en Macédoine, en Syrie. Quand les chefs romains, pour se procurer le triomphe, eurent détruit ces digues, rien n'arrêta plus le monde de la barbarie ; il arriva et détruisit l'Occident.

Ironie ! Réponse à cette prétendue sagesse qui considère tout massacre comme un avantage immédiat pour la société humaine ! Qu'étaient-ce que les rares légions dispersées sur la circonférence de l'Empire et qui devaient tenir la place des nations extirpées ? Ici se montre le vice du système défensif de l'Empire. Quatre cent cinquante mille soldats pour couvrir l'Europe, l'Asie, l'Afrique, privées de peuples, ce n'était qu'une défense apparente. Alaric, Genseric, Totila percèrent ce rideau : ils n'eurent que la peine d'entrer.

Ce serait un beau couronnement de l'histoire de l'antiquité que de montrer ce monde frappé par ses fausses victoires et ses triomphes inhumains sur toutes les races vivantes. Les choses humaines prendraient alors un sens que leur ont ôté l'aveuglement des vainqueurs et la crédulité des vaincus.

Après dix-huit cents ans, nous pouvons enfin voir clair dans le dénoûment du monde antique.

Sortons des vieilles thèses qui se comprenaient chez les Romains tant qu'ils furent vainqueurs, mais qui ne se conçoivent plus chez des hommes auxquels deux mille ans d'expérience doivent avoir appris quelque chose.

J'aimerais à montrer, si le temps m'était donné, comment les prétendus triomphes qui traînaient les nationalités enchaînées après le char, ne servirent qu'à préparer l'anéantissement des vainqueurs. Ils faisaient porter devant eux des trophées où on lisait : Espagne captive, Gaule captive, Grèce captive, Asie captive. Ils auraient dû ajouter : Rome captive.

Dans la ruine des Romains, reconnaissons qu'ils l'ont faite eux-mêmes. Surtout, cessons de répéter que le bien suprême pour nous est d'avoir été asservis par César. Ce point-là mériterait au moins d'être examiné. Croyez-vous que les Allemands se désespèrent de n'avoir pas été extirpés par lui comme nation au temps des Germains ? Ils se vantent, au contraire, d'avoir échappé à son joug. Ils se glorifient d'avoir conservé leur langue sans mélange de la langue des envahisseurs. J'ai peine à croire que nous n'eussions pu, nous aussi, nous passer d'être asservis, et que c'eût été pour nous le suprême malheur d'être nés libres d'ancêtres libres.

Au lieu de cela, nos pères sont nés esclaves.

Qui sait si ce n'est pas une des raisons pour lesquelles nous n'avons pu échapper encore à l'esclavage ?

Quand je vois sous mes yeux tant de calomnies poursuivre ceux qui ont défendu la France contre l'invasion, tant de fureurs aveugles, de récits empoisonnés des choses auxquelles j'ai assisté, je suis bien forcé de me demander si dans l'antiquité l'histoire n'a pas été dénaturée par des passions et des réactions de ce genre. A-t-on dit le dernier mot sur les Gracques et même sur Cléon ? Sa victoire de Sphactérie est-elle donc si ridicule ? Que de vies devraient être examinées de nouveau à ce point de vue ! Il en sortirait peut-être une histoire toute nouvelle. Ajoutons pourtant qu'un certain respect de la vérité n'a jamais disparu chez les historiens antiques. Ce respect faisait, à leurs yeux, partie de l'art d'écrire. Les plus médiocres ont conservé la pudeur, sinon par justice, au moins par bon goût.

CHAPITRE X

L'HISTOIRE EST-ELLE UNE BONNE ARISTOCRATE?

L'histoire est-elle, comme le dit Strauss, une bonne aristocrate?

Toujours le même effort pour porter nos colères et nos haines d'aujourd'hui dans le froid et impartial domaine du passé.

En vain le temps a glacé les générations éteintes; on prétend les convertir à nos plus sottes passions. On veut enrôler les siècles écoulés sous nos bannières, les forcer de prendre nos couleurs, nos mots d'ordre. Dans ce travail ridicule, tout ce que nous pourrions faire, serait de perdre cette renommée de sens historique que nous avons eu tant de peine à conquérir et que beaucoup de gens s'évertuent à nous ôter.

Pourquoi donc l'histoire est-elle *une si bonne aristocrate?* Cela veut-il dire qu'une petite coterie mène le monde, crée les sciences, les arts, l'industrie, produit les orateurs, les poëtes, les hommes d'État? Quoi de plus évidemment absurde? Cela veut-il dire que du sein de l'humanité sortent les talents, les forces qui s'élèvent au gouvernement de l'esprit? Dans ce cas, cette effusion de vie universelle est précisément le contraire du cercle fermé, qui s'appelle la *bonne aristocrate*.

Nous avons conquis pour ce siècle la grande notion féconde de l'humanité. C'est à elle que tout converge. Nous ne laisserons pas transformer sous nos yeux l'humanité vivante en une vieille comtesse d'Escarbagnac.

Que d'efforts pour défigurer la réalité, pour étouffer la vie! On donne aux choses un faux nom et on croit les changer. L'effort a-t-il été le même dans tous les temps pour arrêter la vie de l'espèce et frauder l'avenir? Oui, il y a eu toujours de ces tentatives désespérées et toujours l'avenir s'en est dégagé. Toujours le jeune Hercule a étouffé les vieux serpents dans son berceau.

CHAPITRE XI

COMMENT LES VUES FAUSSES SUR L'HISTOIRE ONT FAUSSÉ LE JUGEMENT SUR LE PRÉSENT. — POURQUOI LE LIBÉRALISME A RENIÉ LA LIBERTÉ.

Quand on relit les ouvrages du libéralisme français, on a peine à comprendre qu'il se soit renié si vite. Quelques années ont suffi pour le faire passer de la liberté à l'absolutisme, de la philosophie au jésuitisme. Est-ce que la sincérité manquait à ses auteurs? Comment ont-ils pu se dégoûter si facilement de leurs propres découvertes? Comment se sont-ils convertis en un jour à des systèmes opposés? Je veux bien que l'intérêt, la passion, une situation différente, surtout la peur, leur aient fait prendre leurs idées pour des spectres.

Cependant la chute morale ne suffit pas pour expliquer un reniement si complet de ce qu'ils appelaient la science. Il faut encore une autre cause à cette défection, et j'arrive à penser que le libéralisme français portait en lui-même la cause de tous ses reniements. Voici la principale.

Comme science il réhabilitait, dans l'histoire, sous le nom de tradition romaine, le Bas-Empire. Il exaltait l'esprit byzantin sans s'apercevoir qu'il refaisait un autre césarisme. Jamais il n'a voulu voir que la monarchie française n'était que le prolongement de la monarchie byzantine et qu'il nous y ramenait. Il ne comprenait l'histoire que comme une chronique, érudition plutôt qu'histoire. Dans la philosophie, il aboutissait au fatalisme mécanique. C'est là qu'il devait se briser et disparaître. Puisqu'il nous a abandonnés, cherchons ailleurs une base plus solide.

Il nous a laissés les mains vides, cherchons un objet qui ne nous manquera pas. Et où le trouverons-nous, si ce n'est dans l'alliance plus intime des sciences naturelles et des sciences morales et historiques? Nos prédécesseurs ont abandonné et renié leur œuvre parce qu'ils l'avaient écrite sur le sable. Gravons la nôtre sur le fond commun à tous les êtres animés. C'est là que doit se trouver le *Novum Organum* que nous cherchons encore.

Vous pouvez voir aujourd'hui combien était faux le système du libéralisme français doctrinaire sur l'ancienne histoire de France. Il est heureux, disaient-ils, que le pouvoir absolu se soit maintenu si longtemps dans l'ancienne royauté. Le despotisme préparait la liberté. C'est là le fond des historiens libéraux et je l'ai combattu partout où je l'ai rencontré (1). Aujourd'hui la lumière a dû se faire chez les aveugles. Qui ne voit maintenant que cet absolutisme de six cents ans pèse encore sur la France actuelle, qu'il agit sur elle comme un aimant, qu'il l'attire vers le passé et déconcerte chacun de ses pas? Comment abolir cette force magnétique d'un passé absolutiste? Les forces les meilleures s'épuisent dans ce travail.

Il nous faut échapper à cette aveugle impulsion partie du fond de notre histoire. De là les monstruosités qui ne se voient guère que parmi nous, les monomanies de despotisme, sous le nom de sage liberté ; démence inexplicable sans une sorte d'atavisme. On croit se donner des aïeux en se faisant une âme sur le patron de celle de Montluc ou de Bâville.

En un mot, le libéralisme français avait applaudi au pouvoir absolu, à chaque page de l'ancien régime ; il avait répété à satiété que le despotisme est l'agent nécessaire des institutions libérales. Telle était sa doctrine historique. Dès qu'il est arrivé au pouvoir, qu'a-t-il fait? Il l'a réalisée en établissant par tous les moyens le pouvoir absolu au centre et à la circonférence. Ne

---

(1) Œuvres complètes, t. III. *Philosophie de l'Histoire de France.*

vous étonnez plus de ses reniements ; ils les portait en lui-même dans ses doctrines sur notre histoire.

Allez au fond de ce qu'un Français appelle le pouvoir fort, vous trouvez infailliblement le pouvoir byzantin, tel qu'il a été répandu dans les veines de la vieille France par la conquête de César, par l'esprit gallo-romain, par la restauration impériale carlovingienne, par les jurisconsultes du moyen âge, par l'ancienne royauté, par celle de Louis XIV, par l'établissement de Napoléon, par la restauration des Bourbons, par le pouvoir personnel de la monarchie constitutionnelle.

Voilà pourquoi nous découvrons avec stupeur que le libéralisme doctrinaire français ne contient pas en soi un atôme de liberté. Il prétend concilier l'ancienne royauté française avec la royauté anglaise. Illusion. Le byzantinisme ne se concilie pas avec l'esprit anglo-saxon. Sortons donc de Byzance. Voilà tout l'effort de la Révolution française. Jugez par là de ceux qui lui restent fidèles et de ceux qui la livrent.

Légitimité, orléanisme, bonapartisme, c'est au fond même chose, byzantinisme à trois têtes. Je voudrais que les historiens s'attachassent à nous montrer la tradition du Bas-Empire, à chaque degré, dans la monarchie française.

Il y a au fond de la race latine une traditio commune qui la ramène aux premiers ancêtres : atavisme impérial, césarien. C'est par là que cette race périrait, si elle pouvait périr.

Avant de quitter ce sujet, je jette les yeux sur l'espace que je viens de parcourir.

CHAPITRE XII

RÈGLE NOUVELLE A INTRODUIRE DANS L'HISTOIRE DE
FRANCE ET D'EUROPE EN GÉNÉRAL.

Une règle nouvelle de l'histoire de France et d'Europe se déduit du peu de durée et de fixité des familles historiques. J'ai dit plus haut que leur existence est limitée à peu de siècles. Ce n'est pas le même sang qui circule dans les classes dirigeantes au temps des Mérovingiens, des Carlovingiens et des Capétiens. Avec chacune de ces races, la constitution physiologique a changé. Il n'y a que le peuple qui dure; c'est de lui que se recrutent perpétuellement les hautes classes.

Examinez les choses de près; vous verrez que chacune des grandes révolutions de notre histoire n'est rien que l'avénement d'une population nouvelle au point de vue du mélange des races. Autant de changements sociaux, autant de révolutions physiologiques.

Les Italiens, au moyen âge, avaient l'instinct de cette loi de l'histoire, quand, pour marquer leurs révolutions, ils disaient : A ce moment un peuple

12.

nouveau succéda au vieux peuple. L'historien futur ne pourra négliger ce point de vue, qui est celui de la nature même. La noblesse des Francs n'est point celle des croisés, ni celle des croisés n'est celle des Bourbons.

La circulation de la vie dans un peuple n'est pas un fleuve qui porte à son embouchure le flot qu'il a reçu à sa source. Dans ce trajet, les flots se mêlent. On a beau les appeler du même nom, ils reçoivent des affluents divers qui les brisent. Ce qui était à la surface disparaît dans les profondeurs ; toute écume brille un moment et se dissipe. Il n'y a que la masse qui subsiste et alimente l'incessante génération des flots.

LIVRE CINQUIÈME

L'ESPRIT NOUVEAU DANS LA CRITIQUE LITTÉRAIRE

CHAPITRE I

THÉORIE DE L'IMAGINATION. — COMMENT SE FORME UNE ŒUVRE D'ART. — SI LA POÉSIE CONFINE A LA FOLIE.

La grande critique s'épuise depuis près d'un siècle à chercher la pierre philosophale, je veux dire le Recueil des chants qu'Homère a copiés. Vaine et fausse tentative. Il faut quitter cette voie.

L'esprit qu'on a porté dans la critique d'Homère, on ne pouvait manquer de l'appliquer à tous les grands poëmes, dont l'auteur est inconnu. Depuis le commencement de ce siècle, vous cherchez les Chants populaires qui ont dû servir à la rédaction de l'Iliade, de l'Odyssée, des Nibelungen, des poëmes d'Artus et de Charlemagne. Illusions, chimères d'érudit. Si vous finissiez par découvrir les Chants recueillis par Charlemagne, ils contiendraient peut-être quelques noms qui reparaissent dans les Nibelungen; d'ailleurs tout serait différent.

L'idée absolument fausse et stérile est de se figurer que des poëmes pleins de vie puissent n'être que la rédaction moderne d'anciens chants populaires. C'est le faux Ossian de Macpherson qui a engendré ce faux esprit de la critique.

L'imagination créatrice procède autrement. Elle ne coud pas bout à bout des lambeaux de chants lyriques. Elle peut recevoir de la tradition un thème; mais elle ne se contente pas de rédiger, elle crée.

Cherchez les Chansons populaires que Dante a traduites et copiées; vous passerez l'éternité sans trouver ce miracle. Idée d'érudit, non d'inventeur.

Nous ne comprenons plus l'imagination comme puissance créatrice. Nous nous figurons qu'elle a besoin de documents, de pièces de conviction, de recueils à consulter ou au moins de nombreux fragments de chants antérieurs, pour se soutenir et marcher.

Erreur! Tout cela ne sert qu'à l'embarrasser. C'est une puissance ailée qui doit tout ou presque tout à elle-même.

Que lui faut-il pour composer un monde? Elle

n'a besoin souvent que d'un nom, d'un germe imperceptible, d'une invisible cellule; elle en tire un univers. Ces grands poëmes auxquels vous voulez donner des béquilles, l'Iliade, l'Odyssée, les Travaux et les Jours, la Chanson de Roland, les Nibelungen, les Poëmes de Charlemagne, les Poëmes de la Table Ronde, sont des œuvres spontanées ; leur beauté, c'est d'être sans modèle. Moins ils sont chargés d'imitations, plus ils sont inspirés. Les plus riches n'ont point de précédents. C'est tout dénaturer que de ne voir dans ces créations libres rien autre chose que des arrangements de copies antérieures. Le poëte qui se fait rédacteur cesse de créer. Il n'est plus poëte, il devient professeur. **La critique de Wolf et des *Chorizontes* de nos jours repose sur l'idée fausse qu'ils se font de la faculté de créer. Tout l'esprit humain les réfute.**

Je ne serais pas étonné que la première molécule de *la Comédie divine* de Dante eût été en germe une esquisse de Giotto, **un souvenir de Béatrix**, c'est avec cela que l'imagination produit ses mondes.

Voyez ce qu'il a fallu à Shakespeare pour créer *le Roi Lear*. A peine quelques lignes d'un chroniqueur ; et voilà le poëme achevé. De même pour *Hamlet*. Un mot de Plutarque, et toute la tragédie de *la Mort de César* se déroule.

Homère, Hésiode n'avaient pas besoin de plus de matériaux que Shakespeare.

Chacun **peut** observer sur lui-même que plus les objets lui manquent, plus l'invention est puissante.

C'est dans l'absence des personnes et des choses aimées que l'imagination travaille le plus. Elle est calmée, refrénée par la présence. De même pour le poëte. Celui qui réunit autour de lui tous les renseignements concernant son sujet est certain de n'aboutir qu'à une froide composition.

Où l'Iliade montre le moins de création, c'est dans le dénombrement des vaisseaux. C'est là que les matériaux étaient le plus abondants.

L'imagination est donnée à l'homme pour lui remplacer le réel. Là où le réel abonde, l'imagination s'efface.

Wolf prétend qu'il fallait savoir écrire pour composer les poëmes homériques dans les âges reculés. Je crois tout le contraire. L'emploi tardif de l'écriture est ce qui a développé l'imagination grecque. Point de texte formel, point de limites, l'horizon partout ouvert. C'est parce que ces âges sans écriture ont duré si longtemps en Grèce que l'invention **a** eu le temps de s'épanouir sans obstacle.

Dans ces temps, sont nés les dieux, les demi-dieux, et les poëmes dont les autres sont l'écho.

Ce qui donne à l'*Iliade*, à l'*Odyssée* un caractère unique entre tous, de sérénité, de liberté, c'est précisément que le poëte n'a pas à s'assujettir à des documents écrits. Il fait le monde à son gré; il le pétrit comme il veut; il le crée à son image; il règne, il a la joie de la toute-puissance sur la terre et dans le ciel. Chose impossible sous le joug de l'écriture.

L'imagination a une puissance incommensurable de dilatation; d'un point vivant, elle fait un univers. La grande poésie travaille dans le sens du monde réel, elle le prolonge.

Comment se forme une grande œuvre d'art? D'abord, un point, un nom, une nébuleuse; puis dans un second moment, des parties et des organes commencent à paraître, caractères, personnages, actions, épisodes.

Toute création saine de l'intelligence est une répétition en abrégé de la formation de l'univers.

Imaginer dans le sens de la vérité, c'est la raison même.

Il y a une part d'imagination dans chaque découverte des sciences. Le savant qui trouve a commencé par deviner. Il aperçoit d'avance ce que ses yeux ne voient pas encore. L'imagination entre jusque dans les mathématiques; quand elle tarit, la science aussi s'arrête. Galilée voit osciller une lampe dans la cathédrale de Pise : Première origine de ses découvertes sur les lois du pendule. Newton voit tomber une pomme d'un arbre dans son verger : point de départ de sa théorie de l'attraction. Les inventions du poëte n'ont pas besoin de plus grandes origines. Un nom, une ruine, une ville oubliée, voilà le poëme dans sa première molécule. Nébuleuse qui deviendra un monde.

Ne vous représentez pas le poëte comme un maniaque échevelé qui a perdu le sens. C'est l'image du rhéteur, non du poëte. Celui-ci agit dans le sens de l'univers ; il achève la création, loin de la contredire. Au fond il se sent calme parce qu'il est d'accord avec le ciel et la terre.

Je ne crois pas même que les poëtes soient aussi émus qu'on se les représente au moment de leur création. J'ai vu de grands poëtes parfaitement calmes ou froids dans le feu même de leurs imaginations les plus belles. En peignant le délire, ils étaient pleins de sens. Tel sortait de son atelier de rêves comme un diplomate. Dans le tempérament vraiment poétique, la plus petite émotion produit un grand écho. J'ai vu des harpes frémir au moindre souffle.

Cessez donc de répéter que la grande poésie confine à la folie.

Voyez, au contraire, tous les grands poëtes du

monde. Il n'y a que le Tasse qui soit devenu fou ; encore a-t-il fallu pour cela les persécutions de son prince. Le poëte apprend de bonne heure à marcher sur les cimes. Il a l'habitude des précipices. Il est comme les guides du mont Blanc, il se joue avec les abîmes ; ce n'est pas lui qui y tombe.

La critique allemande, en méconnaissant ces lois de l'esprit humain, a été prise de vertige (1), et ce vertige dure depuis bientôt un siècle. Il s'agit d'en sortir.

(1) Le mot est de Bunsen. Voy. *Gott in der Geschichte*.

CHAPITRE II

PRINCIPALE QUESTION DE LA CRITIQUE LITTÉRAIRE DE NOTRE SIÈCLE. — LES POEMES HOMÉRIQUES — L'ÉPOPÉE DE L'AGE DE BRONZE.

Je viens de relire l'*Iliade* et l'*Odyssée,* en appuyant sur chaque mot, variantes, étymologies, critiques alexandrines, allemandes. Tout me confirme dans le jugement que j'ai exprimé sur les poëmes homériques, en 1836 (1), c'est-à-dire il y a trente-sept ans. Non, ces poëmes n'ont pas été faits de hasards, sans plan, sans conception, au gré d'une troupe de rhapsodes, dont aucun ne doit porter la responsabilité de l'œuvre.

Tout atteste un génie créateur, qui a donné le ton, inventé le moule, enfanté le prodige de l'art grec.

Non, ce n'est pas la foule anonyme qui l'a créé de rien. C'est une personnalité qui a vécu de la vie réelle. Ce n'est pas une abstraction. Laissons cette idée fausse aux amateurs de paradoxes.

---

(1) Voy. dans mes Œuvres complètes, t. IX, p. 269, *Histoire de la poésie*, Homère.

Qu'est-ce donc que l'*Iliade?* L'épopée de la fin de l'âge de bronze. Tout y est de cuivre ou d'airain, les armes, les instruments tranchants, les cuirasses. A peine trouvez-vous une pointe de flèche et une hache de fer. L'auteur de l'*Iliade* répète que le fer est rebelle à l'homme, qu'on ne peut le travailler.

Ce qui marque, d'ailleurs, l'âge de bronze, ce sont les sentiments, les passions de l'homme homérique. Je reconnais cet âge dans l'acharnement du combat, dans les horribles blessures, dans la férocité des héros. Partout où l'homme rencontre l'homme étranger, il l'attaque, il le tue pour avoir son armure. Le dépouiller de son casque d'airain, de sa lance d'airain, de son glaive d'airain, voilà ce qu'il veut à travers la mêlée; car rien n'est plus rare dans une époque où le fer n'est pas encore extrait de la mine.

Après les armes, ce que l'homme de l'âge de bronze convoite, c'est la femme. Il lui faut enlever les femmes par la ruse et la violence. Voilà pourquoi l'enlèvement d'Hélène est partout au fond de l'*Iliade*. Hélène est la cause de la guerre de Troie. Briséis, enlevée à Achille, empêche le héros de combattre ; ressentiment implacable, besoin de vengeance, sans lesquels le poëme n'existerait pas. Que de prétendants pour une Pénélope!

N'est-ce pas là aussi le fond de l'existence des hommes de l'âge de bronze ?

Ne sont-ils pas partout en quête de femmes qu'ils s'enlèvent les uns aux autres ? Chasses qui se retrouvent dans chaque peuplade ; au fond des forêts, auprès des villages lacustres, partout il y a un Pâris qui enlève une Hélène, un Ménélas qui s'arme pour la reprendre, une Briséis, dont un Achille tue le possesseur et qui la reçoit en don de sa peuplade, puis un Agamemnon qui ravit sa proie au ravisseur. Chaque coin de terre habité a sa guerre de Troie.

A ce point de vue, je puis dire que le sujet de l'*Iliade* se retrouve partout dans l'âge de bronze. La bataille, que l'on fait durer dix ans, remplit toute une époque.

Sur le fond de l'âge d'airain se détache un autre esprit qui tranche absolument avec la barbarie première. Rien ne m'étonne plus que le dénombrement des races grecques dans le second chant. Les commentateurs ont-ils été assez frappés de cette revue des peuples helléniques ? Quelle précision ! Quelle netteté presque officielle ! Chaque peuplade, chaque région marquée par un trait distinctif, qui se trouve être le plus conforme aux vraies notions de géographie et d'ethnographie.

Qu'il soit l'œuvre d'Homère ou d'un rhapsode,

tous reconnaissent que ce dénombrement date d'une époque antérieure aux Olympiades. Est-ce là seulement un chantre populaire ? C'est la science d'un chef d'État, qui connaît ses voisins, les délimitations naturelles des tribus, le rapport des populations les unes aux autres, le nombre de vaisseaux, d'hommes de guerre que chacune peut fournir.

Comparez ce qu'est partout ailleurs, chez les autres peuples, la géographie dans la poésie populaire. Fantaisie, fables, rêves monstrueux. Ici, tout est précis, calculé ; encore aujourd'hui, la science repose sur cette première science géographique de l'*Iliade*. Quand, en 1790, l'Assemblée constituante a divisé la France en départements, elle n'a pas marqué ses délimitations par des traits beaucoup plus nets, plus conformes à la nature des lieux, à la disposition des fleuves et des montagnes, qu'Homère en partageant en départements l'Hellade et l'Asie Mineure, dès l'entrée de son poëme.

Un tableau officiel, une statistique régulière, un cadastre sur l'ancien fond de l'âge de bronze, rien de plus extraordinaire.

Comment cela a-t-il été possible ?

Où cet aède préhistorique trouvait-il ses *informations* ? Quelles pouvaient être ses sources pour rédiger *ce rapport administratif* sur le monde grec naissant ?

Personne des alexandrins et des modernes ne s'est posé cette question. Pour moi, je suis bien plus surpris de cet Homère statisticien que de l'Homère créateur, même quand il assied les dieux et les déesses sur les gradins de l'Ida, pour contempler la bataille suprême.

CHAPITRE III

HOMÈRE ET L'HISTOIRE NATURELLE. — SA LANGUE, SON VOCABULAIRE, SA PHYSIOLOGIE.

Caractère qui renferme tous les autres : la poésie dans Homère n'est si grande que parce qu'elle est la réalité même. Voilà ce que le dix-huitième siècle et Voltaire ont le plus méconnu. Ils ne reconnaissaient pas la vérité, l'éternel vivant sous la draperie pourtant si transparente du poëme. Ils croyaient n'avoir affaire qu'à des imaginations arbitraires. La vie et avec elle l'intérêt puissant de ces œuvres leur échappaient. Aujourd'hui, au contraire, ces monuments nous apparaissent comme l'image fidèle des choses et des hommes qui ne sont plus. Il n'est peut-être pas un détail que le poëte n'ait vu de ses yeux. Il l'a pris dans la réalité et l'a transporté tout vivant dans l'*Iliade* ou l'*Odyssée*. Des anatomistes ont étudié les blessures décrites par Homère ; ils ont été étonnés de son exactitude.

On dit qu'il s'est trompé sur les mœurs du lion, en le faisant chasser avec un compagnon. Cela prouverait que le lion avait déjà disparu de la Grèce, la poésie ne troublant jamais dans Homère l'exacte vérité. D'autre part, en décrivant un arc, il le montre fait tout entier de la corne d'une chèvre sauvage et de la hauteur de plusieurs coudées. Quelle est la chèvre sauvage dont la corne atteint ces proportions ? C'est le bouquetin ; d'où l'on peut inférer que le bouquetin vivait encore en bandes nombreuses sur les degrés de l'Olympe. C'est ainsi que la poésie d'Homère, même dans ses inexactitudes, est un complément de l'histoire naturelle.

L'homme, à cette époque du monde, semble ouvrir pour la première fois les yeux à la lumière. Il embrasse chaque chose avec ravissement comme une révélation. Il touche chaque objet comme s'il en faisait la découverte ; il en suit tous les contours. On sent la surprise à chaque pas. Plus tard, l'homme sera accoutumé au spectacle de la terre et du ciel ; il passera sans s'étonner.

La poésie homérique contient ainsi cette première phase où tout est merveille, le dieu, l'homme, l'armure, le char, le vase ; cette manière de sentir se marque bien par la physiologie d'Homère.

Pour lui, le siège des opérations intellectuelles est, non pas dans le cerveau, mais dans la poitrine et le diaphragme. C'est à cette partie du corps humain que répondent les affections et les pensées. Amour ou haine, science des dieux, projets, pressentiments, tout se passe dans la poitrine et la région de l'épigastre. C'est par là que les hommes de ce temps se sentent vivre et penser. Ils ne sentent pas leur tête, ils n'en parlent jamais. Ce n'est pas un personnage d'Homère qui dirait comme dans Gœthe : « La tête me tourne. La tête me fend. »

Ils ne connaissent pas les sentiments de tête, parce que tout répond chez eux au cœur, au grand sympathique.

Ce qui montre combien notre mot de phrénologie est impropre, puisqu'il prend le cœur pour la tête.

La manière de sentir des hommes d'Homère est celle de chacune des époques héroïques. Les hommes n'ont commencé à sentir par la tête que vers la fin des civilisations.

Ceci est plus évident encore pour les femmes. La Vénus de Milo et certainement Hélène, Briséis, Andromaque avaient le front petit, non pas seulement parce que cela semblait être le trait de la vraie beauté, mais parce que la vie se sentait alors dans la région du cœur. A mesure que l'encéphale s'est développé, le cœur a diminué d'énergie.

Parlons de la langue d'Homère.

Elle est très simple, si vous ne voyez que la construction de la phrase ; rien de plus transparent. D'autre part, à cette simplicité de la grammaire s'allie un vocabulaire d'une richesse infinie.

Le moindre objet a toute une famille de noms différents : langue technique du forgeron, du charron, du matelot, du laboureur. Chaque outil a sa dénomination populaire. Rien n'est méprisable de ce que l'œil embrasse, de ce que la main touche ; de là ce vocabulaire incomparable, où la langue des dieux, celle des héros et celle de l'artisan sont intimement unies. Dans la syntaxe, les marques d'un idiome naissant ; point d'articles ; l'infinitif qui sert d'impératif ; et, avec cela, la majesté d'un idiome qui puise à flots dans une antiquité première, l'infiniment grand et l'infiniment petit, associés dans le même vers. Tel objet a deux noms, l'un dans la langue des dieux, l'autre dans la langue des hommes ; et, sans doute Homère appelle langue des dieux, l'ancien idiome tombé en désuétude, que les Grecs ne parlent plus.

Ce qui nous rejette dans le vocabulaire contemporain de la première séparation des races aryennes.

CHAPITRE IV

PREMIER MOMENT DE LA CONCEPTION DE L'ILIADE. — GUERRE DES DIEUX.

Y a-t-il eu jamais un siège de Troie ? Avant les dernières découvertes, j'étais disposé à conclure que cette guerre n'est rien que le combat éternel de la lumière et de l'ombre, du jour et de la nuit, qui fait le fond des premières épopées orientales.

Peu à peu, la lutte des ténèbres et de la lumière se serait transformée, dans le génie grec, en une guerre des Troyens et des Achéens. L'armée scintillante du jour aurait assiégé et dispersé l'armée de la nuit. Ce changement se serait fait d'une manière inconsciente dans l'imagination du poëte. La tradition religieuse lui aurait légué l'idée d'une bataille acharnée renaissant avec chaque aurore. Il remplit ce vague champ de bataille par ses visions de héros et de chefs de race, aux prises les uns contre les autres. Où les anciens chantres religieux n'avaient vu que la discorde des éléments, le rayonnement des aurores matinales, le foudroiement des tempêtes. Homère voit les armes d'Achille et d'Hector scintiller au soleil. Tout résonne pour lui du cliquetis des glaives et des lances. Les flèches dardées par le soleil Indra deviennent des flèches véritables teintes de sang. Les chars d'Agni, de Varouna, des Marouts se transforment en chars retentissants dans la plaine de Troie. L'*Iliade* ne serait que la mythologie primitive des Aryens et du Rig-Vêda, descendue et incarnée dans l'humanité grecque.

'Le germe du poëme serait ainsi l'idée d'une bataille des dieux ; et les hommes de nos jours perdraient leur peine à chercher les vestiges de ce long siège, qui n'eut jamais d'autre réalité que dans les nues. Troie, c'est la nuit qu'assiège la lumière.

Telle est l'opinion que plus d'un critique soutient encore ; et, si l'on examine avec attention comment se produisent les grandes œuvres dans l'esprit humain ; combien le premier germe est insaisissable ; comme il se réduit quelquefois à un atôme, à une première cellule intellectuelle, souvent même à un mot, on ne trouvera pas déraisonnable de penser que l'immense *Iliade* ait été contenue d'abord dans cette première cellule organique, l'idée d'une guerre des dieux à l'origine du monde grec.

L'illusion du poëte n'ôtera rien à la réalité de son poëme. Il rassemblera tous les épisodes réels de cette guerre universelle que l'homme livrait à l'homme pendant l'âge de bronze. Le fond sera illusoire, les détails seront vrais.

N'est-ce pas ainsi que, dans le *Schanameh* des Persans, les héros se confondent avec les divinités naturelles du Rig-Vèda ? N'est-ce pas ainsi qu'a été composé le poëme des *Nibelungen ?* Il reproduit exactement les mœurs féodales sur un fond imaginaire qui va se perdre, de transformation en transformation, dans la théogonie primitive des Germains scandinaves. De même la conception d'Homère aurait pour origine la première mythologie de la race aryenne.

Je crois apercevoir le premier moment de la conception de l'*Iliade*, celui qui contient en germe tous les autres. Le poëte a vu d'abord la guerre des dieux, qui est au fond des traditions primitives de l'Orient. Voilà la trame sur laquelle il a dessiné l'œuvre entière. D'abord des dieux qui se provoquent et qui en viennent aux mains. Puis, sur ce premier fond, apparaissent les héros et les hommes, poussés par les divinités qui les jettent dans la mêlée.

Suivez cette idée : dès le premier chant, la querelle de Jupiter et de Junon entraînera celle des peuples. Les douze dieux assistent muets à ce commencement de guerre intestine ; déjà ils sont partagés en deux camps.

Quand les héros et les peuples se lassent, et que l'amour de la paix rentre dans le cœur des hommes, ce sont les dieux qui attisent de nouveau la bataille. Ils ont des conseils entre eux; ils raniment la colère des combattants ; ils imaginent des stratagèmes pour rendre la paix impossible. Sans eux l'*Iliade* languirait dès le premier pas. Elle s'arrêterait. Les dieux en sont les principes et l'aliment : du côté des Troyens, Mars, Apollon, Vénus ; du côté des Grecs : Pallas, Junon ; entre eux, Jupiter essaye de tenir une balance inégale. Ainsi les grands événements, les vrais mobiles se passent dans l'Olympe ou dans la nue. Là est comme l'âme du poëme. Essayez de retrancher cette source, le poëme entier tarit ; il a perdu sa raison d'être.

Vous pourriez ainsi tirer de l'*Iliade* un poëme que la guerre des dieux remplirait seule.

Pendant que Vulcain forgerait les armes, ils enverraient devant eux leur messagère, la Discorde.

Telle est la vaste trame que le poëte a d'abord tissée dans la première vision de son œuvre. C'est la pensée qui soutiendra son édifice. Cette trame, une fois fixée, de l'Olympe à l'Ida, il y dessinera plus tard les épisodes. les combats ; il la peuplera de héros; il la couvrira de figures. Voilà comment je me suis représenté longtemps le premier moment de la création de l'*Iliade* dans l'esprit d'Homère.

Bientôt nous saurons ce que les découvertes récentes laissent subsister de cette première vue.

CHAPITRE V

LES POEMES HOMÉRIQUES SONT-ILS L'ŒUVRE DE PLUSIEURS RHAPSODES ?

Quand on suppose que l'*Iliade* a été successivement continuée par des rhapsodes, on suppose qu'aucun d'eux n'a conçu l'idée suprême, créatrice du poëme; car aucun des épisodes ne contient en soi l'idée organique de l'ensemble.

Dans cette hypothèse, des épisodes auraient été ajoutés à des épisodes; mais le lien qui les unit les uns aux autres, l'esprit qui les fait naître ne se trouverait nulle part. Ce serait une œuvre mécanique, dans laquelle les pièces et les morceaux se superposeraient sans aucune vie intérieure. Corps sans âme, poëme sans vie, fleuve sans source, arbre sans germe. Ce n'est point ainsi que se forment les grandes œuvres, ni dans l'esprit de l'homme, ni dans la nature.

Non, l'idée créatrice qui a engendré l'œuvre entière, n'est pas née successivement dans l'esprit des rhapsodes. Elle a jailli de la tête d'un seul poëte. Celui qui a conçu cet ensemble est le véritable et le seul Homère. Il a porté en lui le commencement, le milieu et la fin, l'alpha et l'oméga du poëme.

La grande action, ai-je dit, se passe dans la nue ; guerre éternelle, dont on n'aperçoit pas le terme. Voilà pourquoi l'*Iliade* semble ne pas être achevée. Elle comprend la guerre non-seulement des héros, mais des immortels.

La critique n'est plus qu'un jeu, lorsque chacun s'amuse à disperser les membres d'Homère. Tel lui retranche Hélène, tel autre Andromaque. On ne lui laisse que les combats. Je me chargerais par cette méthode de prouver que la *Comédie divine* est l'œuvre de plusieurs rhapsodes. Je laisserais à Dante l'Enfer, parce qu'il avait le génie de l'horrible ; mais le Paradis, avec ses légendes, son mysticisme, sa théologie radieuse, qui ne voit, dirais-je, que Dante est étranger à une pareille œuvre ? Il n'a pu la concevoir, ni l'exécuter.

Je montrerais ainsi qu'il y a au moins deux Dante, sinon trois, dans l'Iliade italienne.

De là, je passerais à *Don Quichotte*. J'établirais que la première et la seconde partie ont un caractère essentiellement différent, la première toute d'aventure, la seconde grave et presque mélancolique ; ce qui me donnerait l'occasion de produire au monde deux Michel Cervantès, comme ces étoiles doubles que découvre le télescope.

Dans un si beau chemin, je ne m'arrêterais pas, je me prendrais au *Faust*. Quel rapport, dirais-je, entre le premier Faust et le second? L'un tout dramatique et réel, l'autre tout symbolique et alexandrin. Évidemment l'auteur de l'un ne peut être l'auteur de l'autre. Il y a donc évidemment deux Wolfgang Gœthe.

Et si vous me disputez ma découverte, je vous répondrai par vos raisonnements sur les deux, ou trois ou vingt Homères. Vous serez vaincus par votre propre méthode.

Mais non; ne rions pas en présence des dieux. Croyons que le vrai génie a plusieurs cordes à sa lyre. S'il a des chants pour Achille, il en a aussi pour Andromaque et pour Hélène. Dans les fouilles de la Troade, on vient de retrouver des lyres; elles avaient sept cordes.

Pourquoi voulez-vous que le véritable Homère n'ait parlé que de guerre? Pourquoi lui refuser tous les autres sujets? Dans les ruines de Troie, ne trouve-t-on que des armes, des pointes de flèches en os, des glaives d'airain ? On découvre aussi des parures de femme, des colliers de perles d'or, des vases d'or, d'argent ou d'électron, c'est-à-dire tout ce qui atteste une civilisation déjà ornée et riche. Pourquoi voudriez-vous que le poëte fût resté étranger aux élégances de la vieille civilisation hellénique? Laissez là cette vue fausse. Il y avait des contrastes dans l'âge héroïque. Le poëte les a embrassés tous. Il ne s'est pas plu seulement aux glaives et aux haches de bronze; il a aussi donné une place aux vases d'or et d'argent ciselés par les artistes naissants sortis de Chypre ou d'Égypte.

CHAPITRE VI

POURQUOI LES SYSTÈMES SUR HOMÈRE SE SONT DÉTRUITS LES UNS LES AUTRES. — DE L'UNITÉ DE COMPOSITION EN MATIÈRE LITTÉRAIRE.

Ceux qui supposent une légion d'Homères pour l'*Iliade* et autant pour l'*Odyssée*, en parlent vraiment trop à leur aise. Où ont-ils jamais vu la nature si prodigue en hommes de génie? Il les faudrait tous égaux en puissance; sinon, après une rhapsodie sublime, en viendrait une médiocre, après une médiocre une pire. Ne savez-vous pas combien l'imitation est stérile? Que serait cette foule d'imitateurs qui se règleraient sur un premier modèle? Comment échapperaient-ils à la loi infaillible qui veut que la copie soit inférieure à l'original? Au lieu de grandir, le poëme irait continuellement en s'abaissant, à mesure que les disciples se substitueraient au maître. On verrait une succession indéfinie d'élévations et de chutes. Ainsi de copies en copies, toujours plus inégales, l'œuvre tomberait à chaque pas ; elle finirait par ramper. Est-ce là la marche de ces divins poëmes?

Ne sentez-vous pas, au contraire, qu'ils sont soutenus par un souffle qui les empêche de languir et de déchoir? Ce souffle, toujours le même, est l'esprit créateur qui les a conçus à l'origine dans la pensée des dieux.

Les systèmes des Allemands sur Homère se réfutent les uns les autres. C'est bien pis que la mêlée autour du cadavre de Patrocle.

Vous figurez-vous un poëme refait de générations en générations par tous les versificateurs qui se succèdent? Racine refait par Pradon, Pradon par Chapelain?

Et c'est là ce que je devrais accepter comme la méthode de formation qui explique les chefs-d'œuvre de l'esprit humain?

Partout où il y a une variété dans le ton d'une œuvre, il faut, disent-ils (1), supposer une égale diversité d'auteurs.

De là autant de nuances, autant de poëtes différents. A ce compte-là, je ne serais pas embarrassé de prouver, par des raisons analogues, qu'il y a vingt auteurs différents dans Corneille; vous m'en accorderez aisément trente pour Racine; mais j'en demande quatre-vingt-quinze pour Voltaire. Et ces beaux résultats, c'est là ce qu'il me faut vénérer sous le nom de science allemande!

(1) Th. Borgk., *Griechische Litteratur Geschichte.* Berlin, 1872.

Le dernier commentateur d'Homère nous propose de dépouiller l'*Iliade* de toutes les additions qu'il prétend y découvrir. Il nous resterait quelques fragments, une trentaine de pages que le critique consent à regarder comme dignes d'être conservés. Il ferait lui-même pour nous, à son gré, le choix de ces fragments. Nous aurions alors, nous dit-il, la vraie jouissance de l'art. Aujourd'hui nous sommes dupes d'un faux Homère.

Mais comment le faux s'est-il substitué au vrai ? Les additions, nous assure-t-on, étaient déjà faites vers la fin du dixième siècle avant le Christ. A peine Homère a achevé son *Iliade*, une autre *Iliade* a pris la place de la sienne. Les Grecs se seraient ainsi laissés déposséder de leur poëte en peu d'années, sans protester, sans même s'en apercevoir. Le petit aurait été substitué au grand, le médiocre au sublime, peut-être même du vivant d'Homère, dans tous les cas, avant le commencement des Olympiades. Personne n'aurait senti la différence avant que les Allemands l'eussent révélée.

Homère aurait été remplacé par de jeunes amateurs, dilettantes, *Kunstgenossen*. Ces amateurs auraient effacé le vieux poëte sous les yeux de la Grèce. Ils auraient substitué leur copie à l'original, *détruit l'organisme* de l'*Iliade* et de l'*Odyssée*; et la Grèce, fermant les yeux et les oreilles, oubliant ce qui remplissait sa mémoire, aurait pris le plomb pour l'or, le continuateur pour l'inventeur, la copie pour le modèle ! Croira cela qui voudra.

Je m'en tiens à cette conclusion de La Bruyère : « Il est toujours pernicieux de poursuivre le travail d'autrui. »

Je ne croirai pas que cette Grèce, maîtresse en toute espèce d'art et principalement de poésie n'ait eu aucun discernement en matière de poésie et que tout versificateur ait été pour elle un autre Homère.

D'ailleurs, je ne nie pas qu'il y ait des parties inégales, que, par exemple, la fin de l'*Odyssée* semble tarir ; le grand fleuve se perd dans le sable. Mais est-ce la preuve que la fin de l'*Odyssée* soit l'œuvre de *gens médiocres* qui se sont couverts du nom d'Homère ? L'inégalité est le partage des plus grands poëtes. Vouloir que chacun d'eux soit toujours à la même hauteur, c'est méconnaître leur nature d'homme.

J'ai voulu faire une expérience sur Homère. J'ai pris le dernier chant de l'*Odyssée*, celui que les Allemands de nos jours rejettent comme une œuvre d'écolier indigne de leur examen. Je l'ai donné à lire simplement à une personne étrangère aux systèmes où se noient les érudits. Quelques moments après, sans me répondre, elle me rend le livre les yeux pleins de larmes. **Voilà la réponse de la nature.**

Où, et quand de pareils effets ont-ils été produits par des dilettantes et des faussaires ?

Le caprice, l'arbitraire, en matière de critique, ne peuvent guère aller plus loin. Depuis près d'un siècle la critique allemande sur Homère s'est épuisée sans arriver à aucun résultat. Il est temps de prendre une autre route. Ne séparez pas le poëte des conditions de toute poésie.

Ceux qui ont mis Homère en pièces n'ont pu s'obstiner dans ces systèmes que faute d'avoir réfléchi aux conditions de l'esprit de création dans l'homme.

Morcellement, dispersion, ce n'est point ainsi que se sont faites les grandes œuvres. Toutes sont nées de la concentration d'un monde dans un esprit, une personne.

Il y a, dit-on, en Russie, des orchestres où chaque musicien n'exécute qu'une note. C'est ce système qu'on a appliqué à Homère. Érudition subtile, mais barbare.

Les raisons que l'on oppose au vieil Homère, tel que nous le connaissions, sont toutes extérieures ; l'ignorance de l'écriture en est la principale. Que sont ces motifs en comparaison des raisons intimes tirées de la nature même de l'esprit de création dans l'homme ?

La première condition d'une grande œuvre est celle-ci : un vaste poëme suppose une force intellectuelle accumulée qui se concentre dans l'âme d'un poëte. Si cette force, au lieu de se concentrer, se partage entre plusieurs, elle se disperse. L'éclair ne s'allume pas, la merveille ne peut se produire. Voilà les idées qui décident la question ; ce sont celles dont personne ne parle.

Le miracle du génie poétique s'accomplit par l'action non interrompue de la pensée sur la pensée, de l'imagination sur l'imagination. C'est ainsi que le bois d'Arani frottant le bois, le feu immortel s'allume pour ne plus s'éteindre.

La force ne s'use pas, elle s'ajoute à la force. Chaque chant est comme une impulsion nouvelle qui entraîne le chanteur. Le flot pousse le flot, le poëme pousse et porte le poëte. Chose impossible si l'œuvre appartenait à des auteurs différents. Il n'y aurait pas de continuité dans la puissance du créateur.

La force irait se perdant à chaque chant.

Comment comprendre que de telles œuvres soient animées à la fin du même souffle qu'au commencement? Parce que l'esprit de l'inventeur s'accroît, s'enrichit, se fortifie par son œuvre.

Supposez plusieurs rhapsodes : la force de l'un ne sert pas à l'autre. La circulation de la vie est interrompue à chaque pas. Ce seront des commencements perpétuels, des germes qui ne s'épanouiront pas, des impulsions qui ne se communiqueront pas.

Comment vous expliquez-vous que, dans les derniers chants de l'*Iliade* ou de l'*Odyssée*, ou de la *Comédie divine*, la fin soit égale, sinon supérieure au commencement ?

Encore une fois, cela ne peut se concevoir que parce que la force première n'a pas été perdue ; que, de chants en chants, elle s'est accumulée et allumée dans l'esprit du poëte ; qu'il a lui-même profité de son œuvre ; qu'il s'est agrandi par elle ; qu'elle l'a porté et soutenu jusqu'au terme. Véritable germination, qui, chaque année, ajoute un nouveau cercle végétal au tronc de l'arbre sacré. Toutes choses impossibles, s'il ne s'agit pas d'un individu, homme ou végétal.

Les grandes œuvres du génie humain s'accomplissent par les mêmes lois que les œuvres de la nature.

CHAPITRE VII

COMPARAISON DU TEMPÉRAMENT DE L'ILIADE ET DE CELUI DE L'ODYSSÉE. — DU DON DES LARMES.

On dit que l'*Iliade* et l'*Odyssée* n'ont entre elles rien de commun; qu'elles n'appartiennent pas à la même famille et ne peuvent avoir un même auteur. Et moi je demande qui fera parler Pénélope, Nausicaa, Arété, si ce n'est celui qui a fait parler Andromaque et Hélène? Qui composera la scène des prétendants percés des flèches d'Ulysse, si ce n'est celui qui a chanté les combats de l'*Iliade*? Les deux poëmes, loin d'être étrangers l'un à l'autre, se rencontrent dans les mêmes tons et rentrent dans le même moule. Je ne m'étonnerais pas de rencontrer Nausicaa dans l'*Iliade*, ou Hélène dans l'*Odyssée*. Les âmes des héros de l'*Iliade* reparaissent atténuées dans l'enfer où les retrouve Ulysse.

Pour parler comme les géologues, l'*Iliade* et l'*Odyssée* appartiennent au même terrain : même époque, mêmes espèces, même âge de bronze. Les dieux eux-mêmes connaissent à peine le fer.

La hache que Calypso donne à Ulysse est une hache d'airain ; le fer n'entre pour rien dans la construction de son navire.

Je trouve aussi le même tempérament physiologique dans l'auteur de l'*Iliade* et dans l'auteur de l'*Odyssée*.

Comment cela ? Dans l'un et dans l'autre, les grandes émotions, colère, douleur, dépits, joies, finissent par les larmes. Dans l'*Iliade*, Achille, assis au bord de la mer, le terrible Achille pleure de colère.

Diomède pleure de dépit d'avoir laissé tomber son fouet. Dans l'*Odyssée*, le sage Ulysse pleure d'émotion au récit de Démodocus. Les Atrides eux-mêmes pleurent dans l'enfer. Les déesses aussi, les néréides pleurent. Les chevaux de Patrocle pleurent. Je ne parle pas d'Andromaque, d'Hélène, de Pénélope. Toutes ont cette même abondance de larmes. « Comme les neiges amon-
« celées par Eurus, sur les cimes des monts, se
« fondent au souffle de zéphir, et les fleuves s'em-
« plissent et débordent ; ainsi sont inondées de
« larmes les belles joues de celle qui pleure son
« époux assis près d'elle. »

D'où sort cette source intarissable de larmes divines, si ce n'est du tempérament du poëte ? Grande raison qui s'ajoute à tant d'autres, pour penser que l'*Iliade* et l'*Odyssée* sont de la même famille et du même père. Car il ne faut pas croire que ce don des larmes, ce désir du gémissement (1), appartiennent à tous les poëtes grecs. Hésiode, Pindare, Sophocle ne connaissent rien de semblable. Cette abondance de pleurs est propre à Homère. Elle marque son tempérament particulier. Entre tous les génies de la Grèce, je le reconnais aux larmes qu'il sait tirer des yeux des hommes dans l'âge de bronze.

Si je ne devais garder qu'un livre, je choisirais l'*Odyssée*. Toute l'humanité est là. Jamais le ciel ne fut si près de la terre et les dieux plus conformes aux hommes. Poëme trempé de larmes divines, composé au bord de la mer d'Ionie, c'est sur la plage qu'il faut le relire. Le bruit des vagues se mêle à la voix du poëte. Ses hexamètres se déroulent comme les flots couronnés d'écume. Voilà le vrai commentaire de l'*Odyssée*.

(1) ἵμερος ὦρτο γόοιο. Od. **XVI, 215.**

CHAPITRE VIII

MÉTHODE DES NATURALISTES APPLIQUÉE A LA QUESTION DE L'AGE D'HOMÈRE ET D'HÉSIODE

Portez les méthodes des naturalistes dans la critique littéraire; beaucoup de questions insolubles s'éclairent subitement; par exemple, l'âge d'Homère et celui d'Hésiode.

Ont-ils été contemporains, et, s'ils ne l'ont pas été, quel est le plus ancien?

Cette question a divisé de grands critiques, tels que Juste-Lipse et Saumaise; elle se résout d'elle-même, si l'on y applique les méthodes nouvelles sur la différence des temps marqués par l'usage de la pierre et des métaux.

Comment n'a-t-on pas remarqué qu'entre Homère et Hésiode il y a la différence de l'âge de bronze à l'âge de fer? Ce ne sont pas seulement les sentiments qui ont changé, ce sont les choses. Les héros de la guerre de Troie sont pour Hésiode contemporains de l'âge de bronze. « Maintenant, dit-il en parlant de son temps, c'est l'âge de fer. » Et ce n'est pas là seulement une expression poétique. C'est qu'en effet le fer a remplacé le bronze dans les armes, dans les instruments, dans les outils de tout genre, faulx, faucilles, haches. Il n'est question que du fer dans *les Travaux et les Jours* d'Hésiode.

L'auteur du *Bouclier d'Hercule*, que l'on attribue à Hésiode, suspend aux épaules d'Hercule un glaive de fer. Cela seul montrerait une tout autre époque que celle d'Homère, pour qui tous les glaives sont d'airain dans l'*Iliade* comme dans l'*Odyssée*.

Il y aurait trop à dire sur les âges d'or, d'argent, de bronze et de fer, tels que se les représentaient les anciens. Je me borne à ceci. Achille dans l'*Iliade*, compte au nombre de ses richesses et met sur le même rang de belles femmes aux belles ceintures et un morceau brut de fer gris. Ailleurs il promet comme une récompense insigne au vainqueur un disque de fer brut. Ce qui montre assez combien le fer était rare et précieux.

Hésiode assigne aux sept chefs de Thèbes et à la guerre de Troie la fin de l'âge de bronze. « Plût « au ciel, ajoute-t-il, que je n'eusse pas vécu dans « le cinquième âge, mais que je fusse mort plus « tôt ou né plus tard ! »

Qui sait si l'on n'a pas placé l'âge d'or avant tous les autres, parce que l'or fut le premier des métaux connu de l'homme ? Des fleuves roulaient des paillettes d'or ; l'homme du temps de Saturne n'eut qu'à se baisser pour le ramasser sur les bords du Pactole.

L'or figura la première race humaine, parce qu'il fut le premier des métaux que l'homme découvrit.

Considérez d'ailleurs quel changement s'est fait d'Homère à Hésiode ! Quelle sombre expérience des choses humaines, à la place de l'ingénuité de l'auteur de l'*Iliade* et de l'*Odyssée !* C'est presque un misanthrope que le poëte d'Ascra. Un endurcissement précoce ; déjà des maximes pessimistes : « Que ton visage ne montre jamais ce que tu penses. » Il y a des siècles entre de pareilles réflexions et l'enthousiasme d'Homère. Les larmes généreuses ont tari, le cœur s'est fermé. Le soir de la vie est déjà arrivé ; « car l'homme vieillit vite dans le malheur. »

CHAPITRE IX

DÉCOUVERTES DE M. SCHLIEMANN DANS LA TROADE. EN QUOI ELLES MODIFIENT LA CRITIQUE SUR HOMÈRE

Notre temps a vu deux grandes découvertes historiques, qui, l'une et l'autre, ont commencé par être bafouées. L'une est celle de Boucher de Perthes sur l'homme de l'âge de pierre; l'autre de Schliemann sur les antiquités troyennes. La première sert aujourd'hui de base à la science de l'homme primitif; la seconde donne un corps à la critique des temps d'Homère.

Rien de ce qui caractérise les grandes découvertes n'a manqué à celle de M. Schliemann (1) : persévérance enthousiaste chez l'explorateur, opposition railleuse chez les hommes du métier ; le terrain disputé pied à pied à l'expérience ; enfin, la vérité tolérée comme un paradoxe.

Les célèbres fouilles d'Hissarlik, dans la Troade, ont mis à découvert une géologie humaine com-

---

(1) Antiquités troyennes; rapport sur les fouilles de Troie, par le Dr Henri Schliemann, 1874.

posée de plusieurs couches de peuples, superposées l'une à l'autre ; la première sur le roc primitif, calcaire, âge de pierre ; la seconde, de douze à sept mètres de profondeur en briques crues, âge de cuivre, époque troyenne ; la troisième, une Ilion de bois, époque des nations qui ont renversé Troie et lui ont succédé ; quatrième couche, empire lydien, art hellénique, murs de Lysimaque, 750 ans avant Jésus-Christ. Cette dernière couche hellénique, résidu de mille soixante ans, n'a que deux mètres d'épaisseur.

La montagne ainsi tranchée, du sommet à la base, laissant voir des villes étagées l'une sur l'autre, sans intervalle, depuis l'âge de pierre jusqu'à l'âge récent, il est impossible que la coupure du sol n'ait pas traversé l'époque troyenne.

M. Schliemann a découvert, on ne peut le nier, le centre d'une grande civilisation dans la Troade. Si ce n'est pas Troie, il faut supposer qu'il y avait, à la distance de deux lieues, un autre grand centre de civilisation. Deux capitales qui se touchent à la même époque. Comment le poëte qui a chanté l'une, n'aurait-il eu aucune connaissance de l'autre? Comment l'antiquité n'aurait-elle connu que l'une de ces villes ? Autant d'impossibilités matérielles et morales.

Défions-nous tant que nous voudrons de l'imagination, de l'enthousiasme, de l'amour désintéressé de la vérité. Rien de mieux. Mais défions-nous aussi un peu de notre esprit de routine et de notre pusillanimité.

Voilà des murailles qui se dressent devant nous. Quatre villes étagées l'une sur l'autre, comme le Louvre de Henri II sur le haut des tours de Philippe-Auguste; plus de cent mille objets de tous genres, exhumés et retrouvés. Ne fermons pas volontairement nos yeux à la lumière. Ces pierres sont des témoins de l'âge de cuivre. Pouvez-vous dire qu'ils n'ont rien de commun avec les poëmes d'Homère, parce que la ville exhumée existait avant lui? Comme si tout poëte épique ne chantait pas une époque antérieure! N'oubliez donc pas qu'il s'agit d'un poëte, et que la poésie héroïque a pour essence de métamorphoser les choses passées (1).

Que s'ensuit-il pour la critique de l'*Iliade* et de l'*Odyssée*? En quoi les découvertes d'hier, les civilisations exhumées, que chacun peut toucher du doigt, nous aident-elles à sortir du labyrinthe de la critique allemande? Quelles lumières jettent-elles sur tant d'obscurités amassées à plaisir?

J'admets, pour un moment, que notre Homère

---

(1) M. Schliemann avait fait à la France une donation gratuite de sa magnifique collection qui compose un musée unique dans le monde. Le Gouvernement français a refusé. Qui voudra le croire un jour? Moi-même, je refuserais de le croire, si je n'avais vu la lettre du donateur.

de l'âge de bronze, celui que j'ai rétabli comme individu, a pu voir quelques débris de ces premières Troies. Je suppose qu'il a rencontré, à fleur de terre, des débris de murs calcinés par les flammes. Je le suis, à travers cette Pompéïe de l'âge de cuivre, près des murailles et des tours, plongées dans les cendres durcies, et qui portent au front la trace de l'incendie.

Quelles pensées un spectacle pareil peut-il lui inspirer ? Qu'a dû produire, sur un esprit créateur, la vue ou seulement l'écho de ces ruines mystérieuses pleines encore des restes des civilisations antérieures ? Il erre sur les tumulus où dorment les premières Troies. Tout lui parle ; il relève ces ruines, il refait ces palais, il voit en esprit des combats acharnés.

Plus les murailles sont épaisses, plus il a fallu de temps pour les briser. Dix ans suffisent à peine pour vaincre les assiégés. Voilà la première conception du siège de Troie. Mais les batailles n'ont pas suffi. Le feu a partout laissé ses traces sur la cité mystérieuse. Il a fondu les métaux, calciné les pierres. L'incendie de Troie se rallume dans l'esprit du poëte.

Qui a allumé l'incendie ? Qui a détruit les palais ? Quels peuples ? Quels héros ? De la vision de ces ruines naissent l'*Iliade* et l'*Odyssée*. L'entassement gigantesque de ces Troies étagées l'une sur l'autre flamboie dans les poëmes. Entre la Troie de l'âge de pierre et la Troie de l'âge de bronze s'étaient amassés des siècles d'oubli. Homère a comblé l'intervalle ; il l'a rempli de son génie.

Illusion, dites-vous. Homère, ni aucun homme de son temps, n'a pu voir de ses yeux la Troie antique d'Hector et de Priam. Elle était déjà ensevelie sous six mètres de cendres et de terres éboulées. Je le veux bien. Homère n'a pas vu les ruines de Troie ; il ne les a pas touchées de ses mains. Qu'importe? Il a su au moins par les légendes qu'elles dormaient là sous ses pieds. Il a aperçu quelque angle de muraille qui perçait un des flancs de la montagne. Cela lui a suffi. Moins il a vu, plus il a inventé.

Il n'a pas fait des fouilles à travers les couches de cendres de bois, déjà durcies, qui le séparaient de la ville des Troyens. Mais il a fouillé, en esprit, le sol retentissant sous ses pas. Il a restauré ce qu'il ne pouvait voir ; il a exhumé, en pensée, les tours, les murailles, les palais ensevelis. C'est là précisément la faculté par excellence du poëte : refaire les mondes perdus.

Et qui sait si, de tant d'objets exhumés aujourd'hui, quelques-uns n'ont pas passé sous ses yeux ? Vases, armures de cuivre, pendants d'oreilles, colliers, disques dentelés, poteries, urnes, squelettes coiffés de casques de cuivre, ustensiles de diorite, lances, haches de combat, bandeaux, diadèmes d'or, coupes d'argent, d'électron, flûtes, lyres, restes et témoins d'une grande civilisation. Le moindre objet qui n'est pour nous qu'une occasion de curiosité, est devenu pour lui un motif mélodieux de chants immortels. Il l'a encadré dans ses récits. L'âge de cuivre et d'airain résonne ainsi tout entier dans les vers d'Homère.

De ces grossières Pallas, à la tête de chouette, représentées en foule sur les vases de terre, je vois naître la Pallas-Athéné de l'Olympe. La voilà qui jaillit du cerveau du poëte. Que sont ces amas de paillettes et de perles d'or, ces bandelettes aux larges pendants pour encadrer le front? Des restes de parure de femmes. Hélène, Andromaque s'en revêtent dans l'imagination du divin chanteur. Elles marchent devant lui. Ici apparaît le bord d'un bouclier de cuivre, à demi enfoui dans les cendres. Qui sait si cette vieille armure, ou une autre semblable, n'a pas été le premier motif du chant sur le bouclier d'Achille?

Ainsi, les poëmes homériques ont pour première assise l'image ou le souvenir de ruines véritables, réelles, non fictives. Ne sait-on pas tout ce que la vue des ruines, et quelquefois d'un seul débris, a enfanté de légendes, de poëmes ébauchés dans l'esprit des peuples? Les vagues légendes dont résonnent les murailles désertes des Troies primitives, Homère les a recueillies ; il les a traduites en poëme, il s'en est fait l'écho. Qu'elles soient d'Hissarlik ou de Bounarbaschi, il en a tiré l'*Iliade* et l'*Odyssée*.

Nous sortons du vague, nous touchons au vrai. Entrons dans la réalité par la porte de la Pompéie et de l'Herculanum de l'âge de pierre et de cuivre.

CHAPITRE X

QU'UN POÈTE SE SERT DES PETITES CHOSES POUR EN FAIRE DE GRANDES.

La Troie retrouvée de nos jours est plus petite que la Troie d'Homère. Comment en serait-il autrement? N'est ce pas l'œuvre du poëte d'agrandir les lieux et les hommes, s'il parle d'un autre temps que le sien? Ce qu'il n'a pas vu, il le divinise. Toute peuplade devient nation; qu'est-ce donc s'il s'agit de la ville sacrée? Il la mesurera, non au cordeau, mais à l'idée qu'il s'en fait. Il la rebâtira non de briques, mais de pierres polies.

D'ailleurs Homère avait-il besoin d'une grande ville pour faire un grand poëme? Ses héros habitent tout près les uns des autres. Il n'y a qu'un pas des demeures d'Andromaque, d'Hélène, dans la haute ville, aux Portes-Scées; chaque cri parvient aux oreilles de tous les habitants. Achille et Hector font trois fois, en courant, le tour des murs. Ce ne sont pas les objets qui sont grands, c'est l'esprit du poëte. L'immense Iliade se meut autour d'une petite Ilion.

Le temps où Rome a fourni le plus de légendes épiques est celui où elle n'était que la *Roma quadrata*, une bourgade enfermée dans le Palatin ; à mesure qu'elle a grandi, l'histoire a étouffé la poésie.

Troie étant ensevelie, l'action du poëme dut se dérouler hors de la ville. Les scènes d'intérieur sont rares dans l'*Iliade*. Le poëte a hâte de sortir de l'étroite enceinte et de retrouver le vaste horizon où il jette ses héros. Il a la ville sous ses pieds ; mais ses yeux sont presque toujours attachés sur le monde environnant, la plaine, les monts aux plateaux prolongés jusqu'à l'Ida couvert de neiges, les rivages, les îles, l'Océan sans limites. Il chante sur le tombeau d'une nation : de là il voit au loin la bataille des dieux et des hommes.

Quoi que nous fassions, nous avons peine à nous figurer Homère autrement que sous les traits d'un vieillard. C'est qu'il figure pour nous l'écho de longs souvenirs. Il raconte un monde qui n'est plus. La Troie souterraine se prolonge en lui dans ses récits. Il parle de ce royaume enfoui comme s'il l'avait vu. Il unit l'âge de cuivre et l'âge de bronze (1). Cela ne peut être l'œuvre d'un jeune homme.

Des siècles ont passé entre la destruction de Troie et les récits homériques. Pourquoi s'en étonner? Ce n'est pas dans le moment de la douleur, de la passion ou de l'action, que les grands poëtes produisent leurs œuvres les plus belles. Il faut que leurs sentiments se soient refroidis. Vous croyez qu'il n'en reste rien qu'une cendre éteinte au fond de leur âme. Eux-mêmes le croient aussi. Mais l'heure vient où, par le souvenir, ils rallument le foyer éteint ; et c'est de ce souvenir que le poëme jaillit. La douleur, la passion deviennent rhythme, art, harmonie. Telle est l'histoire des poëmes homériques. Tant que la bataille a duré, nul n'a songé à la chanter. Mais après que les cendres se sont amassées, un poëte est venu. Il les a rallumées de son souffle. Ce qui n'était que décombres, est devenu l'*Iliade* et l'*Odyssée*.

(1) Les Grecs n'ayant qu'un même mot pour le cuivre et le bronze, comment éviter la confusion? Dans Homère, Vulcain mêle le χαλχὸς à l'étain pour faire le bouclier d'Achille.

Χαλχὸς signifiait ici cuivre, mais en combien de cas le sens reste incertain? Les fouilles de M. Schliemann ne découvrent jamais de bronze, toujours du cuivre. On pourrait en conclure que Troie est de l'âge du cuivre et Homère de l'âge de bronze.

CHAPITRE XI

HOMÈRE DANS LES RUINES DE TROIE. — COMMENT LA LÉGENDE EST DEVENUE RÉALITÉ. — CONCLUSION A DÉDUIRE POUR LA CRITIQUE LITTÉRAIRE EN GÉNÉRAL.

Le jour s'est fait ; vous vous expliquez comment, sur le fond de la première tradition d'une guerre des dieux, s'est ajoutée la pensée d'une guerre des héros. Le monde primitif a fourni au poëte grec la première base de sa poésie, c'est-à-dire la lutte des divinités. Côté idéal, imaginaire de l'*Iliade*.

Les murs calcinés d'origine inconnue, pleins encore des restes de l'industrie humaine, ont fourni l'image de la réalité, sans laquelle toute imagination s'épuise. Côté humain et positif.

L'épopée qui flottait dans les nues a pu s'appuyer sur un terrain solide. Elle a pris corps. Ce qui n'était d'abord que la conception orientale de la lutte de la lumière et de l'ombre est devenu le combat des Achéens et des Troyens autour de cette Ilion sacrée que le poëte a touchée de ses mains. Nouvelle conception des poëmes homériques ; elle est désormais complète.

La Troie antique, avec ses lourdes murailles, pose au poëte cette question : Que suis-je ? Qu'ai-je été ? Qui m'a élevée ? Qui m'a détruite ? L'*Iliade* et, après elle, l'*Odyssée* sont la réponse à ces énigmes posées par les ruines visibles de la cité de l'âge de cuivre.

Jusque-là, le poëme n'était que religion. La vision divine devient palpable, la légende se fait art. J'assiste au moment où la tradition générale de l'antiquité préhistorique se condense et se fixe autour d'une grande réalité.

Un nuage, plein d'éclairs, est promené par les vents à travers toute une contrée. Enfin il rencontre un haut rocher autour duquel il se condense pour retomber en une pluie qui féconde la terre.

Ainsi les visions orientales de la guerre des dieux, portées à travers l'Asie, ont rencontré les murs de Troie. Elles se sont fixées autour d'Ilion pour retomber en poésie divine sur le front de tous les peuples.

Conclusion générale : **Nous ne chercherons** plus les chansons celtiques, franques, italiennes pour en faire le fond des poëmes d'Artus, de Charlemagne, des Nibelungen ou de Dante. Ces chansons, si nous les retrouvions, n'auraient rien de commun que certains noms avec les grandes œuvres du moyen âge. Une fausse idée a trop longtemps fermé le chemin de la critique contemporaine. Débarrassons-nous de ces obstacles ; ne perdons plus nos jours dans la vaine attente de fantômes littéraires. Revenons à grands pas à la réalité, c'est-à-dire au fond immortel de l'esprit humain. Ce qu'il a créé, n'essayons pas de le mettre en poussière. Cherchons pour nous une autre gloire.

LIVRE SIXIÈME

L'ESPRIT NOUVEAU DANS LA PHILOSOPHIE. — PHILOSOPHIE DU DÉSESPOIR

CHAPITRE I

UNE MÉTAPHYSIQUE QUI SE MEURT. — LA CRÉATION EST-ELLE UNE ERREUR DU CRÉATEUR?

Qu'est devenue la philosophie allemande? Où est-elle? A quel dénoûment a-t-elle abouti? C'est ce que je veux chercher dans les jours troublés où nous sommes. Peut-être y trouverai-je quelque lumière au milieu des incertitudes du présent. S'il est vrai que nous sommes retournés au chaos, à qui m'adresserai-je pour en sortir? Évidemment à ceux qui se proclament aujourd'hui les maîtres et les instituteurs du genre humain.

Dans ma jeunesse, j'avais marqué les ressemblances entre l'histoire de nos révolutions et l'histoire des systèmes de philosophie allemande. Kant répondait à l'Assemblée constituante, Fichte à la Convention, Hégel à la Restauration. Ces analogies persistent-elles dans les systèmes de nos jours ? La vie politique a-t-elle encore son reflet dans la métaphysique d'outre-Rhin ?

S'il en est ainsi, je dois m'attendre à rencontrer un prodigieux fantôme d'orgueil dans les créations actuelles de l'esprit allemand. Tout a réussi à l'Allemagne ; elle est au comble de ses vœux. Elle a la force, la victoire. Sa coupe est pleine, son orgueil infini est rassasié. Parvenue à ce faîte, quelles pensées, quels systèmes lui auront été inspirés par les complaisances inouïes de la bonne fortune? Pensées d'allégresse, direz-vous, philosophie d'exaltation, ravissement du triomphe, sentiment de la force indomptée. Voilà ce que vous attendez de la métaphysique contemporaine.

Vous vous trompez. Au lieu de cette jubilation, qu'ai-je rencontré dans les systèmes nouveaux qui contiennent certainement une partie de l'âme allemande? Je n'ai trouvé que la satiété, le dégoût des choses divines et humaines ; pis encore, l'horreur de l'existence. Singulier triomphe qui aboutit, pour dernière expression, à cet aveu : Vanité, tout est vanité. Dernier mot de la philosophie allemande (1), au milieu des ivresses de l'Allemagne nouvelle.

Il ne suffit pas que j'énonce cette vérité inattendue. Il faut que je la démontre. Je ne puis le faire qu'en laissant parler eux-mêmes les philosophes allemands qui ont aujourd'hui le plus d'autorité. Écoutez donc le langage de la philosophie du désespoir. Je me servirai de ses propres expressions et n'y ajouterai mon jugement qu'après que le système entier aura passé sous vos yeux.

L'hypocrisie de notre temps a produit une conséquence surprenante. Les philosophes n'osent plus prononcer le nom de Dieu, tant ce nom a servi de masque à la fourberie.

Que fera le philosophe pour éviter de prononcer le nom de Dieu ? Il le changera. Il appellera Dieu l'Inconscient, et il en remplira son système. Ainsi, premier point de départ. Le nom de Dieu a été déshonoré de nos jours par les faux dévots ; pour le réhabiliter, il faut d'abord le taire.

Qu'est-ce donc que l'Inconscient ?

C'est l'Être universel, qui n'a point conscience de ce qu'il fait. Après lui avoir ôté son nom, le philosophe lui ôte la réalité de l'existence. L'être des êtres est sage, mais à condition de ne pas

---

(1) Voy. Arthur Schopenhauer, *Die Welt als Wille und Vorstellung*. 4º édition.

Édouard von Hartmann. *Philosophie des Unbewussten*, 1872.

vouloir. Il règne toujours, mais à condition d'être seul. Quant à l'homme, il n'est qu'une apparition, un météore comme l'arc-en-ciel ; ses idées ne sont que des idées d'arc-en-ciel. L'Inconscient a produit en se jouant ce triste phénomène.

S'il en est ainsi, comment expliquer l'existence du monde? Cette existence est une universelle calamité; elle n'a pu être produite que par une faute, une erreur, un moment de folie du Créateur. C'est un faux pas.

L'Inconscient était plongé dans la joie du nonêtre. Il n'avait ni volonté ni pensée. C'était là sa suprême félicité. Pourquoi en est-il sorti ? Dans un moment de déraison; cet état de bonheur inconscient ne lui a pas suffi. Il a voulu se manifester au dehors, agir, penser, être, ou plutôt paraître ; dans ce moment d'erreur est né le monde, c'est-à-dire la douleur, le mal, le désespoir.

Si Dieu avait eu la conscience éclairée de ce qu'il faisait, la création du monde serait une cruauté inexcusable, le développement de l'univers, une folie sans but.

Voilà pour le premier commencement de l'univers. Mais, direz-vous, quand Dieu a connu la faute aveugle qu'il venait de commettre, pourquoi ne l'a-t-il pas aussitôt réparée? Pourquoi n'a-t-il pas retourné sa volonté contre lui-même, en défaisant ce qu'il venait de faire?

Autant est impardonnable et inconcevable le premier acte de volonté divine d'où est né l'univers, autant serait inexcusable le laisser-aller de cette œuvre de misère, s'il y avait eu quelque possibilité évidente de la supprimer immédiatement. Nous verrons bientôt que le but et la destinée de l'univers est de se convaincre que la volonté et l'existence sont le mal, et qu'il faut d'un commun accord s'en affranchir en rentrant dans le non-être.

De tous les mondes possibles, celui-ci est le meilleur, a dit Leibnitz. Ajoutons qu'il aurait incontestablement mieux valu qu'il n'y en eût aucun. Il eût été à désirer que ce monde n'existât pas, ni lui, ni aucun autre. Cela admis, il s'ensuit que l'existence du monde doit son origine à une aberration ; non pas que la raison soit devenue soudainement folie, mais parce que la raison est restée étrangère à la création. La volonté seule dans l'Inconscient a agi sans réflexion. Ne vous étonnez donc pas que toute existence en elle-même soit déraisonnable.

Déjà Fichte tenait l'univers pour le pire qui puisse être. Schelling ajoutait : Un voile de douleur est étendu sur toute la nature. De là l'irrémédiable mélancolie de toute existence ; de là le signe de douleur empreint sur la figure des animaux. Qui se plaindra jamais des accidents habituels de la vie, s'il a reconnu le malheur de naître et le lamentable destin du Grand Tout ?

Ainsi, dans la nouvelle philosophie allemande, l'horreur de l'existence, l'ennui de l'être, l'aspiration au non-être, voilà le principe de la science.

La grande affaire des intelligences est de s'ensevelir de plus en plus, de renoncer aux illusions de l'existence, jusqu'à ce que vous reconnaissiez que tout est vanité. Sinon, en attendant, l'état du monde deviendra de plus en plus misérable. La conséquence à tirer de là, c'est que Dieu eût été sage d'étouffer le monde à sa naissance.

Puisqu'il ne l'a pas fait, il serait raisonnable de nous entendre pour empêcher et arrêter le plus tôt possible la vie de l'univers.

Choisissez : Ou la raison du Créateur n'a pris aucune part à l'acte primordial qui a produit l'univers, ou la sagesse du Créateur, incontestable dans le détail, est tombée dans une erreur fondamentale sur le tout. Elle a été infidèle à elle-même. Pour contester de si éclatantes vérités, il faut être dupe de singulières illusions. Nous allons les renverser.

CHAPITRE II

LES ILLUSIONS.

La première des illusions consiste à croire à la possibilité du bonheur dans la vie terrestre, espoir qui sera facilement détruit si nous prouvons, ce qui est aisé, que toutes les affections humaines causent infiniment plus de peines que de plaisir.

Commençons par l'amour. Examinons-le froidement. Il n'est que tromperie et ne compte pas pour le bonheur. Les mariages d'inclination sont les plus malheureux de tous. L'amour ressemble à la faim ; et comme la faim, il est un mal pour l'individu.

Puisque l'amour est une calamité, il faut choisir de deux maux le moindre, c'est-à-dire l'extirpation de l'instinct sexuel.

Ici, il ne m'est pas facile de comprendre ce que le philosophe allemand entend par extirpation : si elle est purement morale, ou si elle va jusqu'à la destruction des sexes ; il renvoie à Saint-Mathieu, chapitre XIX, versets 11 et 12.

Ces obscurités s'éclairent par ce que notre auteur ajoute d'un philosophe de son école, Schopen-

hauer : « Si le plaisir sexuel n'existait pas, dit ce
« maître de la philosophie nouvelle, chacun n'au-
« rait-il pas assez de pitié des générations à
« venir pour leur épargner le malheur de naître?
« Chacun ne refuserait-il pas de prendre la res-
« ponsabilité de leur imposer froidement le far-
« deau de l'existence ? »

D'ailleurs, les enfants causent à leurs parents plus de peines que de joies. Des filles à marier, des garçons dont il faut payer les folies et les dettes, quelle plaie! Et voilà tout ce que l'on peut en attendre. Le seul bien que les parents aient à recevoir de leurs enfants, c'est l'espérance de l'avenir. Car à peine les hommes ont-ils reconnu que leur pitoyable existence n'est qu'illusion, ils bâtissent je ne sais quelle espérance pour leurs enfants et plus tard pour leurs petits-enfants, reportant sur les autres les mêmes chimères dont ils ne peuvent plus se repaître pour eux-mêmes. Ainsi, illusion et toujours illusion. L'homme n'apprend rien ni de l'homme ni des choses.

J'en étais là de ma lecture, lorsque le livre me tomba des mains. C'est trop fort ! m'écriai-je. Une voix de tête (je ne sais d'où elle partait) me répondit, et le dialogue suivant s'engagea entre nous :

O maître, dis-je, renonçons, puisque vous l'ordonnez, à l'amour. Mais, de grâce, laissez-nous l'amitié.

— Ah, oui! mon cher, le bonheur si vanté de l'amitié, osez en parler ; sur quoi repose-t-il ? Sur la faiblesse humaine qui ne peut supporter ses maux et cherche un appui intéressé d'un moment. Les caractères forts ont-ils besoin d'amitié ? Point du tout. Ils savent s'en passer. L'amitié repose sur la poursuite d'un bien commun, sur la communauté des intérêts. Les intérêts deviennent-ils opposés, la belle amitié se dissout, elle s'évapore ; allez la chercher dans les nues.

— Je chercherai mon bonheur dans la sociabilité.

— Autre besoin instinctif de la faiblesse et de la puissance individuelle. Il y a des animaux qui vivent en troupes ; de même l'homme. Quel plaisir trouvez-vous à être une bête sociale, comme l'abeille ou la fourmi ?

— Laissez-moi la douceur de la compassion.

— Le seul moyen d'en tirer un plaisir, c'est de se réjouir du mal d'autrui. Voyez la foule. Pour elle, la compassion est une bestialité qui unit à la pitié le plaisir de la cruauté.

— Eh bien, je vais vous faire une confidence. Je voudrais me reposer prochainement dans un mariage bien assorti.

— Nous avons déjà traité cette question. Puisque vous insistez, je vous répète que les mariages d'ar... et ceux d'inclination ont, après un certain temps, la même physionomie. D'ailleurs, sur cent mariages, il n'y en a pas un seul digne d'envie. Si la croix du mariage doit être brisée, le plus tôt est le mieux. Au point de vue du bien-être individuel, sachez donc que le mieux est de ne pas se marier. Ce point-là est de doctrine.

— Docteur, vous ne m'ôterez pas les plaisirs de l'ambition.

— Essayez-en. Elle est comme l'eau de mer; plus on en boit, plus on a soif.

— De la réputation.

— Oui, demandez à cette actrice renommée, qui vient d'être dépossédée par une actrice plus jeune. Et la gloire, qu'en pensez-vous?

— Je ne sais, en vérité. Laissez-moi vous répondre par le souvenir que j'ai gardé de l'un de vos compatriotes, le célèbre sculpteur Danecker. Etant à Stuttgard, j'allai le voir dans son atelier. Au milieu de ses marbres, nous nous arrêtâmes aux pieds de son Ariane assise sur la panthère.

— C'est son chef-d'œuvre. Passons.

— Nous causâmes de peinture et de sculpture italiennes. « Ah! oui! s'écria-t-il avec transport, il fallait voir tout cela avant que l'Italie eût été dépouillée de ses chefs-d'œuvre par... vous savez qui je veux dire... Mon Dieu! le nom ne me revient pas. — Qui donc? demandai-je. — Attendez, reprit-il en se frappant le front ! vous savez : le général qui a tant fait parler de lui !... — Lequel ?

— Eh ! celui qui a livré tant de batailles, qui a couru à travers toute l'Europe ! Je l'ai vu passer à Vienne... un petit homme, les mains derrière le dos... Son nom commence par un N.

— Napoléon ! m'écriai-je.

— Oui, c'est celui-là. »

— Ainsi, conclut le philosophe, un grand sculpteur, encore dans la force de son génie, avait oublié le nom de Napoléon. Osez, après cela, me parler de gloire.

— Puisque la gloire n'est rien, je me jetterai dans la religion. J'aurai les joies du Seigneur.

— En effet, c'est peut-être ce qu'il y a de mieux. Songez seulement que, pour ces joies mystiques, il faut une aptitude particulière, un talent spécial. En êtes-vous doué ? J'en doute fort. Les élévations religieuses ne peuvent s'acquérir par l'étude, le travail, la patience. C'est un jeu avec soi-même, qui suppose une pratique consommée ou une inspiration d'artiste, comme toutes les jouissances de la musique ou de la peinture. Et puis, de même que toutes les joies, celles-ci sont accompagnées d'indicibles douleurs. Il faut d'abord l'immolation de la chair, le crucifiement des sens, jusqu'à ce que l'habitude et l'affaiblissement du corps conduisent à un état plus supportable. Quand vous y serez parvenu, ne croyez pas que tout soit fait. Vous ne serez encore qu'au commencement de vos misères. Restera toujours le scrupule dévorant, puis la crainte de votre propre indignité, le doute de la grâce divine, la terreur du Dieu jaloux, le ver rongeur du remords après vos infidélités, l'angoisse du jugement dernier : maux infinis qui se glissent dans les félicités des saints.

Ainsi se balancent le plaisir et la peine dans le sentiment religieux ; et si le plaisir l'emporte par surprise, il n'est encore qu'illusion. D'ailleurs, une période de croyance, comme dans le catholicisme au moyen âge, est devenue radicalement impossible, par l'effet de la culture moderne universelle. La destruction des illusions religieuses est immanquable. Vous irez donc, flottant du doute à la foi, jusqu'à ce que vous vous réveilliez dans le désespoir. Voilà pour la félicité céleste et la vie bienheureuse. Cherchez ailleurs, je vous le conseille.

CHAPITRE III

SECONDE STATION DE L'ILLUSION. — OÙ TROUVER LE BONHEUR ? — ARTS. — SCIENCES. — BONHEUR APRÈS LA MORT.

— Vos paroles sont sévères, et un maître tel que vous a le droit de tout dire. Cependant vous n'avez pas encore extirpé en moi l'espérance du bonheur.

— Que dis-tu, homoncule ?

— J'espère encore être heureux.

— Après mes démonstrations, croire encore au bonheur ! Quelle ignorance, mon cher ! Où as-tu donc étudié ? En France, probablement ?

— Oui.

— Je le devinais ; mais où comptes-tu trouver le bonheur ?

— Sur cette terre.

— Ah ! C'est de l'entêtement, après tout ce que je t'ai dit. Et comment comptes-tu y parvenir ?

— Écoutez-moi avec indulgence. Il me reste encore deux ou trois espérances, que vous n'avez pas extirpées ; je m'y attache en secret, sauf votre bon plaisir.

— Et la première de ces espérances, quelle est-elle ?

— Je vais vous l'avouer : c'est l'art ; ou comme vous dites savamment : l'esthétique. Eh bien, oui, je m'en confesse ; j'éprouve quelquefois un vrai ravissement pour un tableau, une symphonie, un poëme, une statue, et même, quoique cela soit plus rare, pour une page de philosophie. Qu'est-ce donc que cela, maître des maîtres ? N'est-ce pas être heureux ? N'est-ce pas jouir du beau et du bien à la fois ? Excusez-moi, si je me trompe.

— Vraiment, tu as mieux répondu que je ne l'attendais d'un Français. Tu as certainement lu cela quelque part dans un traité allemand, tels que nous en avons un grand nombre. Je t'accorde, en conséquence, une partie de ce que tu viens de dire. Mais écoute avec docilité ce que je vais te répondre.

D'abord je te confonds par l'opinion de Schopenhauer, lequel a démontré que le plaisir de l'art est seulement une absence de douleur. Si donc tu avais lu et compris cet auteur, tu saurais qu'en voyant un beau tableau, une statue, en écoutant le trio des masques dans *Don Juan*, tu n'éprouves pas un plaisir positif, mais seulement il y a chez toi un moment de trêve à tes pauvres pensées et au dégoût de l'existence qui doit naturellement te ronger. Après cela, songe donc, mon ami, combien il y a peu de gens sensibles aux beautés de l'art ; combien moins encore qui produisent. Souvent on fait semblant de sentir ce que l'on ne sent pas du tout ; avoue-le-moi, toi-même en es la preuve.

Dans l'art, les seuls moments doux et précieux sont ceux de la composition, de l'inspiration. En es-tu capable? Non, évidemment. Pense, je te prie, au troupeau de dilettantes dont tu fais, sans doute, partie. Ils ne voient dans les arts qu'un joujou pour faire valoir leur chère petite personne. Pense à ces malheureuses jeunes filles qui se destinent à enseigner la musique. Écoute ce malheureux, impitoyable piano sans âme, ces morceaux de salon, qui grincent et clapotent. Ose soutenir que la musique n'est pas pour les filles une pure affectation, un enseignement systématique de vanité. Puis, enfin, grand amateur du beau, comptes-tu pour rien les difficultés que l'on trouve à jouir de l'art, la fatigue de se tenir debout dans les longues galeries, la chaleur, les courants d'air, l'étroitesse des théâtres et des salles de concert, la peine de voir et d'entendre, et, pour tout dire, le danger de se refroidir à travers les marbres et les statues d'un Musée ?

— Si l'art me manque, un refuge me reste, la science.

— Tu arrives trop tard. Nous autres Allemands, nous avons tout découvert ; il ne vous reste plus que de grossières applications à faire. Nous n'avons plus besoin de génies tels que toi ; le technique est tout ce que nous t'avons laissé. Mais en quoi le technique sert-il au bonheur ? Te sens-tu plus heureux depuis qu'il y a des chemins de fer ? Si tu veux être sage, conclus donc avec moi que, pour les habitants de la terre, le plaisir dû à l'art ou à la science est fort peu de chose, en comparaison des misères attachées à toute vie.

Les hommes qui peuvent jouir de ces biens sont précisément ceux qui sentent le mieux les pointes de fer de l'existence. Car une chose que tu ne me nieras pas, c'est que les moins sensibles des hommes, ceux qui ont le système nerveux le plus obtus, ceux qui sont le plus étrangers aux jouissances des arts et des sciences, sont précisément les individus les plus dignes d'envie.

Voilà pourquoi les classes inférieures et les peuples grossiers sont incomparablement plus heureux que les classes dirigeantes et les peuples cultivés ; non parce qu'ils sont plus pauvres, mais parce qu'ils sont plus grossiers et plus épais. Tu vois aussi par là, que les animaux sont plus heureux que les hommes. Un bœuf, surtout un cochon, vit à peu près sans souci, comme s'il suivait les leçons d'Aristote. Combien le cheval, déjà plus relevé, est plus misérable que le cochon, et surtout que le poisson, dont le système nerveux est si obtus ! Et le poisson est plus misérable que la plante, la plante plus misérable que la pierre, jusqu'à ce qu'enfin nous atteignions le degré zéro au-dessous de la conscience. Alors, seulement alors, nous voyons s'évanouir la peine individuelle.

Voilà, mon cher, pour le bonheur de cette vie. Il consiste dans le zéro du sentiment, dans ce qui se rapproche le plus du non-être, cet idéal auquel nous aspirons. Ce serait peut-être le sommeil, si la moelle et les ganglions ne conservaient encore quelques vestiges de sentiment caché, et comme un dernier chatouillement de conscience. D'ailleurs, après le sommeil, vient la douleur cuisante du réveil, car c'est là l'inévitable. Retrouver le sentiment de la vie après l'avoir perdu, quel malheur ! Penses-tu qu'un homme puisse retrouver avec joie la lumière ? Pour moi, je ne le croirai jamais. Qu'espères-tu donc?

— Encore une fois, le bonheur.

— Mais s'il n'existe pas ; si, toujours, le mal l'emporte sur le bien ? Il s'ensuit que l'espérance est nulle et absurde, qu'elle n'est là que pour nous duper, pour faire de nous un monde d'insensés. Ce qui reste comme unique objet d'espérance, c'est de chercher le moindre malheur possible.

Amour, vanité, ambition, gloire, religion, voilà donc ce qui nous cache les pauvretés de l'existence. Joignons-y encore, si tu veux, l'envie, les mécomptes, le deuil du passé, le repentir, la haine, le plaisir de la vengeance, nous aurons fait le tour de la vie humaine. Es-tu content ?

— O maître, je ne disputerai pas contre vous. A mesure que vous parlez, je vois fuir le rivage de la vie. Je renonce, puisque vous le voulez, à tout espoir de mon vivant ; mais je porte mes pensées plus loin. Je compte sur le bonheur à venir après la mort.

— Nous y voilà. Je m'attendais à cette conclusion. Le bonheur après la mort ? Rien que cela ? C'est ce que moi j'appelle scientifiquement la seconde station de l'illusion. Sais-tu bien que le désir de l'immortalité est un égoïsme excusable, sans doute, mais enfin, un pur effet d'amour-propre ou plutôt de vanité ? L'individualité, tant du corps que de l'âme, n'est déjà, sur cette terre, qu'une simple apparence. Comment veux-tu que cette apparence ne se dissipe pas dans l'Inconscient ? Tu crois donc exister réellement, mon ami ? Tu n'es qu'un jeu de lumière et cette lumière même s'est trompée en te prêtant l'existence d'une ombre. Que pourrait être, dis-moi, la félicité promise dans une autre vie ? Puisque l'univers est un état d'infortune, le néant seul sera la félicité. Désespère donc, une fois pour toutes, dans ce monde et dans l'autre, vivant ou mort, d'atteindre le bonheur avec ton cher *moi*. Il faut t'en dépouiller, il faut renoncer à ta petite personne. C'est ce que n'ont su faire ni Kant, ni Fichte, ni Schelling.

Effrayés de ne plus sentir la terre sous leurs pieds, ils ont reculé, ils ont restauré le Dieu chrétien. M'entends-tu?

Avançons.

CHAPITRE IV

TROISIÈME STATION DE L'ILLUSION. — CROYANCE AU PROGRÈS. — SUICIDE.

— Ce que je comprends parfaitement, c'est que je dois mettre ma félicité à travailler pour le bien des générations à venir. Toutes les philosophies de mon temps s'accordent en ceci : la croyance au progrès physique et moral du monde et de l'humanité. C'est le dogme qui m'a été enseigné dans les écoles de France et d'Allemagne. Je me placerai sur ce terrain solide. En contribuant à l'amélioration de mon espèce, de ma nation et peut-être de mon individu, je trouverai cette vie bienheureuse que vous avez réduite à néant, dans les deux premières stations de l'illusion. D'homoncule, je deviendrai homme. N'est-ce pas là, maître, ce que vous voulez dire ?

— A merveille. Toujours plus fort. D'illusions en illusions, où veux-tu donc aller par ce chemin ? Tu es à la troisième station, prends-y garde. Ainsi, on croit encore chez toi, en France, à ces vieilleries fripées, progrès, avenir du monde, développement, amélioration des choses humaines ! Et tu prétends avoir philosophé ? Ecoute-moi, et quitte ces absurdes pensées que l'apôtre du monde moderne, Leibnitz, a malheureusement jetées dans les écoles. Schopenhauer et moi, nous avons démontré à satiété que l'optimisme est le point de vue de la platitude et de la trivialité. Tous les bons esprits de nos jours ont pour doctrine le pessimisme.

Ouvre les yeux sur tes prétendus progrès. L'humanité a-t-elle supprimé la souffrance, la maladie, la vieillesse, le besoin, le mécontentement, la dépendance de la volonté sous la volonté d'autrui ? Ce que tu appelles progrès n'est que le sentiment plus vif de la douleur. La plupart des treize cents millions d'habitants de la terre souffrent de la faim. Comptes-tu les rassasier de mots ? Plus ils s'éclairent, plus ils sentent leur infortune. La question sociale n'est rien que la conscience acquise de la misère. Auparavant cette conscience manquait. Il y avait plus de misère, on ne la sentait pas, ou on la supportait comme une grâce de Dieu. La connaissance est venue dans les masses et avec elle le désespoir. Voilà ce que tu appelles progrès.

— Pourtant le monde devient meilleur.

— Dis pire. L'immoralité est aujourd'hui la même qu'au temps de Caïn, seulement plus raffinée. La forme change. La fausseté, la fraude, la chicane ont remplacé les coups de massue de l'homme de l'âge de pierre. Le vice a quitté les pieds de bouc, il va en redingote.

Crois-tu que je ne me sentirais pas plus en sûreté au coin d'un bois, parmi les anciens Teutons, que dans nos villes, au milieu des Teutons de nos jours ? Où donc est le progrès du monde ? L'art ? Les Grecs nous tiendraient pour barbares. La politique ? Coquille vide. L'idéal social ? Il s'agit toujours de diminuer le mal, jamais d'un bonheur positif. L'homme civilisé ne se sent pas le moins du monde plus heureux que dans son état préhistorique. Le progrès général n'est ainsi que la conscience plus claire des horreurs de l'existence.

— Maître, vos conclusions sont désespérantes. L'air commence à me manquer. J'étouffe dans ce monde que vous rapetissez. Où fuir, où me dérober ?

— Pauvre homoncule, crois-tu que la philosophie est faite pour te donner, comme un gâteau, de la consolation et de l'espérance ? La vraie philosophie est dure, elle est froide, elle est inexorable, insensible comme la pierre.

— Moi aussi, je dis comme le disciple à Socrate : « Si j'ai tort de louer le bonheur, je ne sais plus que demander aux dieux. » **Je** ne vois pour moi qu'une retraite. J'y cours de ce pas. Ce salut, vous ne pouvez me l'ôter.

— Où cours-tu ?

— Me tuer. Le fer, la corde, tout sera bon. Je vais me jeter dans le gouffre d'Empédocle, ou, pour parler plus simplement, me jeter par la fenêtre.

— Franchement, tu n'es pas dégoûté ; il semble, en effet, que le suicide soit une conséquence nécessaire de notre philosophie.

Se tuer par le fer, ou par le feu, ou par la corde, est la première pensée qui se présente naturellement aux disciples de la philosophie de l'Inconscient. Se laisser mourir de faim, serait plus logique. Mais tout cela n'est encore qu'illusion. Tu veux mourir de ta main ? Je le crois bien, mon cher. Le suicide est un épicurisme déguisé, un égoïsme raffiné. Cette manière de sauver ta petite personne des inconvénients de l'existence est, en vérité, trop commode. Mais où conduit-elle ? Après tout, un homme de moins dans le monde, qu'est-ce que cela ? Rien du tout. Comprends-moi donc à la fin.

— Je crois y réussir. Vous m'avez ôté cette sotte espérance que l'âge d'or est dans l'avenir. Je ferai comme Jean-Jacques Rousseau, je me rejetterai en arrière dans le passé le plus lointain. J'irai chercher l'image du bonheur à l'origine du monde, au temps de son enfance.

— Quoi ! retourner à ces puérilités de Rousseau ? L'enfance bien heureuse du monde ? Non, non. Si tu retournes en arrière, il faut remonter loin, toujours plus loin.

— Où donc ?

— Avant la création du monde, avant l'apparition du moindre atôme de vie. Essaye seulement ; remonte là d'un bond vigoureux et tu trouveras le bonheur. Comment en finir avec l'existence ? Voilà, mon cher, le problème de la nouvelle philosophie allemande. Anéantir l'individu, est vraiment trop peu de chose. Ce qu'il nous faut, c'est l'universel et cosmique anéantissement de la volonté qui a produit le monde. Il s'agit de hâter, par tous les moyens, le dernier moment de l'univers, après lequel il n'y aura plus nulle part ni volonté, ni activité, ni temps, ni espace. Il s'agit de réaliser le plus promptement possible l'apocalypse du non-être.

— Voilà certes un noble but et j'ai peine à en croire mes oreilles. Vous voulez anéantir le monde, de façon à ce qu'il n'en reste aucun germe par lequel il puisse renaître. Ai-je bien entendu ?

— Oui. Le mieux serait, comme le dit notre Schopenhauer, qu'il n'y eût pas plus de vie sur la terre que sur la lune. Tel est notre idéal. Travaillons avec lui jusqu'à ce que nous fassions de notre globe une surface glacée, nue et vitreuse.

— Et en quoi puis-je vous aider dans cette œuvre de mort? Comment puis-je contribuer pour ma faible part à la mort universelle?

— Tu le peux, si tu veux, en te fortifiant chaque jour dans l'idée que je t'ai inculquée, à savoir, que le monde a été produit par quelque chose de déraisonnable, c'est-à-dire par la volonté qui est tout à la fois la folie et le mal. Connaissant ta misère, tu es parfaitement en état de faire cesser en toi ta volonté, afin de tomber, après ta mort, dans l'anéantissement individuel sans aucun danger de renaître. Fais cela, donne l'exemple; il sera suivi, nous arriverons au but.

CHAPITRE V

APOCALYPSE DU NON-ÊTRE. — LE BONHEUR DANS L'ANÉANTISSEMENT DE L'INDIVIDU ET DU MONDE.

— Après le désespoir que vous avez amoncelé dans mon esprit, je ne demande pas mieux que de cesser de sentir, de respirer, de vouloir, de penser. Mais mon faible concours suffira-t-il pour éteindre la vie animale et végétale, arrêter de mon doigt la mécanique céleste et étouffer l'univers ? Je n'ose m'en flatter.

— Tu es trop modeste. Pour t'encourager, il me reste à te dire le dernier fond de la philosophie pratique à laquelle nous sommes arrivés. C'est ici qu'il faut ramasser le peu d'attention dont tu es capable. Hegel croyait que le but de l'univers est de donner à l'esprit conscience de lui-même ; il croyait que l'esprit, comme le beau Narcisse, se plaît à se mirer éternellement dans la nature et dans l'humanité. Hegel se trompait. Le but du monde est de manifester la supériorité éclatante du non-être sur l'être, si bien que le monde entier aspire à l'anéantissement et que le

Créateur, ou plutôt l'Inconscient, répare sa faute en rejetant dans le néant ce qu'il en a tiré par l'inadvertance et l'erreur d'un moment.

— Parlez-moi plus clairement, je vous en prie.

— C'est ce que j'allais faire pour me proportionner à ton intelligence. Passons donc de la théorie à la pratique. Pour le succès de l'œuvre d'anéantissement physique et moral de l'univers, je dis qu'il y a trois conditions à remplir, lesquelles sont bien près de se réaliser.

La première exige que, dans la plus grande partie du monde, l'esprit de l'homme règne sans partage. Car c'est ainsi seulement que l'anéantissement de la volonté peut s'imposer à la nature entière, et c'est de quoi il s'agit. Or, nous voyons que l'homme diminue les animaux et les plantes, partout où il est le maître. Grâce aux progrès de la chimie et de l'économie agricole, tu vois la population humaine augmenter sur le globe. Il s'ensuit que l'esprit et la volonté de l'homme finiront par se substituer à l'esprit et à la volonté de la nature. Le moment viendra où il suffira à l'espèce humaine de vouloir pour étouffer la vie de l'univers.

Seconde condition de la victoire : il faut que la conscience de l'espèce humaine soit pénétrée du malheur d'exister et qu'elle arrive à un fervent désir du non-être. Ce sentiment deviendra un nouveau fanatisme ; car avec l'âge le pessimisme augmentera. Il ira jusqu'à absorber tous les instincts moraux. Déjà, ne vois-tu pas, dis-moi, que nous avons sous nos yeux les symptômes les plus évidents de la décrépitude de l'humanité ? C'est un avare qui couvait des yeux sa cassette où il croyait posséder des trésors. Un beau jour, il ouvre la cassette et la trouve vide. Voilà l'humanité actuelle. Ou plutôt, elle est comme le vieil Œdipe à Colonne qui, aveugle et chancelant, veut se précipiter dans le non-être. Comme tout vieillard, il ne lui restera bientôt plus qu'un désir : repos, sommeil éternel sans rêve. L'heure approche où l'humanité reconnaîtra enfin la folie de tous ses efforts. Elle n'aspirera qu'à la privation de la douleur, c'est-à-dire au nihilisme, au nirvâna.

Voilà, cher ami, l'espérance qui me soutient et que je partage volontiers avec toi.

Il est une troisième condition. Celle-ci est presque entièrement accomplie. Vois les chemins de fer, les bateaux à vapeur, les fils du télégraphe tendus à travers les steppes et les déserts. Cela ne te remplit-il pas d'une joie infinie ? Oui, tes regards me répondent. Mais sais-tu bien d'où te vient cet enthousiasme inconscient ? Je vais te le dire. C'est que la facilité des communications permettra à l'espèce humaine de prendre une résolution définitive, dans un moment solennel. Il sera dès lors possible, après discussion et a la majorité des esprits actifs qui composent l'esprit humain, d'embrasser pour dernière conclusion le ferme projet d'anéantir la volonté et avec la volonté l'existence universelle. Ce dernier point dépend de l'état de la population et des applications habiles qu'elle saura faire des découvertes scientifiques. Pour ce résultat final, la soustraction du monde et les moyens pratiques de revenir au grand zéro, notre but suprême, je laisse à ta fantaisie la liberté de se donner carrière.

— Voilà donc votre dernier mot. Je dois chercher dans les progrès de la science les moyens d'étouffer la vie de toute créature et principalement de l'espèce humaine. Comment l'entendez-vous, maître ? Espérez-vous asphyxier l'espèce humaine par quelque gaz encore inconnu, comme on étouffe les abeilles dans la fumée pour leur prendre leur miel ? Le plus simple ne serait-ce pas que, d'un commun accord, l'homme se refusât à engendrer son semblable ? Périr sans postérité, oui, voilà le secret trouvé. Ou bien espérez-vous décider par votre éloquence, dans un congrès universel, le genre humain à se jeter sur un grand bûcher de Sardanapale ? Ou encore, trouverez-vous plus philosophique de le faire mourir de faim, après que vous aurez absorbé toute la substance alimentaire, végétale ou animale? Permettez. Ne serait-ce pas mieux encore de le noyer jusqu'au dernier homme dans un déluge fait de vos mains, quand vous aurez, par le progrès de l'hydrographie, déplacé les océans ? Vous le voyez, vous avez déchaîné ma fantaisie. Je m'enivre après vous de ce rien éternel. Marchez, maître, je vous suis à grands pas dans le vide. Je me reposerai quand, à la place de l'infinie circonférence des cieux, j'aurai posé un grand zéro. Alors enfin je serai heureux ; mon calcul sera achevé.

— Tu te presses trop ; en cela tu montres bien la légèreté incurable de l'esprit français. Nous voilà, je le suppose, débarrassés de ce monde. C'est beaucoup, je le reconnais. Est-ce tout ? Hélas, non. Ici, au contraire, commence pour moi la plus cuisante inquiétude. Tu ne connais rien de ces douleurs philosophiques qui me transpercent au moment même où il te semble qu'ayant atteint le vide nous pouvons chanter victoire. Eh bien, sache quelle angoisse me prend ! Ah ! mon ami, si la vie allait recommencer ? Si ces mondes étouffés ou détruits allaient renaître ! Si, du parfait néant où nous nous délectons d'avance, devait sortir de nouveau un germe d'existence ! Si les soleils éteints allaient se rallumer, comprends-tu ce nouveau désespoir, pire que tous ceux que je t'ai enseignés dans les trois stations de l'illusion ? S'il restait une seule chance de reparaître à un atôme de vie ! Or çà, mon cher, c'est ce qu'il faut examiner de sang-froid. Car ce danger existe, et je dois en calculer exactement tous les retours possibles. Ni toi, ni aucun homme de ta race, vous n'avez jamais imaginé rien d'approchant à ce que je vais te dire. Penses-y. Quel avantage y aurait-il, si l'humanité s'éteignait, en cessant d'engendrer, ou par toute autre cause, et si le pauvre univers continuait de subsister à l'écart, ou pis encore, si l'Inconscient saisissait la première occasion venue de créer un nouvel homme, ou quelque autre type semblable ?

Toi-même tu avoueras que ce serait un nouveau pas dans la désolation de la désolation. Or, cette chance existe ; oui, la possibilité reste ouverte que l'Inconscient recommence la faute commise déjà une première fois par le caprice de la création. Oui, il est dans les possibles que l'Inconscient qui n'apprend jamais rien de l'expérience, se décide encore une fois à vouloir, c'est-à-dire que l'œuvre du monde se répète, se renouvelle, et non seulement une fois, mais souvent et presque de la même manière ; car la volonté est insatiable ; c'est la puissance de l'infini.

— Vous me faites frémir. Je m'étais déjà si bien accoutumé au néant.

— Mets-toi dans l'esprit qu'après cette fatale

expérience de la création, le Créateur n'aura rien appris, ni rien oublié. Il sera exactement ce qu'il était auparavant ; car il n'a ni mémoire, ni réflexion.

Le long tourment de l'existence ne l'aura point corrigé ; s'il vivait encore dans les conditions du temps, il est à peu près certain qu'il retomberait dans le même faux pas. Mais comme nous le confinons hors du temps, dans une vide éternité, il ne trouvera dans ce vide rien qui puisse le déterminer à vouloir ou à ne vouloir pas. Les chances seront égales pour l'être ou le non-être. Nous aurons à parier un contre un, qu'il ne se refera plus de monde visible ; et, pour la pratique, ce n'est pas là un avantage à dédaigner. Ajoute encore ceci : Pour peu que l'éternité se prolonge, la vraisemblance d'une nouvelle création deviendra si petite, qu'elle suffira, dans la pratique, pour que nous soyons tranquilles. C'est comme si, jouant à croix ou pile, le hasard ramenait la croix un million de fois. Tu serais mathématiquement sûr en pariant pour la croix. Sois donc en paix sur ce sujet. Débarrassons-nous d'abord du monde actuel et ne craignons pas le monde futur. Nous l'étoufferons dans l'œuf.

— Je le souhaite comme vous. Mais la tête me tourne. Vous m'avez si bien ballotté, en quelques moments, entre l'être et le non-être, que je ne sais plus où je suis. Tout disparaît à mes yeux, ciel et terre ; suis-je éveillé ou endormi ? Il me semble que je ne suis plus que le rêve d'une ombre, comme dit Pindare.

— Voilà justement l'effet que ma philosophie produit. Jouis de cette heure d'anéantissement. Tu me la dois ; elle passera trop tôt. Crains seulement le réveil. Je n'ai jamais vu un homme se réveiller de bonne humeur.

LIVRE SEPTIÈME

L'ESPRIT NOUVEAU DANS LA PHILOSOPHIE
RÉPONSE A LA PHILOSOPHIE DU DÉSESPOIR

CHAPITRE I

LE VAINCU CONSOLE LE VAINQUEUR. — DE L'HORREUR DE L'EXISTENCE DANS L'INDE ET EN JUDÉE. POURQUOI ?

Après ce cauchemar métaphysique, dont je ne saurais calculer la durée, je me suis réveillé seul, comme si j'étais sorti d'un froid enfer. Mon premier sentiment fut une pitié sans bornes pour cette philosophie du désespoir. J'aurais voulu retrouver mon docteur. Oubliant le mal qu'il m'avait fait, je me sentais la force de le consoler.

Je le cherchais autour de moi pour reprendre le dialogue interrompu; mais je ne vis sur ma table qu'un livre où toutes les pages étaient brouillées, d'ailleurs savant en toute matière, mêlé çà et là d'équations algébriques, traitant de l'Inconscient avec une conscience scrupuleuse, effrayant et attirant comme un livre de magie. Je n'osais le rouvrir, j'en étais encore tout possédé. M'adressant en esprit à son auteur, que je soupçonnais caché sous une de ses formules, voilà donc, lui dis-je, le dernier mot de l'Allemagne ? Le désespoir en toute chose.

Oh ! que les temps sont changés, depuis ceux où moi-même j'écrivais, dans mes jeunes années, au milieu des docteurs de Heidelberg, que l'Allemagne s'enivrait d'espérance ! On croyait alors s'ouvrir, avec les formules de Schelling, tous les mystères de la nature. Les marronniers de Heidelberg étaient en fleurs sur la montagne. J'en suivais les sentiers avec Creuzer, l'auteur de *la Symbolique*, qui avait la foi de Proclus et de Plotin. Il me parlait de leur religion de la beauté, les ruines souriaient autour de nous.

Qu'est-il arrivé depuis ce temps-là ? Vous êtes vainqueurs et vous êtes au désespoir. Pour moi, je suis des vaincus ; pis que cela, j'assiste à ce qu'il y a de plus hideux sur la terre, le triomphe de l'hypocrisie ; et c'est moi qui veux vous consoler. Le vaincu consoler le vainqueur ; convenez que cela est étrange.

Je vous confesserai que vous avez sur moi un

immense avantage, qui devrait à lui seul vous pénétrer de joie. Vous parlez en liberté; en liberté, entendez bien ce mot. Vous pouvez dire ce que vous pensez ; et moi je ne puis dire ce que je pense que sous l'œil de noirs ennemis, qui déjà m'ont ôté par avance les honneurs de la sépulture, à moi et à tous ceux qui pensent comme moi. Jouissez donc de cet avantage insigne. Développez en paix votre intelligence. Frappez à toutes les portes de la pensée, sans que nul vienne vous fermer la bouche et vous dire : Halte-là ! Accroître votre esprit, chercher la vérité, au risque de vous tromper; tenter les voies nouvelles, dans le ciel et sur la terre, voilà le bonheur, et vous le possédez. Personne ne vous le dispute. Pour moi, je ne possède rien de semblable. La liberté de penser, si je la pratique, m'est imputée à crime. Où la borne doit-elle s'arrêter ? Là où il plaît à ceux qui font profession de ne pas penser. Comprenez-vous ce supplice, pour une intelligence née libre comme vous : trouver partout l'obstacle, l'arbitraire, le faux bon goût, la fausse convenance, la calomnie qui compriment la pensée, parce que toute pensée leur est un scandale ?

Eh bien, ce supplice, je l'éprouve dans mon for intérieur, à chaque pas, à chaque aspiration. Je suis tombé en esclavage, et c'est moi qui entreprends de vous consoler.

Vous dites que la nature et le monde ne sont qu'illusion et tourment. Cette idée n'est pas neuve. Je la comprends dans le bouddhisme de l'Inde, au milieu des castes inférieures, écrasées sous le fardeau du jour. Tout devait leur faire maudire la vie. Nul espoir pour elles d'échapper à l'oppression des maîtres. Oh! que je conçois, dans cet esclavage sans espoir, l'appétit du néant! C'est là que se reposeront le Soudras, le Paria : c'est là qu'ils se rafraîchiront du tourment de l'existence sous le long fouet des classes dirigeantes. Oui, ils doivent adorer le non-être. Je ferais comme eux, si je croyais aux oppresseurs éternels. La religion du néant est l'effet naturel d'un excès de douleur, tant de l'âme que du corps. En êtes-vous là, docteur? Homme heureux, vous pouvez penser en liberté, même l'absurde, et vous accusez la vie!

Je comprends encore l'horreur de l'existence et de la nature à une autre époque du monde, par exemple, dans les pauvres bourgades de Judée, au temps de la naissance de Jésus-Christ. Opprimées, rançonnées par les Romains, que pouvait être la vie dans les masures du lac de Galilée? La terre occupée par les conquérants se dérobait sous les pas des indigènes. Quel horizon de pensées s'ouvrait aux pêcheurs de la Tibériade? Misères physiques, misères morales, partout. Qu'ils se soient dégoûtés de la terre quand elle ne leur appartenait plus, est-ce étonnant ? Voir au seuil l'envahisseur maudit, vous ne pouvez plus concevoir cette douleur. Moi je la conçois trop bien, et surtout d'un peuple jaloux, ennemi de tous les autres. Privé de sa nation et, pour mieux dire, de sa race, la terre dut lui paraître une vallée de larmes. Il dut se faire une religion de mépriser tout ce qui est visible. Il aspira à quitter ce monde de tourments, préparation naturelle à l'ascétisme chrétien.

Mais vous, Allemands, en êtes-vous là ? Avez-vous perdu votre patrie, votre nationalité ? La terre allemande s'est-elle dérobée sous les pieds des Allemands ?

L'horreur de l'existence était un sentiment né des choses, chez les bouddhistes de l'Inde, chez les Juifs précurseurs du Christ. Chez vous, un sentiment pareil ne peut être qu'un jeu d'esprit, la plainte philosophique du sybarite. C'est le pli de la feuille de rose qui vous fait jeter ce cri de désespoir métaphysique.

CHAPITRE II

CONFIDENCE. — EXPÉRIENCE SUR MOI-MÊME. — LA VIE M'A-T-ELLE TROMPÉ ? — LA JEUNESSE. — LA VIEILLESSE.

Vous n'admettez qu'un instant, un éclair de joie dans l'existence humaine, c'est l'adolescence. Vous faites grâce à la fleur de la jeunesse, parce qu'elle ne dure qu'un moment. Le plaisir, dites-vous, peut s'y rencontrer par surprise. Mais ce moment passé, tous les âges de l'homme appartiennent irrévocablement au mal, au désespoir. Quant à la vieillesse, comment en prononcer le nom et tolérer des calamités qu'elle traîne à sa suite ? C'est elle qui donne à la vie son vrai sens. Et ce sens est : désolation, dépouillement, malédiction. Voilà votre sentence.

Si la vie est un si grand mal, vous devriez, au contraire, célébrer comme l'âge du bonheur celui où elle commence à manquer, où le non-être s'approche et s'annonce par les signes avant-coureurs que vous savez si bien découvrir au dedans et au dehors. Vous seriez conséquent avec vous-même, si vous faisiez de la décrépitude le moment favorisé, auquel doit aspirer toute créature en possession de la plénitude de l'existence. Les jeunes gens, au lieu de désirer que leur jeunesse se prolonge, nés d'hier, voudront avoir les cheveux blancs. Leur désir sera de se réveiller demain, chargés d'années, couverts de rides. Car il ne s'agira pas de lutter contre le travail du temps, d'en réparer les outrages, mais de découvrir le moyen de précipiter la jeunesse vers la vieillesse et la vieillesse vers la décrépitude.

Que vos doctrines cadrent mal avec l'expérience que j'ai faite de la vie! Je vous étonnerais, en vous disant que l'âge où j'ai le plus souffert, celui où j'ai le plus senti le fardeau de l'existence, le seul où j'ai désiré la mort, a été la jeunesse. Non que je fusse dans des circonstances plus fâcheuses qu'un autre, mais par une raison qu'un philosophe doit comprendre. La jeunesse m'a été amère, parce que je sentais de trop près les bornes de ma raison, trop de vide dans mon intelligence, trop de difficultés à le combler, la formation de ma pensée encore dans le chaos, c'est-à-dire mon être encore trop incomplet, trop au-dessous de ce qu'il pouvait devenir. Ce chaos dont je ne pouvais sortir, ce premier désir de la lumière et ces épaisses ténèbres qui s'obstinaient partout en moi, cette interrogation que j'adressais à chaque chose et qui n'obtenait pas de réponse, voilà la douleur intolérable qui ne me laissait de repos ni jour ni nuit, dans mes belles années.

Une fièvre ardente qui me dévorait pour le beau inaccessible, une recherche haletante du vrai, jamais satisfaite, une soif inextinguible d'idéal, un chemin raboteux vers je ne sais quel sommet ; à peine y étais-je arrivé, il fallait repartir pour chercher au delà ce qui n'existait pas. Et dans ce travail, une attente, une insomnie, une angoisse cuisante, une inquiétude continue de corps et d'esprit, pas un jour, pas une heure où j'eusse pu dire : C'est le repos, arrêtons-nous ici.

Voilà ce que la jeunesse a été pour moi, et, encore une fois, je ne puis l'attribuer qu'au vif sentiment de ce qu'il y avait d'inachevé, de tronqué dans mon être. Rien ne pouvait assouvir même pour une heure ce qui me semblait être la soif de l'infini. Je marchais comme dans un désert de flamme.

Pourtant, j'avais, moi aussi, des amis auxquels je me donnais tout entier. Mais à peine les avais-je rencontrés, je sentais qu'ils étaient incomplets comme moi. Je leur communiquais mon inquiétude, et ils ne me donnaient point le repos.

Comment aurais-je pu jouir de quelque chose ? Je ne voyais pas, je n'entendais pas. Que faisais-je donc ? J'attendais. Mais quoi ? Une chose qui ne venait jamais et que je ne savais comment nommer. Partout où j'étais, je sentais comme le mal du pays. De quel pays, direz-vous ? D'un pays inconnu que je ne devais jamais voir et qui m'attirait par un attrait invincible. On me demandait : Pourquoi n'êtes-vous pas bien ici ? Pourquoi partez-vous ? Je ne savais que répondre et je partais.

Est-ce là vivre ? C'est pourtant ainsi que j'ai passé la première partie de ma vie, l'âge qui pour tous les hommes est l'âge heureux.

On me disait aussi dans ce temps-là : Tu n'observes pas ce qui est autour de toi. Rien n'était plus vrai. Comment aurais-je observé puisque je ne voyais ni n'entendais ? Je savais seulement que ce que je cherchais n'était pas là et cet instinct ne m'a pas trompé.

Je faisais comme les oiseaux sauvages qui, dans un fourré épais, sans avoir observé les plantes et leurs fruits, connaissent très bien ceux qui leur nuisent et s'en détournent d'eux-mêmes. Il est de fait que dans cet âge qu'on appelle celui des illusions, je n'ai eu aucune illusion, et que pas un être ne m'a trompé ni à cet âge ni à aucun autre.

A l'heure même où j'écris ces lignes, en des jours difficiles, je ne puis dire que le monde et la vie m'aient abusé. Chacun est resté conforme à ce qu'il annonçait. Chacun, suivant sa voie, portait inscrit sur son front ce qu'il devait dire ou faire plus tard. Ne l'accusez pas de vous avoir trompé. Il avait écrit sur son visage ses actions futures. Accusez-vous seulement de n'avoir pas su lire.

Quand la vieillesse est arrivée, je l'ai trouvée incomparablement moins amère que vous ne prétendiez. Oui, si je ne craignais de passer pour paradoxal, je dirais que les années que vous m'annonciez comme le comble de la misère et de la détresse, ont été pour moi plus douces que celles de la jeunesse. Plus vous m'aviez épouvanté de cette dernière station de l'existence, plus j'ai été surpris de ce qu'elle m'a offert à chaque pas.

Je m'attendais à une cime glacée, déserte, étroite, noyée dans la brume; j'ai aperçu, au contraire, autour de moi, un vaste horizon qui ne s'était encore jamais découvert à mes yeux. Je voyais plus clair en moi-même et en chaque chose. Ce n'était plus cette attente désespérée d'une clarté qui me fuyait. Dans ma longue route, j'avais recueilli quelques vérités qui, chaque jour, devenaient plus certaines. Elles étaient pour moi comme le fruit de la vie ; sans penser que l'on ne puisse en acquérir de plus précieuses, j'en jouissais comme d'un bien assuré ; ce que je n'avais jamais pu dans les heures angoissantes où je me cherchais moi-même.

Ne dites pas que cette paix avec moi-même et avec les choses est un rassasiement de l'existence, une satiété de la pensée, un engourdissement par lequel je donne moins de prise à la douleur. Non. Expliquez-moi bien plutôt, comment le souvenir de tel jour qui date d'un demi-siècle, si par hasard il se réveille, si l'occasion le rappelle, si un mot le ressuscite, expliquez-moi comment ce jour, ce moment, se précipite sur moi avec la même force qu'au commencement de ma vie, comment la douleur est la même, comment l'obsession est la même ; vous ajouteriez des années aux années, l'intensité de cette pensée ne diminuerait pas. Si le vertige de la douleur prend une fin, ce n'est pas que la vie diminue, c'est qu'il s'y mêle quelques vérités dont l'âme a fait provision ; elle ne se ronge plus elle-même dans le vide et le désert.

Vous affirmez que les sentiments s'émoussent en vivant. Moi, je sens très bien que je vivrais un siècle, je ne m'accoutumerais jamais à ce qui me révolte aujourd'hui. Mensonges à outrance, clameurs d'hommes de proie, défis à la justice, endurcissement dans l'iniquité, perversité tranquille, parce qu'elle se sent impunie, légèreté dans la cruauté, ricanement dans la barbarie, cela me sera aussi nouveau, aussi exécrable dans mille ans qu'aujourd'hui.

De même, les âmes belles que j'ai entrevues sur la terre, ne s'effaceront jamais pour moi. Elles m'apparaîtront toujours, telles que je les ai aperçues dans l'heure radieuse.

La vie humaine n'est point ce que vous dites ; elle n'est pas une chute continue de la jeunesse à l'âge mûr, de l'âge mûr à la vieillesse. J'ai senti tout autrement l'existence. Ma jeunesse a été triste, mon âge mûr meilleur, ma vieillesse heureuse. La première lueur est devenue lumière ; la lumière vérité ; la vérité repos, paix, bonheur. Voilà quelles ont été pour moi les époques de la vie : une ascension vers la lumière.

CHAPITRE III

PHILOSOPHIE DES ILLUSIONS. — QUE VEULENT DIRE CES MOTS : J'AI PERDU MES ILLUSIONS ?

Vous résumez la nature et le monde dans ce mot illusion. Il est trop facile de mettre dans le creuset l'univers, de souffler sur lui une petite flamme bleuâtre et de dire : Voilà, il a disparu. Cherchez. Même la cendre s'est envolée.

Non, je n'ai pas trouvé le monde et la nature choses si légères que vous dites. Nous avons affaire à un univers sérieux, solide ; il ne m'a trompé en rien. Au contraire, il se donne tout entier à chaque homme qui arrive sur la terre. C'est un don véritable, loyal et non une fausse pièce de monnaie, frappée au coin de l'abîme, par un faux monnayeur. Cet univers est sincère ; il passe d'une génération à une autre génération, sans diminuer, ni s'altérer.

Homme, tu reçois en naissant tout l'univers en pur don. Sache seulement en user. Jouis de sa vérité, de sa grandeur, de son infinité.

Si je hais quelque chose sur la terre c'est le

mot : **J'ai** perdu mes illusions. Quand tu viens à prononcer cette parole, sache que c'est toi qui n'es plus qu'une illusion, c'est-à-dire un masque dont tu **ne parviens même plus à** cacher les ficelles.

Tant que tu es sincère, les choses sont sincères pour toi. Dès que tu veux tromper, il est tout simple que le monde se dérobe et te jette, comme la sépia, sa noire encre au visage.

La femme qui a perdu ses illusions, se fait courtisane.

Le politique qui a perdu ses illusions, se fait réacteur libéral.

Le prêtre qui a perdu ses illusions, se fait jésuite.

Le financier qui a perdu ses illusions, se fait banqueroutier.

Le général qui a perdu ses illusions, livre son armée ; il capitule en rase campagne.

L'ami du peuple qui a perdu ses illusions, se fait César, Tibère, Bonaparte.

Le peuple qui a perdu ses illusions, se fait esclave.

Mais le philosophe qui a perdu ses illusions, que fera-t-il ? Terrible faillite ! Il a perdu d'un coup de dé l'univers. Qui le lui rendra ? Que voulez-vous qu'il devienne, en face du gigantesque zéro qu'il déroule d'un pôle à l'autre ? Une cassette vide peut se remplir de nouveau ; mais l'univers disparu, rasé par une erreur de calcul métaphysique ! Comprenez-vous l'effroyable soliloque du philosophe qui vient de perdre un monde ? Qu'est-ce que le joueur en comparaison ? Le joueur peut méditer un autre coup à la roulette, retrouver une autre chance, vendre sa paillasse pour se refaire un enjeu. Mais le philosophe, où trouvera-t-il un enjeu pour se refaire un univers, meilleur ou pire, du moins existant ? Pour moi, si j'avais perdu cette partie, si j'avais mis, sur une seule carte, terre et ciel, temps et espace, et si de tout cela il ne me restait pas même un peu de fumée, je croirais surtout avoir perdu la raison.

C'est bien assez qu'un philosophe, pour avoir un jour de renommée, ait mis le feu au temple d'Éphèse. Ne mettez pas, nouvel Érostrate, l'univers visible et invisible en cendres ; il en coûterait trop de le rebâtir.

Nul être dans la nature, excepté vous, ne perd ses illusions. Le lion croit à ses griffes, l'oiseau à ses ailes. Tous prennent au sérieux la vie qu'ils ont reçue. Toi aussi, tu reçois, en naissant, une trame pour la remplir ; si, au lieu de cela, tu la détruis fil à fil, tu fraudes les autres et toi-même.

Mais, dira quelqu'un, tous les sentiments humains m'ont trompé. J'aimais cette femme, je l'ai épousée; et j'ai fini par découvrir qu'elle n'est pas sans défauts. Voilà mon bonheur perdu ; car elle n'est point parfaite.

— Croyais-tu avoir épousé une déesse?

— Je me suis fait des illusions sur mes enfants; ils sont jeunes et ils ont les défauts de la jeunesse.

— Pensais-tu qu'ils naîtraient plus vieux que toi ?

— Je me suis fait des illusions sur mon ami. Son amitié pour moi n'a guère duré que cinquante ans.

— Cinquante années dans une vie humaine, les espérais-tu quand elles ont commencé? Le bien a passé ton espérance et tu oses te plaindre !

— J'ai travaillé toute ma vie, mais le travail aussi est un mal. Il n'apporte de jouissance que par l'idée du repos qui le suit.

— Point du tout. La joie de faire ou de créer quelque chose, n'est-ce rien ?

Tu avais reçu comme raison de l'existence un germe d'amour et de vérité, dont ta vie devait être le développement. A un moment donné, tu extirpes en toi cette raison de l'existence. Depuis ce jour tu es sans racine et sans sève.

La sève de l'arbre, le germe de la plante, voilà ce que tu appelles illusion. C'est toi qui es devenu un leurre, un personnage de comédie auquel il faut souffler son rôle, une chimère et la plus misérable de toutes.

Sois vrai, tout sera vrai autour de toi. Le mensonge t'apparaîtra mensonge, il ne te trompera pas. J'ai trop vu les habiles, dupes de leurs habiletés. Illusion, c'est le mot dont tu te sers pour couvrir ta désertion et ta chute.

Vertu, tu n'es qu'un mot. Est-il sûr que Brutus ait prononcé dans son cœur cette parole? Je n'en crois rien. S'il l'a dite sérieusement, c'est le mot qui a perdu le monde. Mais il la dément presque aussitôt dans ses conversations avec ses amis. Dans tous les cas, c'était une citation littéraire d'une pièce de théâtre. Ce mot, emprunté du grec, ne partait pas du fond de la conscience du Romain. C'est la Médée d'Euripide qui a parlé, ce n'est pas Brutus.

D'ailleurs, si Brutus a perdu ses illusions, Brutus a eu le bon sens de se tuer ; il a compris qu'il n'avait plus rien à faire de la vie. Mais vous, le jour où vous nous déclarez que vous avez perdu vos illusions, que faites-vous? Nul scrupule ne vous arrête plus. Vous ne vous percez pas du glaive. Oh ! que non pas ! Vous vous ruez sur tout ce qui brille, argent, or, emplois, honneurs, pouvoir. Vous reniez tout ce que vous avez affirmé. Rien ne subsiste plus de l'homme que vous étiez. Vous détournez la tête, vous fuyez le regard.

Tout a croulé en vous. C'est aussi là un suicide ; oui, mais ce n'est pas le suicide de Brutus.

Dans une vie bien ordonnée, l'instinct qui apparaît dans la jeunesse, s'éclaire dans l'âge mûr, se couronne dans la vieillesse. Voilà un être qui a en soi l'unité nécessaire à toute créature vivante. Mais si la jeunesse est reniée par l'âge mûr, et l'âge mûr par la vieillesse, ce n'est plus là un homme, mais des portions d'homme qui se détruisent, sans pouvoir s'unir et se tenir debout, à aucun moment de l'existence.

Ce monde n'est pas un monde d'illusions. Plus vous le pénétrez, plus vous le trouvez conforme et fidèle à lui-même. L'étoile ne ment pas, ni la goutte de rosée. Vous seul avez le don de mentir, et vous dites : Le monde est faux, il ment.

N'accusez que vous-même.

CHAPITRE IV

SI LA VÉRITÉ FAIT PLUS DE MAL QUE DE BIEN. — PHILOSOPHIE DE LA MAUVAISE HUMEUR.

Les sentiments moraux donnent-ils plus de plaisir ou plus de peines ? Frivole question. Comment ramener la vie universelle au doit et à l'avoir ? Qui fera le compte ? Qui tiendra le registre ? C'est vous-même qui ferez la mesure ? Et si vous l'avez faussée ?

Je vous accorde que toute vérité a coûté cher à celui qui l'a produite. Mettez-vous en balance d'un côté la joie qu'elle a donnée à l'inventeur, de l'autre les peines qu'elle lui a causées ? Galilée aurait-il été réellement plus heureux s'il n'eût pas découvert les quatre satellites de Jupiter ? Le compte achevé, direz-vous : **La vérité a fait plus de mal que de bien, elle est mauvaise, il faut la retrancher ?**

De même de l'amour, de l'amitié, de la justice.

Le monde, selon vous, n'est pas fait pour réaliser la justice en quoi que ce soit. Il n'a pas pour but le droit. Et moi, je répète, au contraire, que l'ordre universel, l'équilibre des mondes est la justice inconsciente, et qu'elle se réalise dans la conscience de l'homme de bien.

Le génie, pensez-vous, est un malheur pour celui qui le possède ; une intelligence qui grandit est, d'après vous, une intelligence mise à la torture. Et moi je crois, au contraire, qu'un esprit qui s'avance vers la lumière s'avance vers la félicité.

Inutiles réponses. J'en ai trop dit, et je m'arrête. A la fin, je comprends que j'ai affaire à ce qu'il y a de plus obstiné dans le monde, au philosophe de mauvaise humeur.

On plaint le désespéré ; on console l'affligé. Mais la mauvaise humeur devenue dogme philosophique ne se réfute pas. Des arts de mauvaise humeur, une littérature de mauvaise humeur, que pouvons-nous faire à cela ? Ah ! plutôt qu'on me ramène aux carrières du désenchantement systématique et de la lycanthropie.

Étonnons-nous seulement que, dans un si grand nombre de moralistes, pas un n'ait eu l'idée de caractériser cette névrose de l'esprit, la mauvaise humeur qui réclame aujourd'hui, avec tant de bruit, sa place légitime dans la vie et dans la métaphysique.

L'homme de mauvaise humeur n'est pas seulement le fantasque, le fâcheux, le bourru, le disputeur; car il n'est pas seulement mécontent des autres, il est las de lui-même, que dis-je? il l'est de la terre entière et de la voûte qui l'enveloppe. Il boude tout ce qu'il rencontre. Il hait le monde et plus encore la solitude, car il lui faut un spectateur pour irriter son mal. Quelle mouche l'a piqué? Une mouche plus intolérable que le *tzé-tzé* de la Cafrerie qui peut tuer un bœuf. Éloignez-vous, fuyez. Il ne veut que piquer à son tour. Il battrait la mer s'il la rencontrait. Et pourquoi? Il ne peut le dire, et c'est ce qui l'exaspère.

Délire d'insecte qui se prend indistinctement au lion et au moucheron.

Maintenant, supposez que cette disposition d'esprit soit portée sur les hauteurs de la philosophie, quelle idée, quelle vérité résistera au philosophe de mauvaise humeur? Qui trouvera grâce devant lui? Assurément ce ne sera ni l'esprit, ni la matière, ni le théisme, ni l'athéisme, ni le panthéisme, ni la vie, ni la mort. Quel affreux saccagement de systèmes, de théories! Le monde est déplaisant; effaçons le monde. Mais le vide aussi est choquant, abolissons le vide. La nature est un grossier vase d'albâtre, brisons le vase. Que restera-t-il au fond de tout? **La mauvaise humeur.**

CHAPITRE V

A QUEL ÉTAT SOCIAL RÉPOND LA PHILOSOPHIE DE
L'ILLUSION ? — LA NATURE ET L'HOMME.

L'homme à de certains temps donne mieux que la nature l'idée d'un monde d'illusion. Car la nature reste ce qu'elle est. Demain, elle sera ce que vous l'avez vue aujourd'hui. Vous pourrez toujours la reconnaître. Mais l'homme ! N'est-il pas vrai que, dans des temps de décadence, il n'est que changement, inconstance, variation ? Vous croyez le saisir ; déjà il vous a échappé. Vous ne le retrouverez plus. Libéral le matin, absolutiste le soir. Aujourd'hui voltairien, demain jésuite ; à midi républicain, au coucher du soleil monarchiste. Dans la même journée il vous aime, il vous hait, il vous oublie. Vous n'êtes plus rien pour lui ; il n'est plus rien pour vous. C'est lui plus qu'aucun objet qui donne l'idée de l'inconstance. En le regardant, vous voyez une apparence qui se transforme, plus changeante que le flot, plus insaisissable que l'ombre.

On compare souvent l'existence de l'homme à

celle de la fleur. Combien d'hommes j'ai vus plus éphémères, plus changeants que la fleur! Elle, au moins, garde son parfum tant qu'elle vit. Mais eux, que devient le parfum de leur renommée, de leurs promesses, de leurs idées premières?

Ces hommes que je rencontre, sont-ce en réalité des hommes? Ne sont-ce pas plutôt des ombres qui passent, se mêlent, se confondent, s'effacent sur la muraille? J'ai peine à en retenir les noms, les figures, tant ils ressemblent à de la fumée.

Quand une nation se décompose, il arrive nécessairement que chaque individu se dément et se renie. Vous ne pouvez saisir nulle part l'être, car l'être c'est le caractère. Et, où le caractère a péri, l'être aussi a disparu.

Dans un monde social de ce genre, le philosophe doit naturellement arriver au système du non-être, de l'illusion, de l'apparence en toutes choses. L'inconsistance qu'il rencontre dans l'homme, il l'étend nécessairement à la nature et à l'univers.

A mesure que la race indoue s'est retirée de toute action, que l'homme s'y est plus effacé, le philosophe indou a étendu cette idée d'évanouissement au monde entier; il est arrivé au bouddhisme, au nirvâna.

La doctrine de l'illusion suppose ainsi pour point de départ une nationalité qui s'évanouit, des caractères qui se dissipent, des individualités qui s'évaporent, et, à la place d'une nation, un grand vide qui se creuse, où tout s'engloutit.

Admettez qu'il ne se trouve plus nulle part dans nos sociétés un point moral résistant, une âme vivante, un esprit qui s'appartienne, il n'y aura plus un seul point solide. La philosophie qui représentera le mieux cette société sera la philosophie du vide et du néant: bouddhisme de l'Occident; aspiration de chacun au repos dans le non-être.

Obtenir le repos aux dépens de la vie publique est le premier pas dans cette voie; le second est de trouver le repos aux dépens même de la vie personnelle.

Nous voyons de nos jours, comment des hommes se lassent de l'existence libre, au point de chercher ce qu'ils appellent tranquillité dans la mort politique et intellectuelle. C'est le premier commencement du nirvâna indien : l'engourdissement de l'esprit. Ceci nous aide à concevoir comment cette même lassitude, ce même épuisement a conduit des philosophes et après eux des millions d'hommes à prendre pour religion le désir passionné du non-être.

Ne plus voir, ne plus entendre, ne plus aimer, ne plus haïr, ne plus penser! Et qui n'a pas traversé une heure funeste où il a dit: C'es assez. Mais c'était là une heure coupable, stérile L'homme digne de ce nom l'a bientôt laissée derrière lui.

Il semble que ce cri défaillant : *C'est assez!* aurait pu partir de la France ; elle avait quelque droit de se dire lasse des conditions de la vie. Défaite et brisée, on se serait moins étonné, si ce renoncement à l'existence avait trouvé chez elle son expression philosophique. Il ne devait pas en être ainsi. C'est de l'Allemagne victorieuse, heureuse, rassasiée, qu'est parti le cri du découragement et du désespoir. Mais il ne deviendra pas le mot d'ordre de notre Occident. Peut-être ne signifie-t-il qu'une chose, la lassitude et l'évanouissement de la métaphysique allemande.

Schopenhauer et Hartmann ont beau imiter Bouddha, une chose leur manquera toujours. La voici : Bouddha était athée ; mais ses disciples firent de cet athée le dieu des dieux.

Ainsi la religion qui compte aujourd'hui le plus de croyants, est née de l'athéisme. Belle réponse à ceux qui veulent enfermer l'homme dans les vieilles orthodoxies. N'accusez pas tant celui qui nie les anciens dieux ; le bouddhisme a montré que certains athées sont plus près du dieu nouveau que les croyants des vieilles Églises.

Voulez-vous échapper à la décadence? Il s'agit de retrouver au fond de l'âme humaine, non pas telle ou telle idole, mais la puissance de croire, d'aimer ou de haïr, c'est-à-dire la sincérité.

Les bouddhistes ont effacé le ciel et la terre qui avaient été faussés. Ils ont fait table rase de l'univers, pour retrouver une parole de vérité. De cette seule parole est sorti un monde nouveau.

Il est arrivé à Bouddha ce qui arrive aujourd'hui à plusieurs écoles philosophiques. L'horreur de l'hypocrisie l'a conduit à ne jamais prononcer le nom de Dieu. Il ne le nie pas seulement, il l'ignore.

Quand la vie morale tarit, il est tout simple que le sentiment de l'immortalité disparaisse. L'immortalité est une puissance de vie accumulée qui a besoin de déborder dans l'avenir. Tarissez la source, le fleuve immortel disparaît. Comment l'âme remplirait-elle les siècles futurs, quand elle ne peut pas même occuper l'heure actuelle?

Conclusion. Ce n'est pas avec les débris d'une vieille religion que l'on refait un monde. C'est en retrouvant sous ses débris le sol vierge de l'âme **humaine.**

CHAPITRE VI

QUE FAUDRAIT-IL POUR ÉTABLIR EN EUROPE LA PHILOSOPHIE DU DÉSESPOIR ?

Qu'est-ce qui a rendu possible dans la religion le nihilisme indou ? C'est la tyrannie des anciennes croyances. Figurez-vous des peuples écrasés sous leurs idoles, les dieux consacrant la domination des hautes classes dirigeantes, Brahma foulant sous ses pieds les classes inférieures, une caste de prêtres, maîtresse absolue d'une race d'hommes, le despotisme divin renaissant de lui-même, des dynasties de dieux s'élevant de chaque chose pour étouffer au passage tout ce qui est resté de l'homme, en un mot, le prêtre mis à la place du genre humain.

Quelle issue resterait pour échapper à l'étouffement ? Une seule, celle qu'a trouvée Bouddha : Nier tous les dieux à la fois, extirper dans la racine et le dieu et le prêtre, faire le vide absolu autour de l'âme humaine, empêcher par là le retour aux anciennes croyances ; embrasser le néant pour se délivrer d'une religion d'esclaves. Fuir des divinités pétrifiées, avides de renaître, se dérober dans l'athéisme, pour s'affranchir du clergé, voilà ce qu'a fait Bouddha. Quatre cent cinquante millions de disciples l'ont suivi dans ce chemin du vide.

Vous vous étonnez que les peuples de l'Inde méridionale, de la Chine, de Java, du Thibet, du Mongol, de Ceylan, aient suivi avec enthousiasme le prophète du néant. Encore une fois, ce fut chez les plus ignorants comme chez les plus éclairés, le même instinct du salut, la même haine du sacerdoce, la même horreur du passé séculaire, représenté par la caste des brahmanes.

Comment se soustraire au jésuitisme oriental ? Aucune réforme n'eût suffi. Si l'on eût laissé la racine, le vieil arbre eût bientôt reparu.

Pour affranchir les êtres grossiers, « aux pensées de singes, » un seul moyen s'est présenté : Extirper l'idée de Dieu dans son germe, montrer ainsi que toutes les divinités, passées, futures, ne sont que des songes; et pour ne leur laisser aucune chance de renaître, effacer du même coup l'univers, tarir l'esprit humain dans sa source, s'enfuir aux dernières limites du vide, ne plus respirer, tout oublier, « extirper les désirs, sembla« bles aux tranchants d'un glaive enduit de miel ; » seul refuge contre le souvenir d'un passé exécré.

Tel est l'effort que l'Extrême Orient a fait pour

s'émanciper de l'esclavage sacerdotal. Il a extirpé le dieu, pour extirper le prêtre. Par cet héroïsme de l'esprit, jugez de ce que l'homme a souffert dans ces temps sans mémoire où la caste sacerdotale était souveraine. Mesurez le mal par le remède.

Que faudrait-il pour que l'Allemagne et notre Occident, suivant le même chemin, se précipitassent à leur tour dans le nihilisme indou ? Je vais le dire. Supposez que, dans notre Occident, de vieilles religions deviennent absolues souveraines des esprits et des corps. Déjà en France, le prêtre a le monopole exclusif des choses et des pensées saintes. Supposez que le brahmanisme européen, le cléricalisme papal et jésuitique, parvienne à s'imposer comme il en a le dessein. Je dis que dans ces circonstances, analogues à celles du haut Orient brahmanique, vous verriez parmi nous un phénomène tout semblable à la révolution religieuse du bouddhisme, à savoir, des écoles de philosophie se précipiter dans les doctrines du nihilisme, pour échapper à l'arrogance, à l'hypocrisie, à la servitude et aux longs fouets du clergé.

Plus le prêtre envahirait, plus l'athée grandirait et se multiplierait en face de lui. Le déisme voltairien du dix-huitième siècle ne suffirait plus contre les fureurs d'une vieille religion qui se croirait souveraine. Il disparaîtrait. En face de la marée montante des superstitions et des oppressions sacerdotales, l'esprit humain traqué chercherait son refuge dans la négation absolue de toute foi. Il traverserait une époque d'athéisme ; et ce ne seraient pas seulement quelques écoles, telles que celles de Schopenhauer et de Hartmann, qui invoqueraient le vide. Tous ceux qui souffriraient sans espoir (et ce serait l'immense majorité), se dépouilleraient de l'ancienne foi, comme de la robe empoisonnée de Médée.

Un brahmanisme occidental, s'il était possible, produirait un bouddhisme occidental. Des peuples entiers désespérés, maudissant l'existence, pourchassés par le prêtre, se plongeraient dans le néant. Ce serait pour eux *la grande délivrance*.

Nos philosophes officiels sont plaisants, quand ils déclament contre cette *triste philosophie de Bouddha*. Oui, sans doute, triste. Mais le monopole de l'orthodoxie l'était-il moins ? Valait-il mieux rester sous la tyrannie du clergé et des castes, ou sortir d'esclavage, par un élan de désespoir ? Valait-il mieux rester sagement et honnêtement dans la servitude éternelle des classes dirigeantes ? Oui, disent-ils, toute révolution est un mal.

Je les reconnais à ces mots. La servitude aujourd'hui et toujours, dans le passé, dans le présent, dans l'avenir. C'est ce qu'ils appellent sagesse. L'humanité n'est pas de leur avis.

Bouddha a été ce que l'on appellerait en France un athée, un révolutionnaire, un partageux, un radical, un socialiste, c'est-à-dire un monstre. Ce monstre a pris sous sa protection les petits, les misérables, les pauvres, les classes inférieures. Il a fondé l'égalité ; il a émancipé religieusement et socialement quatre cent cinquante millions de ses semblables. Il a fait pis que nier tous les dieux ; il les a ignorés. En jetant l'Orient dans un nouveau moule, il a brisé les castes.

Comme si l'Allemagne et la France devaient se contredire en toutes choses, vous avez vu précédemment les philosophes allemands retourner au bouddhisme indou ; par quel chemin ? En passant par les mystiques chrétiens de la fin du moyen âge dont ils n'ont pu s'affranchir. Le premier effet de cette conversion est de perdre tout sentiment de l'histoire et de la vie.

Le plus grand crime de l'homme, disent-ils, c'est d'exister.

N'est-il pas étrange de les voir prouver eux-mêmes que leur philosophie se confond avec le quiétisme de maître Eckart, de Tauler, de Mme Guyon, d'Antoinette Bourignon, qui les ramènent, comme par la main, au Nirvanâ de l'Inde.

Voilà donc où aboutissent tant d'efforts pour escalader les cieux ! Etait-il nécessaire de forger tant de systèmes dans la nue pour revenir à l'orthodoxie des Pères de l'Église ? Après ces labyrinthes métaphysiques, rentrer docilement dans la voie de saint Augustin, de Clément d'Alexandrie ; convier avec eux le monde au célibat, pour hâter la fin du monde ; s'ensevelir vivant pour se punir du crime d'être né ; qui eût pensé que ce devait être la conclusion préparée par les audaces de Kant, Fichte, Schelling et de Hégel, ce « Caliban du monde intellectuel ? » (1).

En France, l'éclectisme s'est éteint dans le jésuitisme. En Allemagne, la philosophie a disparu dans le mysticisme millénaire. Je veux bien que cette seconde manière de finir soit plus noble que la première ; mais c'est toujours une fin. Tout s'est écroulé derrière nous. La cité, en flammes, s'effondre sur nos têtes. Sortons de ces ruines, si nous ne voulons pas en être écrasés. Les morts sont morts ; marchons à la rencontre de l'éternel Vivant.

(1) Schopenhauer.

CHAPITRE VII

LA PHILOSOPHIE NOUVELLE. — L'HOMME DANS L'INTIMITÉ DE L'UNIVERS.

Une force irrésistible entraîne le monde vers des idées nouvelles. L'éclectisme est d'hier, et pourtant rien ne peut nous ramener vers lui ; un infini nous en sépare.

Nous avons vu de nos yeux ses représentants, ses docteurs, ses orateurs ; ils sont aussi loin de nous que la scolastique.

Étrange chose de se sentir envahi par un nouveau flot de pensées, qui vous arrache à l'ancien rivage et vous emporte vers le monde à venir ! J'ai éprouvé quelque chose de semblable, lorsque la marée m'entraînait vers la haute mer, une force tranquille, patiente, indomptable.

Malgré les douleurs contemporaines auxquelles nul n'échappe, je remercie ma destinée de m'avoir donné de vivre dans ce temps plutôt que dans un autre, alors que, de tous côtés, arrivent les prémices d'une philosophie nouvelle.

J'en ai moi-même fourni quelques éléments

dans la seconde partie de la *Création*, et dans ce livre ; mon grain de sable ne sera pas perdu.

Cette philosophie nouvelle n'appartient pas à un seul auteur ; elle se forme sous nos yeux de la pensée de plusieurs peuples. **Toute la fin de ce siècle y concourra et en vivra.**

L'homme s'est lassé de n'étudier que **lui,** de ne voir que lui. Son esprit se stérilisait dans la contemplation de son moi. Il est sorti du monologue sans écho où sa pensée cherchait et épuisait sa pensée. Sous le nom de psychologues, nous avons vu des hommes passer leur vie à s'écouter intérieurement, à se chercher, sans se trouver jamais, sourds à la voix du ciel et de la terre. Dans ce confinement, ils n'avaient pas l'exaltation du désert, ils en contractaient l'aridité.

Sortons de cette solitude interne. **Ne nous cloîtrons pas dans le moi scolastique.** Notre étude de l'âme n'est plus confinée en nous-mêmes. Dans tout ce qui végète, sent, respire à travers le monde organisé, nous sentons une préparation de notre conscience. Pour la première fois, l'homme entre dans l'intimité de l'univers.

Ce n'est plus le dialogue stérile de l'individu avec son ombre. C'est un dialogue avec chaque être, depuis le plus éloigné jusqu'au plus proche. L'homme écoute, non plus seulement le battement de son sein, mais la pulsation et le rhythme de toute vie. Il interroge chaque fibre, et chaque fibre lui répond. Par là, on pourrait, de nos jours, se représenter l'état de conscience de tous les êtres vivants, et se faire une psychologie de tout le règne animal.

Certes, c'était une manie antiphilosophique d'admirer la nature dans son immensité et de prétendre n'avoir rien de commun avec elle. Manie de parvenu ; hautain parce qu'il est étroit. L'homme se glorifiait et se lamentait d'être seul dans la société des mondes. Que de soupirs, de gémissements j'ai entendus sur cet isolement de l'homme jeté seul au milieu des créatures indignes de l'approcher !

J'ai vu l'esprit philosophique se transformer en peu d'années. Dans ma jeunesse, régnait le spiritualisme officiel. Quand je pense avec quel orgueil, quelle intolérance, et comme il avait peu d'influence sur la conduite de la vie, je ne puis regretter sa chute. Evidemment il n'était qu'un thème, une convenance, une attitude altière, pour les meilleurs un beau sujet de versification, une rêverie du soir. S'il s'est si vite évaporé, c'est qu'il n'était qu'une apparence, un parfum.

Où sont les libéraux spiritualistes ? Ces générations ont passé, sans se souvenir de leur doctrine. Le spiritualisme officiel, identifié avec le jésuitisme, il faut bien découvrir autre chose.

Viennent donc des pensées plus fortes, moins subtiles, puisées à la source de la vie universelle! Elles ne se disperseront pas en fumée. Elles auront pour témoin, non un docteur, mais la nature entière, dans ses trois règnes. Elles ne seront pas moins hautes, et partout elles auront des fondements dans le visible et l'invisible.

CHAPITRE VIII

PACIFICATION DE L'ESPRIT HUMAIN. — VICTOIRE DE LA VÉRITÉ SUR LA PEUR ET SUR LA MORT.

Le commencement de ce siècle a retenti d'une plainte uniforme ; nos livres, nos poëmes en sont pleins. Vous avez tous bu à la coupe du désenchantement.

Mais cet isolement de l'homme au sein des mondes, qui l'avait fait, si ce n'est l'homme ? Il en tirait vanité et prenait plaisir à se désespérer. Une littérature entière naquit de ce soliloque de l'âme humaine volontairement séparée de l'univers entier.

Qui n'a les oreilles pleines de ce long gémissement où la vanité humaine jouait si bien son rôle : seul, toujours seul, en face du monde désert, pas un écho, dans l'immensité, pas une fibre qui réponde !

C'était là le thème continu, et l'on ne peut dire aujourd'hui si ce ne fut pas un amusement de la fantaisie. A force de se répéter, il s'empara de l'esprit ; chacun, prenant plaisir à s'isoler, se fît le centre d'un univers vide. Quand les épreuves sérieuses arrivèrent, les âmes, nées sous cet astre, légères dans leur désespoir, se trouvèrent infirmes et se dissipèrent d'elles-mêmes.

Ce point de vue ayant eu pour conséquence le délabrement de l'âme humaine, nous ne pouvons ni ne voulons y rentrer. Au lieu de l'isolement systématique de l'homme, nous voulons le replacer en compagnie de l'univers. Et de cette association naîtra l'esprit nouveau qui n'aura rien à craindre des idées maladives qu'enfante l'isolement.

Si une tendance entraîne notre siècle, c'est à porter l'esprit de toutes les sciences dans la philosophie. Chacun y arrive par le chemin qui lui est propre, et tous se reconnaissent dans la même pensée. Base plus forte qu'aucune de celles qui ont supporté les générations précédentes. Si vous jugez d'un édifice par les fondements, il faut croire que les générations à venir ont un immense édifice à élever, puisque les fondements qui déjà sortent de terre, sont les plus solides qui aient été donnés à une œuvre humaine.

Matérialisme, spiritualisme, qui nous délivrera de ces mots à double tranchant ?

Quand j'entends un matérialiste, l'horizon se borne, l'univers se stérilise. Quand j'entends un spiritualiste, la réalité disparaît pour faire place au convenu. Reste une vapeur que je ne puis saisir. Ixion embrasse la nue ; la vie s'échappe.

Je ne puis m'enfermer ni dans l'un ni dans l'autre de ces cercles. Ouvrez-moi un univers plus grand. Celui que vous m'offrez n'est qu'une coterie.

Gaston n'a qu'une pensée : vivre grassement, sans rien faire, compter ses rentes, s'étaler au soleil, rassasier ses cinq sens. Que ne peut-il s'en donner de nouveaux? Toutes les jubilations de la chair reluisent sur sa face. Comblé de matière, il aspire à s'y plonger encore. Gaston est un spiritualiste.

Jacques a le teint hâve et plombé; ni pain, ni gîte assuré; l'air lui manque dans sa soupente, d'où il ne voit qu'un point du ciel. Il a faim, il a soif, il maigrit à vue d'œil. Son corps exténué ne sera bientôt plus qu'une ombre; toute matière l'abandonne et le fuit. Jacques, dites-vous, est un matérialiste.

Avouez que cela est plaisant.

N'évoquez plus le spectre du matérialisme. Assez de spectres. Sortons des limbes. Avez-vous peur de vous mésallier en épousant l'esprit des mondes? Étrange matérialisme, qui partout aperçoit un infini vivant, une force qui dure sans s'user, persiste sans décroître, se communique sans diminuer, se transforme sans se perdre, mouvement, chaleur, lumière, vie. Que deviennent les vaines terreurs? Vous aussi vous êtes une force que les éternités n'useront pas ; est-ce là trop peu pour vous ? Vous aurez les destinée de la force infinie ; est-ce là déchoir de vos origines ?

Quelle sera l'influence de cette philosophie nouvelle sur l'avenir? En se sentant d'accord avec l'univers, l'homme se trouvera confirmé dans sa pensée. Il ne marchera plus en chancelant dans le vide; il retrouvera la sérénité perdue. Je pense qu'une grande paix entrera dans les esprits quand ils se verront soutenus par l'expérience de toute créature. Dans le désert fictif, où ils se reléguaient, ne vous étonnez pas s'ils perdaient aisément l'équilibre. Le plus souvent leur histoire n' était que celle de leur terreur. Ils prendront enfin possession de l'univers, non comme des hôtes d'un jour, mais comme possesseurs et héritiers légitimes de ses éternités.

Les grands systèmes du passé, le cartésianisme, l'harmonie préétablie, décroissent à l'horizon. Bientôt ils auront disparu pour faire place à d'autres astres. Les générations nées sous ces astres nouveaux n'auront pas l'embarras des sombres problèmes. Elles marcheront par un chemin plus uni. Nous avons dévoré les pierres : ces générations feront la moisson.

Nos vagues inquiétudes d'esprit, nos tourments philosophiques, deviendront de plus en plus incompréhensibles. Malheur à qui s'attarderait dans ces voies oubliées ! Il parlerait une langue morte, il serait seul sur la terre.

Déjà, que de gens ont peine à concevoir le deuil dont s'enveloppaient les penseurs et les poètes, il y a un demi-siècle ! Nous avancions dans la vie enveloppés de lourdes brumes. Obscurité volontaire, dites-vous. Affectation de génie incompris. Non, tout n'était pas volontaire dans ce deuil de l'intelligence. Nous cherchions la lumière, et la lumière nous était refusée, parce que, mal orientés, nous la cherchions où elle ne pouvait apparaître à l'esprit humain.

Plus d'un esprit a eu son jour de Phaéton, où il a voulu conduire le char du soleil. Et pourquoi s'étonner si tant d'ambitions furent d'abord trompées, si le chemin s'est dérobé sous les pas, si, précipités des hauts sommets et brisés dans la chute, on a entendu sortir de la bouche des hommes un gémissement et les *novissima verba* de toute une génération d'écrivains et de philosophes ?

Ils eurent beau changer de route ; on eut peine à croire à leur conversion ; car les hommes ne jugent jamais les hommes que par les premiers commencements.

Mais ceux qui ont survécu ne sont pas découragés. Ils ont tenté d'autres routes, et la voilà enfin, la lumière tant désirée, qui commence à jaillir. Ce qui n'était qu'un désir pour Bacon devient une réalité. Nous assistons à la *grande Rénovation* qu'il a appelée sans pouvoir la saisir. Il vaut la peine de vivre pour voir toutes les sciences anciennes et nouvelles apporter chacune son contingent, sa méthode, son esprit à la science suprême, à la philosophie de la vie universelle.

Un homme qui s'est consumé d'attente dans une profonde nuit, se réjouit au premier rayon du jour. De même il est impossible que l'humanité ne se réjouisse pas en voyant la clarté qui se répand sur toutes choses. Grande faveur pour l'homme de naître dans une de ces époques de rénovation de la pensée humaine. Il acquiert des instruments et comme des organes qui n'appartenaient pas à ses pères. Qu'il sache user de ces organes nouveaux ; ils étendent son existence aux derniers confins de l'univers. La nuit était profonde, le jour se fait, saluons la lumière.

La même loi reconnue dans les orbites des astres se retrouve dans les formations géologiques, dans la succession des règnes, dans la formation des sociétés, dans le secret de la conscience humaine, dans ses diverses créations, langues, arts, poëmes ; de telle sorte que la même vérité est inscrite partout et que, de quelque point que l'on parte, on la rencontre en chaque chose, à chaque degré de l'être, comme dans ces palais arabes où la meme devise est écrite à chaque endroit et où toute muraille répète : *Félicité, Félicité!*

Ne dites donc plus :

> Il n'est rien de commun entre la terre et moi.
> . . . .
> Ignorer et servir, c'est la loi de notre être

Au contraire, il n'est pas un point dans le monde, pas un degré dans l'échelle de la vie qui ne vous ramène à vous-même et par vous à l'ordre universel. Tout vous répond dans l'infini. Où allez-vous? Vous marchez en compagnie des mondes. N'est-ce pas là un thème nouveau pour les sociétés, pour les arts et les poëtes à venir? Assez pleuré, assez gémi.

La Grèce a puisé sa sérénité dans l'amour de ses dieux indulgents. L'avenir puisera la sienne dans la possession des vérités qui soutiennent l'homme et l'univers.

Les premiers poëtes ont salué la première étincelle qui a jailli des feuilles sèches de leur foyer. Quel poëte chantera l'étincelle qui jaillit des esprits ? Ce sera le chant de l'avenir.

Au temps de Képler et de Galilée, la découverte des lois du système solaire a répandu un commencement de sérénité dans le monde et mis un terme aux terreurs du moyen âge. Que ne pourront les découvertes de nos jours pour achever la victoire de la vérité sur la peur ? Au seizième siècle, c'était la terre qui retrouvait sa vraie place dans le ciel ; aujourd'hui, c'est l'homme. Pour la première fois, il voit clair en lui-même. S'il veut se connaitre, il le peut. Nous sommes arrivés au carrefour où se rejoignent toutes les vérités. Réverbération de vérités qui jaillissent en se répercutant de l'astronomie à la géologie, de la géologie à l'histoire naturelle, de l'histoire naturelle à la société civile, pour se concentrer comme en son dernier foyer dans la genèse de l'intelligence humaine.

L'homme n'est plus ce monstre inconnu dont parlait Pascal. A la clarté convergente de toutes les sciences, on fait l'anatomie de son esprit, de ses actes intellectuels, de ses sentiments, de ses émotions. Chaque recoin de son être est éclairé. Comment pourrait-il se dérober dans les ténèbres? La lumière scientifique le suit jusqu'au fond le plus caché de sa conscience, dans sa fibre la plus intime. Lumière ! toujours plus de lumière ! Voilà sa condition actuelle s'il veut l'accepter.

Ne parlons plus d'isolement.

Chercher, servir la vérité, c'est entretenir une perpétuelle amitié avec ceux qui l'ont cherchée ou qui sont morts pour elle.

Au milieu de cet accroissement de toutes les sciences, comment se fait-il que la science politique ne soit encore pour tant d'hommes que l'art byzantin de la fraude ? C'est là que le vieil homme l'emporte sur le nouveau.

L'atavisme de l'homme de proie se montre encore tout entier dans les ruses, les perfidies et même l'expression du visage de ceux qui se sont appelés tour à tour, suivant les époques, Pharisiens, seuls hommes de bien, seuls honnêtes gens. Mais il arrivera de cette science comme des autres. Elle se laissera pénétrer de la clarté de toutes.

Le moment viendra où les habiles ne mettront plus leur art à tromper. Ils mentiront moins, parce que tout le monde verra le mensonge. Ils désespéreront de faire la nuit, parce que la lumière se sera faite dans les esprits. Eux aussi accepteront le combat à la face du jour.

Mais la mort vous reste, nous dit-on, et vous ne la vaincrez pas.

Il est vrai. Beaucoup de gens même travaillent d'avance à nous la rendre plus cruelle. Ils veulent y ajouter encore, en empêchant nos amis de nous faire cortége à ce moment suprême. Point d'amis pour ceux qui ont osé penser et mourir comme ils ont vécu. A ceux-là le silence, l'abandon ou le champ des suppliciés.

Quoi ! si légers et si cruels !

Barbarie vaine. Il dépend de tout homme de se préparer, pour l'heure suprême, un magnifique cortège, qu'aucune puissance humaine n'empêchera de passer et de resplendir dans la nuit.

Travaillons à nous faire notre cortège à nous-même.

Je convie autour de moi, quand viendra ce moment, les pensées les plus hautes et les meilleures où j'aie pu m'élever, les vérités que j'ai rencontrées et servies, les idées immortelles qui m'ont apparu depuis ma jeunesse jusqu'à mon dernier jour. Qu'elles viennent et me protégent contre l'outrage au delà de la mort.

Aux belles époques de l'humanité, la peur de la mort a tenu peu de place dans les pensées des hommes. Faire de ce point noir la préoccupation perpétuelle et le but de l'existence est une marque de déclin.

Quand les hommes ont été remplis de grandes pensées fécondes qui portaient en elles l'avenir, ils ne craignaient ni la vie, ni la mort. Ils ont eu peur de la mort, à mesure qu'ils ont moins bien employé leur vie.

La fortune de l'espèce humaine a passé plusieurs fois dans les mains de ceux qui ont su la terroriser à propos, en évoquant les spectres d'outre-tombe.

On a justement remarqué que les armées les plus dévotes et les plus occupées de la mort, celles du moyen âge, étaient timides devant l'ennemi, féroces chez elles contre les gens sans défense.

Les Hindous se réjouissent d'avoir des enfants

pour qu'ils célèbrent les « rites funéraires » ; les Grecs, pour leur laisser leurs biens en héritage.

Voilà la différence du monde des brahmes et du monde héroïque ; chez l'un l'attente inerte de la mort, chez l'autre le bon emploi de la vie.

Prenons garde, au moins, de mourir tout vivants. Il est des temps où l'on vieillit plus vite qu'en un autre. Dans les âges sceptiques, les âmes vieillissent promptement, parce qu'elles ne savent où se retremper. Jamais une conversation intérieure, ni un souffle des hautes régions. L'homme se fait poussière longtemps avant sa mort, et il ne s'en aperçoit pas. Là est le danger de notre temps, la sécheresse morale. Cherchons donc des sources nouvelles pour nous y abreuver, pendant que la soif nous reste encore.

Je ne terminerai pas mon livre, comme Condorcet, avec l'espoir de supprimer la mort. Mais je dirai : Qu'ai-je à craindre ? Le sort de l'univers. Avec tout ce qui vit et respire, les mondes eux-mêmes se dissoudront pour renaître. Leur existence a ses limites marquées. Les soleils s'éteindront pour se rallumer. Demanderai-je pour moi seul un privilège qu'ils n'ont pas ? Non, j'accepterai le sort commun à tous les êtres, vivre, mourir, pour revivre.

NOTES.

L'Esprit Nouveau est le dernier ouvrage d'Edgar Quinet, publié de son vivant. La première édition (format in-octavo) parut le 24 novembre 1874; deux autres éditions se succédèrent quelques semaines après. L'accueil fait à ce livre magistral, au milieu de nos troubles civils fut considéré comme un des symptômes les plus significatifs de l'esprit public.

On a réuni ici plusieurs comptes rendus qui ont été la dernière joie du grand écrivain.

Revue politique et littéraire. — M. Edgar Quinet vient de publier un ouvrage qu'il nomme *l'Esprit nouveau*. « Ce « livre, dit-il, résume le travail de toute ma vie ; il ren- « ferme comme l'encyclopédie des conclusions auxquelles « je suis arrivé sur les principales branches de l'esprit « humain. » Une telle promesse de la part d'un tel écrivain suffirait à forcer l'attention des plus indifférents.

Notre génération, si rebelle qu'elle soit aux bruyants enthousiasmes d'autrefois, n'a pas oublié ce que fut Edgar Quinet pour la génération précédente. Elle a recueilli, vivante encore, la tradition de ces chaudes journées du Collège de France, qui furent comme la préface de la République de 1848 ; elle a entendu l'écho affaibli, mais frémissant encore, de ces fameux cours d'Edgar Quinet et de Michelet, dont chaque séance était une bataille, dont tous les incidents passionnaient la France, l'Europe entière, et qui ont été, en somme, le coup le plus direct, le plus loyal et le plus hardi que l'éloquence publique ait porté de nos jours, au nom de la société moderne, à la réaction cléricale.

Nous nous sommes singulièrement refroidis depuis lors ; et notre tempérament, assagi, ne comprend plus guère ni ces fièvres de l'auditoire, ni cette hardiesse des professeurs, ni les haines vigoureuses qui battaient alors dans tous les cœurs jeunes, ni surtout cette franchise de parole et cette netteté de situations qui nous reportent à un autre âge. Raison de plus pour saisir l'occasion qui nous est offerte d'entendre un homme de ce temps-là nous donner ses « conclusions ». Le comprendrons-nous encore et nous comprendra-t-il ? Cette grande voix qui électrisait la jeunesse il y a un tiers de siècle aura-t-elle encore des paroles pour la jeunesse d'aujourd'hui ? Cet esprit à qui il fut donné d'être un jour l'interprète de la pensée de son temps, aura-t-il marché avec son temps ? Le retrouverons-nous, après un si long chemin dans la vie, assez transformé pour être encore égal à lui-même ? Épreuve redoutable et que bien peu, même parmi les plus grands, pourraient impunément subir. *Grande mortalis ævi spatium*, disait Tacite pour quinze ans de césarisme ; que dirait-il d'un laps de temps qui compte, avec le double d'années, tant et de si profondes révolutions politiques et sociales ?

I

La grande popularité de M. Edgar Quinet date de ses célèbres cours sur *les Jésuites* et sur *l'Ultramontanisme*. Le gros du public, qui, — comme il l'a dit lui-même, — juge à tout jamais les hommes sur leurs commencements, en est resté au Quinet de 1843. Mais ce grand duel contre l'esprit ultra-catholique n'était qu'un épisode et presque un accident dans la vie et dans l'œuvre du penseur. M. Quinet était devenu par circonstance ou plutôt, comme le poëte romain, par indignation, polémiste et tribun ardent ; par nature il n'était rien de semblable, mais bien philosophe, historien et poëte tout à la fois.

C'est la marque de son génie de n'avoir jamais pu ni voulu se dégager de cette triple aspiration ; il a toujours porté en lui ces éléments divers, irréductibles, inconciliables, sans consentir à sacrifier l'un à l'autre. L'imagination comme forme, la science des faits comme moyen, et la spéculation rationnelle comme but : tel fut toujours, tel est encore cet esprit, d'une organisation certainement unique en notre temps. De là son ampleur, sa profondeur, son autorité sur les intelligences réfléchies et non « *spécialisées* », son immense ascendant sur la jeunesse, avide de grandes choses, ouverte aux grandes vérités comme aux grandes espérances, infaillible surtout à juger les grands caractères. De là aussi la froideur que lui ont par fois témoignée les différents cercles où l'on fait profession de s'enfermer dans une forme de l'art et de la vérité sans admettre que cette forme s'allie à d'autres. Ni les amants de pure poésie n'ont trouvé son essor assez libre, ses chants assez légers, sa fable assez transparente ; ni les historiens ne lui ont pardonné de deviner l'histoire et de combler à force d'hypothèses les lacunes de la chronique; ni même les philosophes, — qu'on devrait croire les plus indulgents puisqu'ils aiment les vues générales et les vastes pensées, — n'ont accueilli sans défiance une entreprise qui ne tendait à rien moins qu'à jeter les bases d'une conciliation universelle.

Edgar Quinet n'en a pas moins poursuivi sa tâche. Après comme avant son passage au Collège de France, il eut chez nous un rôle à part. Son domaine était la philosophie de l'histoire, science nouvelle que beaucoup jugent aujourd'hui prématurée, mais qui répondait trop bien aux aspirations juvéniles de 1830 pour être tenue alors en suspicion. Il y porta l'esprit démocratique, qui fut l'âme de toutes ses recherches et sa suprême méthode. Nous n'avons pas à rappeler ici la longue suite de travaux qu'il y consacra. Constatons seulement un fait qui n'est peut-être pas assez connu : M. Quinet a eu, plus qu'aucun écrivain de notre siècle, le don de pressentiment, cette *sagacité* inventive et quasi divinatrice dont Bacon faisait la première qualité du savant et qui est aussi celle du grand historien. Dans son *Rapport sur les épopées françaises du* XIIe *siècle*, dans ses *Études* diverses *sur l'Allemagne*, dans ses *Fragments sur l'art en Grèce, en Italie, en Allemagne*, dans son beau livre des *Révolutions d'Italie*, sans parler de ses ouvrages politiques, il serait facile aujourd'hui de relever un nombre remarquable d'idées étonnamment justes et neuves, qu'il eut le bonheur d'entrevoir avant la plupart de ses contemporains, et dont plusieurs ont reçu la sanction du temps. Soit par une heureuse inspiration du génie historique, soit par l'application hardie de théories générales assez vraies pour que les faits y rentrassent d'eux-mêmes, M. Quinet a été sur plus d'un point le précurseur de l'érudition et de la critique, de l'esthétique et de la philologie modernes.

Représentant du peuple de 1848 à 1851, il porta dans la vie publique cette même sûreté de prévision. Il fut du petit nombre de ceux qui virent le danger, qui le virent à temps et qui, écoutés, nous y auraient peut-être fait échapper. On n'a pas oublié le dernier discours où, résumant ses craintes, il prédisait à ses collègues incrédules que la république finirait par la dictature. Quelques semaines après, Edgar Quinet était proscrit nominativement et quittait la France pour n'y plus rentrer qu'avec la République.

L'exil, surtout quand il dure aussi longtemps, a souvent, même sur les intelligences non communes, une influence pernicieuse. Il arrête quelquefois leur développement, ou il le fausse. Ce fut, au contraire, dans ses longues années de proscription, en Belgique et en Suisse, que M. Edgar Quinet atteignit la plénitude du talent et ce don des forts : l'inaltérable sérénité des convictions. Il reprit, il étendit le cours de ses études. Son séjour en Belgique lui donna en particulier l'occasion d'écrire l'*Histoire de la campagne de* 1815. De temps à autre, il troublait par quelque cri de protestation le silence de l'Empire et assurait au monde que ni la France n'était morte, ni la conscience n'avait abdiqué ses droits. Enfin, son grand ouvrage, *la Révolution*, parut à une heure propice ; et nous n'avons pas besoin de rappeler les ardentes controverses qu'il fit renaître sous les yeux d'un pouvoir qui n'avait rien autant à redouter que ce réveil de l'esprit public.

Après avoir fourni une si vaste carrière et si admirablement remplie, l'illustre exilé pouvait, semble-t-il, aspirer au repos : il n'en fut rien. C'est alors, au contraire, que commença pour cette infatigable intelligence un nouveau travail intérieur. Cette partie de son œuvre est encore peu connue du public, elle n'est point faite non plus pour devenir très populaire ; mais elle est du plus haut intérêt pour ceux qui aiment à suivre à travers toutes les phases de la vie le développement d'un esprit supérieur.

« Quand j'arrivai en Suisse, dit M. Quinet, j'étais profondément séparé du monde. Au lieu de m'enterrer vivant dans une stérile lamentation que je savais sans écho, je cherchai quelque objet qui pût occuper mon esprit et remplir l'abîme qui s'était ouvert devant moi... L'homme se dérobait à moi, je fus forcé d'embrasser la nature. Elle venait à moi, elle m'invitait à la comprendre... Dès que je pus réfléchir, je m'aperçus que ces sommets, ces pics alpestres au milieu desquels j'allais vivre désormais, avaient chacun sa biographie. J'étais environné non pas de blocs inertes, mais d'un groupe de géants qui avaient leurs annales et leurs vicissitudes. Ils rentraient dans le domaine des sciences historiques. N'en suivaient-ils pas, eux aussi, les lois? C'est ce que je me demandai. Je compris dès lors qu'en m'attachant à la connaissance des révolutions du globe, je ne sortais pas du sujet ordinaire de mes travaux, je l'étendais. Une fois cette conviction formée dans mon esprit, je vis se dresser devant moi une foule de problèmes nouveaux. »

C'est en ces termes que M. Quinet explique comment il a été conduit à aborder l'étude des sciences naturelles, et particulièrement de la géologie, cette préface de l'histoire. Peut-être n'y vit-il d'abord qu'une occupation et une consolation dignes de lui. Mais bientôt ce besoin impérieux de généralisation et de découvertes qui est le fond de sa nature intellectuelle lui fit entrevoir au-dessus et au delà de tous les détails les premiers linéaments d'une nouvelle synthèse, la plus vaste, la plus grandiose qu'il eût encore rêvée. A mesure qu'il se familiarisait avec la géologie, avec la paléontologie, et surtout avec l'étude des temps préhistoriques, il découvrait plus nettement une sorte d'analogie générale et d'harmonie préétablie entre la science du monde et la science de l'homme, entre l'histoire naturelle et l'histoire civile, entre le développement des espèces et celui des sociétés. Après dix ans d'études ininterrompues, M. Quinet, ne doutant plus de ce merveilleux parallélisme, entreprenait d'en esquisser les lois et les principales applications. Ce fut l'objet d'un ouvrage considérable, *la Création,* où il essayait, comme il le dit lui-même, de « faire « entrer la révolution contemporaine de l'histoire natu- « relle dans le domaine général de l'esprit humain, en « d'autres termes, d'établir les rapports de la conception « nouvelle de la nature avec l'histoire, les arts, les lan- « gues, les lettres, l'économie sociale et la philosophie ».

L'audace était inouïe. S'emparer de faits incomplètement observés, à peine groupés et encore tout pleins de formidables *hiatus*, pour reconstituer d'un seul coup l'histoire de la nature telle qu'elle a dû être si les hypothèses de Lyell, celles de Darwin et bien d'autres sont exactes, c'est déjà une témérité qu'un savant n'excusera point; l'idée même n'en pouvait venir qu'à un de ces esprits restés jeunes qui ont gardé toutes les illusions de la philosophie, toute la ferveur de leur foi dans la raison humaine. Mais aller plus loin encore, ramener à une même méthode les naturalistes et les historiens, partir de cette idée que « la méthode par laquelle Alphonse de Candolle suit de « station en station les migrations du saxifrage, du chêne « et de la bruyère, est au fond la même que celle d'Augustin « Thierry suivant pied à pied les migrations des barbares « ou Ottfried Muller, celles des Doriens », et conclure que « les changements de civilisation sont pour l'homme « ce que les changements de faune et de flore sont pour « le monde animal et végétal »; entreprendre ainsi d'expliquer par les mêmes lois la progression des êtres à tous les degrés de l'échelle de la vie, faire la synthèse de Herder et de Darwin, ou plutôt faire de Darwin, — à son insu et malgré lui peut-être, — le Herder de l'avenir, voilà ce que nul autre au monde qu'Edgar Quinet ne pouvait entreprendre.

La Création, achevée en 1869, parut presque à la veille de la guerre : c'est assez dire que les préoccupations de l'esprit public étaient ailleurs et qu'avec beaucoup d'autres grandes questions celle-ci fut ajournée. M. Quinet la rappelle aujourd'hui à notre attention en publiant l'*Esprit nouveau*. Ce livre est, en effet, la suite ou mieux le couronnement du précédent ouvrage; il a sur *la Création* cet avantage de ramener l'auteur à l'ordre de questions où son autorité est depuis longtemps reconnue. Dans sa *Création*, il nous avait montré « l'esprit nouveau animant et fécondant les sciences de la nature », nous faisant déchiffrer lettre à lettre l'histoire vraie du globe, qui se compose non d'épouvantables catastrophes et de miraculeuses créations, mais d'une innombrable série d'actions lentes, accumulées pendant un nombre incalculable de siècles et suffisant à expliquer toutes les transformations du sol, de la température, des milieux, et, partant, de la vie universelle. Dans ce second ouvrage, au contraire, nous quittons le monde antédiluvien et les questions cosmologiques pour aborder le monde humain et surtout, à vrai dire, le monde contemporain. Il s'agira encore ici de l'esprit darwinien, mais appliqué aux choses sociales, aux lois de la vie morale et politique, à notre propre histoire d'aujourd'hui. Ne nous préoccupons pas outre mesure de la théorie qui est le fond de cet ouvrage comme du précédent : nous allons juger l'arbre à ses fruits, la théorie à ses applications.

II

Nous passerons sommairement sur la première partie, qui forme la transition avec le livre de *la Création*. Elle touche à un problème d'un grave intérêt philosophique, mais qui ne peut être résolu en quelques pages ; l'auteur l'appelle d'un nom très juste : « la psychologie du règne « animal avant l'homme. » Il a raison d'y insister : l'ancienne philosophie, le spiritualisme cartésien et même l'éclectisme moderne sont trop enclins à représenter l'homme comme un être sans antécédent, sans lien avec le reste des êtres, comme un *moi* pur en qui apparaissent soudain des forces inconnues au monde animal. Si les nouvelles théories des naturalistes viennent à se vérifier absolument, il faudra bien reconnaître que l'esprit même de l'homme n'est pas né tout d'une pièce, *ex nihilo*, qu'il y a déjà « un commencement de réflexion, une première lueur « psychologique dans les limbes du règne animal. » M. Quinet ne le démontre pas, mais il raconte quelques traits comme celui-ci, qu'on nous saura gré de transcrire :

« Un jour, Isidore Geoffroy Saint-Hilaire me montrait la ménagerie du Jardin des plantes. Nous arrivâmes aux loges des animaux féroces. Dans une de ces loges étaient ensemble un lion et une lionne. Ils étaient debout, immobiles, et semblaient ne pas nous voir. Le lion, levant sa large patte, la posa doucement, lentement, sur le front de la lionne ; tous deux restèrent dans cette attitude aussi longtemps que nous demeurâmes en face d'eux. Que voulait dire ce geste ? Un peintre qui eût voulu représenter la douleur calme, la compassion du plus fort, n'aurait rien inventé de plus saisissant. — Qu'est-ce que cela ? dis-je à Isidore Geoffroy. — Leur lionceau est mort ce matin, me répondit-il. — Je compris alors ce que je voyais. Si vous eussiez assisté à ce spectacle, vous ne demanderiez pas aujourd'hui s'il est possible que le sentiment ait existé avant l'homme dans le règne animal. »

La question des *origines du monde intellectuel et moral* tire des lumières toutes nouvelles des découvertes contemporaines sur l'homme préhistorique. Ce sujet est un de ceux que M. Quinet a le plus abondamment et le plus heureusement traités dans le second volume de *la Création*. Il n'y revient que pour expliquer « la genèse commune de l'art et de la morale ». Ici éclate cette croyance profonde à l'unité de constitution des deux mondes, celui de la matière et celui de l'esprit. « D'où vient la justice ? » se demande-t-il, et il entreprend de montrer quelle n'est ni le produit des institutions locales, des coutumes écrites, ni, d'autre part, une sorte de révélation surnaturelle faite par un être supérieur.

« Je crois apercevoir, dit-il, que *la justice est née de l'amour* et qu'il y en a un premier germe inconscient dans toute créature vivante. L'oiseau qui apporte la pâture à sa femelle dans le nid où elle couve ses œufs ne s'oublie-t-il pas lui-même pour un autre ? Ne fait-il pas un acte de justice ?... La femme sauvage n'allaite-t-elle pas également ses nouveau-nés ? Et qu'est-ce que tout cela sinon la première lueur de la justice sous la forme de l'amour maternel, qui dompte même les lions. Voyez la conscience de l'homme de bien. Pourquoi est-elle le plus beau spectacle de la terre ? Est-ce parce qu'elle est d'accord avec la loi écrite, l'autorité officielle ? Non, elle est d'accord avec toutes les vérités qui soutiennent l'univers. « Les cieux pleuvent la justice ; » ce qui est ordre, pondération, équilibre, équivalence des forces dans la nature devient justice dans l'homme.»

De cette vue générale de l'idée de justice à son application aux institutions sociales, le chemin est tracé. « De « même que, dans le combat pour l'existence chez les races « animales, la prédominance reste aux mieux armés, de « même le progrès d'un peuple ou d'une race consiste « en ce que l'homme le plus conforme à la justice et au « droit a le plus de chances de l'emporter. » D'où cette définition toute darwinienne des époques de grandeur et de décadence : « Les temps de vraie grandeur pour un peuple « sont ceux où l'homme de bien a plus de chances de « réussir que l'homme de proie dans le combat de la vie ; « c'est le contraire dans les temps de décadence sociale. » Ainsi s'expliquera, sans qu'on ait besoin de recourir au surnaturel, « l'étrange obstination de l'espèce humaine « dans la justice », malgré les succès passagers des méchants. Si lent que soit le progrès, il faut qu'il se fasse ; cela est aussi nécessaire dans le règne humain qu'il l'est dans le règne animal que le mieux constitué finisse par l'emporter. Philosophes et théologiens nous ont conviés à désespérer de ce monde, et nous dédommagent dans un monde meilleur. « Fausse théologie, fausse morale. Nous « voulons, au contraire, disputer pied à pied la terre au « méchant et lui en ôter l'empire. N'ajournons pas la

« victoire du juste au dernier jugement. Cela est trop
« commode pour le pervers. C'est à lui de disparaître. »

Ces quelques extraits suffisent à donner le sens et le ton général du livre. Qu'on nous permette une dernière et bien caractéristique citation ; elle dira mieux que toute analyse ce qu'Edgar Quinet appelle l'*Esprit nouveau dans la politique :*

« Pourquoi cette affreuse stérilité chez des hommes que la nature a si bien doués? Pourquoi tant de paroles habiles qui ne peuvent rien faire germer dans une nation ? C'est que tout se passe, chez ces hommes, en dehors de la réalité.

« Quand un gouvernement monacal voyait au loin la lumière transfigurée du mont Thabor et qu'il ne voyait pas chez lui l'État menacé au dedans et au dehors, la ville assiégée, le peuple éperdu sur les places publiques, c'était là l'esprit byzantin. Il consiste à voir ce qui n'est pas, ce qui ne peut être, et à fermer les yeux à tout ce qui est.

« De nos jours ceux qui, sous la République française, s'obstinent à en nier l'existence pour ne voir que leur Thabor royaliste, ceux-là sont revenus à l'esprit byzantin. Ils nous parlent de la lumière subtile de monarchies fantastiques, et ils nient la réalité qui les enveloppe. Ils se font de la royauté absente une montagne miraculeuse ; et la terre qu'ils habitent, ils ne la voient pas.

« Je comprends maintenant comment, au murmure de ce genre d'éloquence, les Byzantins se sont endormis du sommeil éternel.

« Je connaissais les subtilités doctrinaires nées des invasions de 1814 et de 1815. Je demandais quelle subtilité nouvelle serait enfantée par l'invasion de 1870. Je le sais maintenant. Après les uhlans, voici les sophistes..... Il leur faut trois royautés et une république dans l'État. La vraie garantie de durée pour un gouvernement, disent-ils encore, c'est d'être précaire, de ne pas s'établir dans les esprits. Gage certain de perpétuité : n'avoir pas de lendemain. — Et cela s'appelle sagesse !...

« Reconnaissez à ce signe l'homme en qui s'éteint l'esprit de nationalité. Il devient sourd au cri de détresse de la nation. Il se fait une âme de pierre. Ses petites pensées lui cachent les pensées de l'universalité des citoyens. Il hait le peuple, qui lui devient une énigme. Tout ce qui est esprit public, national, lui paraît un désordre, un péril, un complot qu'il s'agit de déjouer. Au lieu de la France il dit : *ce pays-ci*. A mesure qu'il s'en détache, il le gourmande......

« Jusqu'ici j'avais refusé d'associer et de prononcer ces deux mots : Malheureuse France ! Ils m'échappent aujourd'hui malgré moi.

« Ne se trouvera-t-il donc pas, à la fin, un homme qui, porté au pouvoir, prenne pitié de cette infortunée nation ? De son côté, tant de bonne volonté, tant de patience, tant de bonne foi ! Cela ne touchera-t-il personne ? Et, d'un autre côté, tant de dureté, tant d'aveuglement, tant de vues personnelles ! Il est certain que, depuis ses malheurs, la nation a montré les qualités d'un peuple digne d'être libre. Que lui a-t-il manqué ? Ce qui lui a manqué toujours : un gouvernement qui puisse le comprendre ! »

Nous ne pousserons pas plus loin cette analyse, non que le livre ou l'intérêt du livre soit épuisé. Au contraire, c'est dans les parties consacrées à l'esprit nouveau en histoire, en esthétique, en philosophie, qu'Edgar Quinet se retrouve tout entier, avec cette magie de style, avec ce charme, cette verdeur de pensée, avec cette grâce d'érudition que les fanatiques de la science pure seront seuls à lui reprocher, et surtout avec cette faculté merveilleuse d'évoquer le passé, d'interpréter la tradition confuse des premiers âges, et d'ouvrir à la pensée, au milieu même de ces ténèbres, un premier sillon de lumière. Ceux qui voudront renouer, pour ainsi dire, connaissance avec l'auteur des belles études sur Homère, sur l'épopée antique et moderne, le retrouveront ici : dans d'admirables chapitres qui lui sont inspirés en partie par les découvertes récentes de M. Schliemann dans la Troade, en partie par une interprétation neuve et originale des mythes grecs de l'âge héroïque.

En fermant le livre, fût-on resté incrédule à telle ou telle démonstration, il en est une au moins qu'on sentira se dégager de cette lecture. Voilà donc résumé, dans un livre de bonne foi, l'ensemble de croyances et de convictions auquel est arrivé un des hommes de notre temps qui ont le plus énergiquement pensé, espéré, travaillé, lutté. Après avoir été, dans sa jeunesse, au premier rang des enthousiastes, des idéalistes à outrance, il rencontre à la fin de sa vie une doctrine qui semble monter d'heure en heure comme un flot envahissant, doctrine froide et positive, qui supprime toutes les entités philosophiques, qui menace d'engloutir jusqu'au dernier vestige des causes finales et des harmonies providentielles, qui fait entrevoir le moment où l'on s'expliquera tout par le seul jeu des forces de la matière, par la nécessité des choses, agissant avec une simplicité quasi mécanique et fatale.

Edgar Quinet, au lieu de se désoler comme tant d'autres et de pleurer d'avance les dieux perdus, va loyalement au devant de cette doctrine; il abandonne pour un moment ces fameux postulats de la morale auxquels nul ne peut tenir plus que lui, et il s'efforce de les retrouver au fond même de la nature, dans les lois de la matière, en admettant à l'avance la thèse complète du transformisme. Non seulement ce système ne l'a effrayé ni ébranlé; mais, par un coup de génie, il tente prématurément d'arracher à cette doctrine même une nouvelle philosophie morale, une conception du juste. Là où d'autres croient déjà voir se préparer le triomphe du matérialisme et de l'athéisme, il nous fait entrevoir, lui, un esprit nouveau qui, bien loin d'ôter à l'homme ou à la société une seule de ses espérances, un seul de ses titres de noblesse, lui ferait trouver dans la conscience même de ses plus lointaines origines la raison d'être du présent et la loi de l'avenir.

Quelle que soit la valeur absolue de cette explication, quelles que soient les obscurités qui la couvrent encore et que les plus nobles impatiences essayeraient en vain de dissiper, il y a dans cette conduite une grande leçon, un exemple digne de respect. C'est bien là un acte de foi. Que d'autres lui reprochent les inexactitudes d'une science tardivement acquise! Ce qui me touche, c'est cette évolution faite à un âge où la plupart ne peuvent plus que se répéter 'et tremblent à l'idée de changer leur système de fond en comble. Cette démarche hardie et confiante est d'un esprit qui, avant tout, croit en la vérité, qui ne doute pas de l'ordre universel, et qui, sûr de retrouver au-dessus de tous les orages le ciel étoilé de la conscience morale, croit déjà le découvrir et nous le montre avec assurance là où les autres ne voient que les nuages sombres.

Telle est l'impression, virile et fortifiante, qui me paraît sortir de ce livre où plusieurs ne trouveront qu'hérésie. Il me semble impossible d'en lire les dernières lignes sans se sentir pénétré de ce ton de sincérité, de cette simplicité enfantine, de cette sérénité sans morgue, sans affectation, et qui n'exclut pas l'émotion en face du grand problème. Cet homme n'est pas un stoïcien qui se roidit dans le paradoxe ; ce n-est pas non plus un catholique qui a la vérité toute révélée ; ce n'est pas un savant qui se pique de savoir le dernier mot de toute chose : c'est un croyant à l'éternelle vérité et à la justice éternelle. Il ne sait qu'une chose, c'est qu'il ne faut point désespérer, et il réfute longuement, presque trop, article par article, la philosophie du pessimisme, cette noire doctrine de Schopenhauer et de Hartmann, qui serait bien un des plus affreux cauchemars de l'esprit humain si elle ne portait son remède en elle-même dans l'excentricité de ses conclusions. Mais quand il a terminé ce plaidoyer en faveur de l'espérance, et d'une espérance d'autant plus méritoire qu'elle ne se conclut point d'un solide ensemble de dogmes, faisant alors un retour sur lui-même, M. Edgar Quinet descend de ces hautes et claires régions pour penser à son dernier jour, à ce jour prochain, dit-il, où, comme dernière amertume, il sera de ceux à qui les hommes d'à présent refusent les hommages funèbres sous prétexte qu'ils ont osé penser et mourir comme ils ont vécu. « Barbarie vaine, se répond-il à lui-même. — Il dépend « de tout homme de se préparer, pour l'heure suprême, « un magnifique cortège qu'aucune puissance humaine « n'empêchera de passer et de resplendir dans la nuit.

« Travaillons à nous faire notre cortège à nous-mêmes.

« Je convie autour de moi, quand viendra ce moment,
« les pensées les plus hautes et les meilleures où j'ai pu
« m'élever, les vérités que j'ai rencontrées et servies, les
« idées immortelles qui m'ont apparu depuis ma jeunesse
« jusqu'à mon dernier jour. Qu'elles viennent et me pro-
« tègent contre l'outrage au delà de la mort !...

« Je ne terminerai pas mon livre, comme Condorcet, avec
« l'espoir de supprimer la mort. Mais je dirai : « Qu'ai
« je à craindre ? — Le sort de l'univers. » Avec tout ce
« qui vit et respire, les mondes eux-mêmes se dissou-
« dront pour renaître. Leur existence a ses limites mar-
« quées. Les soleils s'éteindront pour se rallumer.
» Demanderai-je pour moi seul un privilège qu'ils n'ont
« pas ? Non; j'accepterai le sort commun à tous les êtres :
« vivre, mourir, pour revivre. »

F. BUISSON.

La République française. (23 novembre 1874.) — Le livre de *l'Esprit nouveau* résume toute une vie glorieuse de travail, de libre recherche, toute une longue et méritante série d'efforts à la poursuite de la vérité et de la justice. A ce titre seul, un pareil ouvrage se recommande à l'attention de tous les esprits éclairés, à la sympathie de tous les nobles cœurs. Mais une intelligence supérieure comme celle de M. Quinet donne toujours plus qu'elle ne promet. Dans cette préface que nous venons de citer, M. Edgar Quinet se présente à ses lecteurs avec le sincère désir de ne point trop exagérer la portée de son ouvrage. Mais ceux qui, comme nous, ont eu la bonne fortune de jeter les yeux sur les sujets qu'il embrasse et de mesurer toute leur étendue, ont le devoir de dire que ce livre est appelé à faire penser tous ceux qui ont souci des plus graves questions de l'histoire et de la philosophie. M. Quinet, on peut le dire, a fait le tour de toutes choses et parcouru en tous sens le cercle des connaissances humaines. Voilà longtemps qu'il travaille; jamais il ne s'est reposé. On se souvient de ses débuts.

Du premier coup poëte et critique, il s'attachait aux questions les plus ardues Ses études n'ont eu jamais qu'un seul sujet, l'Humanité vue à travers les âges et sous toutes les manifestations de sa pensée : poésie, religion, art, histoire et politique. Aujourd'hui il prétend marquer le point où il en est. Bien des systèmes ont passé devant lui. Son esprit n'a pas cessé d'être en éveil ; nous serions tentés de dire qu'il n'a jamais cessé d'être en progrès, si nous pouvions oublier que M. Edgar Quinet a, du premier bond, touché à la vérité dans les difficiles questions de la politique, dans ses rapports avec les systèmes religieux. Mais on remarquera, en lisant *l'Esprit nouveau*, que M. Quinet ne se sent jamais satisfait de lui-même ; toujours il cherche, et sans cesse il trouve. Il marche d'un pas réglé, mais constant, dans la voie où semblent le précéder ceux qui ne font que paraître l'appeler. Souvent on dirait qu'il adopte les idées qu'il ne fait que contrôler. On sent là la marque d'un sérieux et libre esprit qui cherche constamment à apprendre et qui, portant à son insu, et sans en faire fracas, la noble devise *cercando il vero*, ne croira jamais avoir assez fait tant qu'il lui restera quelque chose à apprendre et à enseigner à ceux qui le lisent.

Cette ardeur admirable anime et soutient tout le nouveau livre de M. Edgar Quinet. Il faut le suivre dans ses beaux développements sur la physiologie sociale, sur l'esprit nouveau dans la politique, dans la critique littéraire, dans l'histoire et la métaphysique. On y voit une grande et sereine application des plus belles facultés à l'examen des problèmes les plus délicats, abordés avec hardiesse, scrutés avec conscience, et présentés non pas tant dans leur solution que dans leurs éléments avec sincérité et largeur, avec autant de raison que d'éloquence. Le style de l'éminent écrivain ne vieillit pas. Il mûrit, c'est-à-dire qu'il prend à la fois plus de force et plus de saveur. Par moments, on croirait que c'est Montaigne qui parle, et par moments c'est Montesquieu qui semble avoir écrit. L'historien philosophe cède par intervalles la parole au moraliste tantôt enjoué, tantôt sévère, toujours attachant et profond. Ce qui est surprenant surtout, c'est la fraîcheur de l'imagination qui atteste une âme toujours sensible, un cœur toujours jeune et chaud. Voici, par exemple, un chapitre intitulé *la Prière du Pharisien*. Quoi de plus attrayant et quoi de plus profond? C'est de la comédie très haute. On sourit, mais on pense.

SPULLER.

Le Rappel. — (1ᵉʳ décembre 1874.) — M. Edgar Quinet vient de publier un livre qui n'est pas seulement élevé, magistral, profond de pensée et beau de forme, comme tous ceux qu'il a signés; il s'y rencontre des pages de l'actualité la plus saisissante et la plus imprévue qu'on puisse imaginer. Le *Rappel* étudiera, comme il convient cette grande œuvre, où l'Histoire, l'Art, la Philosophie sont rassemblés dans un ensemble majestueux; nous voulons seulement remarquer combien elle éclaire d'un jour nouveau certains côtés très actuels de la situation de la France.

Qu'on se rappelle la surprise de l'opinion, en France et ailleurs, quand nos « conservateurs » reparurent sur la scène.

Dans une grande partie du public, l'idée de ce qu'ils furent en 1848 s'était un peu effacée avant 1870. Ils luttaient contre l'empire. Ils défendaient les idées de liberté très chaudement, et semblaient y être acquis. Ils étaient attachés à des régimes qui avaient eu des politiques et des orateurs tels que M. Thiers, Berryer, Guizot. Ils continuaient cette aristocratie de la Restauration et ce monde de la royauté de Juillet qui avaient été mêlés, dans une certaine mesure, au mouvement littéraire, historique, scientifique de leur temps. Ecartés de la scène politique par l'empire et les candidatures officielles, ils étaient à peu près inconnus. Des articles d'un fort poids dont les idées étaient relativement libérales, leur avaient fait une demi-réputation; la campagne entreprise avec le parti républicain avait jeté sur eux une demi-popularité, quand les catastrophes de 1870, le désir de la paix, un concours de circonstances tout à fait extraordinaire, les amena en pleine lumière. Voilà quatre ans bientôt que cela dure.

On n'a pas cessé d'être stupéfait.

On découvrit brusquement des nains qui semblaient venus d'une autre planète, tant leurs idées étaient différentes de celles de leur pays et de leur siècle. Si encore ils avaient été seulement des ennemis de la République, des fidélités obstinées et intraitables à la forme monarchique! De telles fidélités, funestes au pays, auraient pu avoir leur grandeur et trouver des accents dignes d'une grande cause. Mais non : au moment où il fallait à la patrie blessée une politique grande, populaire et cordiale, on vit tous ces petits hommes se jeter dans toutes les petites choses, remuants dans les coulisses, médiocres sur la scène. On leur chercha vainement des idées et des paroles. On vit des traits de caractère qui auraient semblé des excentricités inventées à plaisir : — ce principe dominant qu'un pays n'a pas besoin d'une forme de gouvernement ; — des hommes conviant une grande Assemblée à renoncer à l'examen de questions essentielles « au repos du pays et à la prospérité des affaires », « parce qu'il fait trop chaud » ; — l'état de siège pour loi; le cléricalisme pour inspiration ; — toutes les libertés supprimées...

D'où sortaient ces hommes étranges? L'un, venu de basse Bretagne, aurait volontiers supprimé l'Opéra, ce royaume de Satan. L'autre, sorti des forêts de pins des Landes, voyait dans Paris des statues nues, et s'indignait. Celui-là proposait de compléter la loi du dimanche de la Restauration, qui était trop molle. On assurait, aux rires de l'Europe, que sous l'ancien régime il n'y avait ni dîmes, ni corvées. Il y avait des gens qui, quand on nommait J.-J. Rousseau, criaient comme s'ils eussent entendu un gros mot. D'autres voulaient renverser le second personnage de l'Etat, le président de l'Assemblée, parce qu'il n'admettait pas que le mot « bagage » fût une insulte.

Bref, en dehors même de la politique, on assistait à ce qu'on n'aurait jamais attendu, on se frottait les yeux, on se tâtait pour s'assurer qu'on ne rêvait pas.

Vous cherchiez les héritiers des Guizot, des Berryer, des Broglie (le père)? Regardez, les voilà.

Edgar Quinet a assisté durant quatre ans au spectacle donné par ces conservateurs. Il ne les a pas jugés seulement avec sa haute moralité, avec sa fidélité à la cause du progrès, avec sa noble intelligence. Il en a écrit l'histoire. Rien de curieux comme cette étude toute scientifique, — et incontestable comme la science, — appuyée sur des faits constatés par les naturalistes, sur des lois physiologiques et psychologiques, sur des exemples de l'histoire.

Nous ne voulons pas répéter comment l'auteur montre les aristocraties s'éteignant de siècle en siècle, suivant une loi vérifiée dans tous les pays, et obligées de se renouveler par des mésalliances, ou avec des parvenus; comment il définit, par des faits précis et certains, les personnages de nos classes dirigeantes, y montre des « plébéiens rénégats », et retrouve, sous le masque de M. et de Mme d'Escarbagnas, la figure, le sang, l'aigre fausset de Turcaret et de Crispin; comment il établit par quelle logique des choses cette fausse aristocratie, qui ne peut être noble et ne veut plus être plébéienne, va toujours baissant; comment il suit pas à pas le rétrécissement des cerveaux, l'atrophie de l'intelligence, la « dégénérescence de l'espèce. »

De là, cet être unique, qui est le « réacteur » français: personnage si complet qu'on chercherait vainement son pareil dans le reste de l'Europe.

Nous n'essayons pas de résumer en quelques lignes une étude comme celle de M. Edgar Quinet. A peine pouvons-nous la signaler. Mais, dans ce tableau très scientifique, on est à chaque pas saisi par une application directe et frappante aux choses du jour; on se prononce des noms propres à soi-même. Un passage en donnera l'idée. On dirait, à le lire, un extrait d'un traité d'anthropologie et, en même temps... — que le lecteur juge :

« Dans la décadence d'une classe, voici, au point de vue physique, les premiers signes de la dégénérescence : le regard éteint, et que la colère même ne peut pas faire revivre. Plus de physionomie. La face, non impassible, mais inanimée. La calvitie précoce. C'est surtout par l'organe de la voix que se trahit la dégénérescence physique. Ecoutez cette voix criarde, écorchée, qui n'a presque rien d'humain. Un degré de plus, c'est celle de l'anthropoïde.

« Au point de vue moral, ce qui périt d'abord, c'est la hauteur de pensée. Les classes élevées reprennent dans leur décadence plusieurs des caractères des peuples incultes : par exemple, elles ne peuvent plus comprendre la générosité, ni la pitié, ni la clémence. Est-ce par l'effet de ce que les naturalistes appellent régression vers le type de l'âge de pierre ? — Nous ferons des lois de vengeance, disent-elles. Si les Australiens parlaient de loi, ils ne parleraient pas autrement. »

N'est-ce pas que le portrait est précis, complet, et si ressemblant, qu'en le lisant on s'écrie : « Comme c'est bien lui ! »

CAMILLE PELLETAN.

Le Bien Public. — (15 décembre 1874.) — « La vie humaine n'est pas une chute continue de la jeunesse à l'âge mûr, de l'âge mûr à la vieillesse. J'ai senti tout autrement l'existence. Ma jeunesse a été triste, mon âge mûr meilleur, ma vieillesse heureuse. La première lueur est devenue lumière ; la lumière vérité ; la vérité repos, paix, bonheur. Voilà quelles ont été pour moi les époques de la vie : une ascension vers la lumière. »

M. Quinet a le droit de tenir ce fier langage, et tout son livre en est la preuve. C'est un généreux et vaillant esprit qui, arrivé au sommet de la vie par l'expérience et l'espérance, par la pensée poétique et le vaste savoir, a le droit de gourmander hautement les défaillances misérables, les calculs mesquins, les séniles défections de beaucoup d'hommes de notre temps.

Il croit à la vie et à la vérité, au progrès et à la République ; il y croit d'une foi virile, éprouvée par de fortes et longues méditations, par l'étude et l'exil, mûrie par l'âge, et devenue l'énergique nécessité des grands cœurs. Aussi a-t-il pu écrire d'un style ferme et riche ce beau livre dont la pensée essentielle et le titre même sont pleins de promesses et d'une jeunesse éclatante : *l'Esprit nouveau*.

Ce titre est aussi juste que profond. Il y a une République savante et populaire à la fois ; une démocratie calme et sûre de l'avenir ; une liberté arrivée à la pleine conscience de sa force et de sa responsabilité, qui a le vent en poupe, et le souffle qui la porte en avant, c'est bien l'*esprit nouveau*.

Cet esprit-là est le contraire de celui dont sont animés l'orléanisme, qui nous perd, la légitimité qui désespère de nous asservir, le bonapartisme qui veut nous tendre un nouveau guet-apens nocturne ; M. Quinet les définit très bien : *un byzantinisme à trois têtes*.

Son livre est la confession d'une âme droite qui a réagi contre les misères morales de son temps. Son point de départ (et il y reviendra magistralement avant de finir), c'est le spectacle humiliant que sa jeunesse a eu sous les yeux depuis 1830 et contre lequel sa conscience d'homme et de citoyen, sa droiture de penseur sérieux se sont révoltés. Il a vu le libéralisme de la Restauration devenir le doctrinarisme obstinément rétrograde du juste milieu et de la *fusion*. Il a vu la poésie byronienne qui se lamentait orgueilleusement sur l'isolement de l'homme au milieu du vide, ne créer que des tempéraments énervés, des âmes sans virilité. Il a vu l'éclectisme cousinien se perdre dans la complicité cléricale. Enfin, en Allemagne, ce culte du beau, que le vieux Creuzer professait avec enthousiasme à Heidelberg, sous les vertes forêts des bords du Neckar, il l'a vu faire place à la philosophie du désespoir, à la théorie bouddhiste de *l'extrême Orient*. Contre toutes ces dégénérescences humiliantes, la fermeté de cœur et la hauteur de vues de M. Quinet ont protesté avec une persévérance invincible qui lui fait le plus grand honneur.

Il n'est pas de ces esprits étroits qui n'ont rien vu hors de la France. Nourri de l'antiquité et se retrempant sans cesse dans Thucydide et Homère, mettant à profit les plus récents travaux de l'érudition et les fouilles des plus habiles chercheurs, il a cherché le bien et le vrai au delà de toutes les frontières. L'Orient et Rome antique, l'Allemagne et l'Italie, les Grecs modernes et les Roumains, l'Espagne et la Pologne, les Provinces-Unies avec leur digne représentant Marnix de Sainte-Aldegonde; la Suisse enfin, vue de près dans l'exil, ont fourni à ce travailleur infatigable des sujets de comparaison sympathique et féconde. La France surtout, sans cesse étudiée avec amour depuis les légendes armoricaines jusqu'aux douleurs de sa dernière résistance à l'invasion, a enflammé d'une passion patriotique cet ardent citoyen.

Quand donc il nous dit de son volume nouveau « ce livre résume le travail de ma vie », c'est avec une déférence pleine de confiance que notre pays doit écouter les leçons d'un maître éminent et aimé. Il ne sera pas suspect lorsqu'il parlera de la souveraineté de l'esprit, lui dont toute la vie a été une guerre si courageuse et si éloquente contre le jésuitisme et tout ce qui en dépend.

Une des belles pages de ce livre (et elles abondent) c'est celle où il dit qu'il y aurait un moyen sûr de jeter la France dans la négation acharnée de Dieu, dans un athéisme à outrance; ce serait de lui imposer de nouveau l'hypocrisie officielle et intolérante d'un ultramontanisme dévot.

Dans un premier livre sur les *Origines du monde intellectuel et moral*, il a trouvé un éloquent *Défi au doute absolu*, et l'auteur oppose hardiment aux misères du scepticisme, qui ne croit qu'à la force et à la ruse, l'inébranlable majesté de sa foi. L'appui qu'a cru trouver dans les théories de Darwin le droit du plus fort, cette pédantesque excuse de tous les spoliateurs, est réduit à néant par lui. Il se demandera plus tard pourquoi en un temps où toutes les sciences avancent vers la lumière et s'enrichissent mutuellement des découvertes de chacune, « la science politique n'est encore pour tant d'hommes que l'art byzantin de la fraude. »

Il voit l'histoire de France, depuis l'émancipation des communes, suivre toujours le même rhythme à trois temps ; un certain progrès, une certaine liberté étant obtenus dans le premier temps, la réaction les détruit dans le second, périt au troisième par une révolution, et tout est à recommencer.

D'où vient cette stérile uniformité ? M. Quinet le montrera clairement et terminera très dignement son premier livre par cette admirable page 72.

Le second livre, intitulé : *Physiologie sociale*, met à néant, au nom des sciences naturelles et de la statistique, les prétentions des classes qui se disent dirigeantes, à la vieille noblesse de race et aux supériorités de la culture héréditaire. En vérité, M. Quinet a peut-être pris ici trop de peine. Il suffit de comparer dans une séance de l'Assemblée actuelle les emportements de la droite avec le calme et la tenue de la gauche pour faire justice de semblables prétentions. En France comme en Prusse, le hobereau n'est souvent ni un homme distingué, ni un homme bien élevé.

Le livre III s'attaque à l'esprit byzantin et à la *Plutocratie*, que M. Quinet fait voir dans toute sa laideur et sa malfaisante sottise. Il y a là un petit chapitre aussi mordant que vrai, intitulé : *la Prière du Pharisien*.

C'est encore un admirable chapitre que celui intitulé *l'Art de refaire des caractères*. Il serait infiniment à désirer que ce grand art qui existe (M. Quinet le prouve) fût plus connu, et surtout beaucoup plus mis à profit.

A propos de l'*Esprit nouveau dans l'histoire* (livre IV), M. Quinet s'élève contre le faux libéralisme de l'école doctrinaire et contre le mal qu'a fait l'empire par la funeste contagion qu'il a répandue dans les âmes vulgaires. Non seulement de coupables historiens français et allemands ont fait la théorie des coups d'Etat, l'apothéose de César et de ses nombreux imitateurs ; non seulement on a habillé les hommes de tous les temps en petits-crevés bonapartistes, mais on a prêché que le monde est fait pour être mené par le plus violent. M. Quinet a d'autant plus grande raison que cette fièvre impériale n'est pas usée partout. En France, cette comédie a été une féerie aussi absurde qu'éclatante et lascive, finissant par un tableau de l'enfer ; à Haïti, on en a joué la parodie en langue nègre ; au Mexique, on en a fait une tragédie dont le héros périt au dénouement. Ailleurs, on en a fait un mystère féodal, avec des rois vassaux, des populations deux fois sujettes, et Dieu qui joue le rôle de complaisant des principaux personnages.

Le sophisme de Strauss, qui a prétendu que *l'histo re est une bonne aristocrate*, est pleinement réfuté par le bon sens de l'écrivain français et sa science historique.

Dans le livre consacré à la *Critique littéraire*, Homère sert d'exemple aux méthodes que l'*Esprit nouveau* doit mettre en œuvre. M. Quinet, qui vient de relire avec tout l'appareil de l'érudition actuelle, l'*Iliade* et l'*Odyssée*, proteste, au nom de l'art et de la psychologie, contre Wolff et ses innombrables adeptes qui nient Homère, éparpillent son génie parmi une foule obscure de rhapsodes, et s'imaginent que le beau s'émiette, ainsi qu'une grande œuvre d'art faite par tout le monde et au hasard.

Rien n'est plus juste que cette réfutation, et nous voudrions aller plus loin encore dans cette voie. L'art est essentiellement individualiste. Le génie n'a jamais été qu'un don personnel, un effort privé, et non ce que l'industrie et le commerce appellent une raison sociale. Au fond, les sceptiques, les despotes et les philosophes du néant s'accordent à nier, à détester l'individualité. L'ami de l'art et de la liberté, le philosophe de l'espérance et de l'avenir doivent s'appliquer à relever et à mettre en pleine lumière l'individu. On ne fait des citoyens qu'avec des hommes ; on fait aisément des esclaves avec tous ceux qui ne croient pas en eux-mêmes et en leur droit.

Sans suivre M. Quinet dans ses curieuses études sur les épopées homériques, où il voit l'histoire des derniers jours de l'âge de bronze et l'avènement à peine indiqué de l'âge de fer, nous signalerons en finissant ses deux derniers livres, qui ne sont pas les moins importants. Dans l'un il expose, dans l'autre il réfute la déplorable philosophie de l'*Inconscient* (*der Unbewusste*) qui a la vogue en Allemagne. Elle émane de Schopenhauer, mais c'est à M. de Hartmann que revient l'honneur de l'avoir développée dans toute sa repoussante inanité. L'*Inconscient*, c'est le créateur qui a fait le monde par un caprice regrettable et l'a fait sans le vouloir aussi mauvais qu'il pouvait être. Le mal, c'est l'existence. Le sage doit exister le moins possible, et travailler non seulement à l'anéantissement de lui-même et de l'humanité, mais de ce monde et de tous les mondes.

Docteur, lui répond M. Quinet avec un bon sens bien spirituel et bien fin : vous êtes « un philosophe de mauvaise humeur. » Ce n'est certes pas sa seule réponse, mais elle est excellente et à nos yeux elle suffit.

Quel signe des temps ! Quelle leçon pour l'humanité que de voir l'Allemagne unifiée, grossie, victorieuse, gorgée de millards, se jeter dans la philosophie du désespoir ou de la mauvaise humeur ! Cette remarque est de M. Quinet; mais il nous permettra d'ajouter : Et quel honneur pour la France démembrée, vaincue, appauvrie, livrée aux byzantins, de donner au monde des enseignements comme ceux de ce livre, plein d'âme, de lumière, de vie intellectuelle et de santé morale !

Autant le théoricien de *l'Inconscient* nous repousse et nous révolte avec ses sombres négations du bonheur, de la vertu et de la vérité, de l'amour et de l'amitié, de l'avenir et du présent, autant on se sent attiré par la largeur de cœur et d'esprit, par la franchise d'allures, la bonne humeur méritoire et sincère de M. Quinet. Toute la basse philosophie du néant ne vaut pas ces deux paroles :

« Quand vous êtes sincère, vous sentez en vous-même un point de résistance invincible à tous les éléments ; diamant que l'effort conjuré du monde ne pourrait entamer. »

« Vous aussi, vous êtes une force que les éternités n'useront pas : est-ce là trop peu pour vous ? Vous aure les destinées de la force infinie : est-ce là déchoir de vos origines ? »

Il y aurait à signaler dans ce livre, qui remue tant d'idées, maints aperçus ingénieux et justes. Telle est, par exemple, cette remarque heureuse, qu'il y a dans l'art digne de ce nom une force de conservation, une puissance qui fait durer les nationalités et même au besoin les fait revivre. Par le culte élevé du beau, on ajoute non seulement à la richesse, mais à la vitalité persistante du genre humain, et en particulier à celles du peuple dont on fait partie. Quand en France des artistes, des poëtes, des écrivains, des penseurs créent une œuvre nouvelle digne de vivre, ils augmentent la force de résistance de leur patrie ; ils la rendent plus capable de survivre aux canons Krupp, aux mutilations et aux exactions de la violence hostile, aux attaques d'un gouvernement de combat. N'est-ce pas un glorieux, un touchant stimulant pour le génie de l'art français, que cette vérité : créer le beau, c'est plus que vivre, c'est faire vivre la patrie !

Au moment de finir ce résumé des convictions de toute sa vie, le penseur se rappelle avec une mélancolie qui n'est pas sans grandeur que l'ordre moral ne permet pas même aux amis d'un adversaire du cléricalisme d'accompagner ses restes à la tombe, et le menace du coin des suppliciés. Dans cette prévision, il se fait à lui-même en esprit son cortège funèbre.

« Je convie autour de moi, quand viendra ce moment, les pensées les plus hautes et les meilleures où j'ai pu m'élever, les vérités que j'ai rencontrées et servies, les idées immortelles qui m'ont apparu depuis ma jeunesse jusqu'à mon dernier jour. Qu'elles viennent et me protègent au delà de la mort. » Quelles funérailles plus belles ? Et cependant il y a dans ce livre telle page qu'il suffirait de faire lire par le premier venu sur cette tombe que M. Quinet, comme bien d'autres vigoureux croyants, ne craint pas de se figurer à l'avance : cette lecture serait une très noble et, à le bien prendre, une très religieuse oraison funèbre.

Mais espérons qu'avant ce jour-là, M. Quinet aura écrit

bien d'autres pages tout aussi belles ; et nous nous permettons de lui proposer ici un sujet qu'il a traité déjà en prophète, et que nous lui verrons raconter en historien d'un fait accompli : la décadence, la chute et l'enterrement du byzantinisme ou soi-disant ordre moral.

ALEXANDRE REY.

Le Phare de la Loire. — (9 et 15 décembre 1874.) — « Ce livre, dit en commençant l'auteur, résume le travail de ma vie. » Il renferme, en effet, les conclusions auxquelles M. Quinet est arrivé, sur l'art, l'histoire, la philosophie : c'est une sorte de confession scientifique, sincère, complète ; l'illustre écrivain ne veut heurter personne, mais il n'a pas non plus la prétention de satisfaire tout le monde : il se contente d'être calme et toujours de bonne foi.

Double qualité, rare au temps où nous vivons. Voltaire dit quelque part qu'au théâtre il faut frapper fort plutôt que frapper juste. Cette nécessité, plus ou moins contestable à la scène, est devenue souvent la règle là où elle était plus contestable encore ; on s'est avant tout, même en philosophie, préoccupé de l'effet, les prudents pour ménager les susceptibilités dangereuses, les gens hardis, au contraire, pour les agacer à plaisir. Quant à la vérité en elle-même, aussi peu propre le plus souvent à satisfaire les uns qu'à étonner les autres, on s'en est moins inquiété. En somme, c'est le ton paradoxal, l'affirmation bruyante et provoquante qui a prévalu ; il semblait même aux plus sincères qu'une doctrine philosophique devait être promulguée, comme les tables de la loi, au bruit de la foudre, à la lueur des éclairs. Assourdir, ce n'est pas convaincre, ce n'est même pas le moyen de se faire entendre et la vérité perdrait trop à ce terrible accompagnement. Dire modestement ce que l'on croit vrai et pourquoi on le croit tel, le dire sans prétendre imposer à personne ses convictions, mais aussi sans se désintéresser insolemment de l'adhésion de ceux qui vous font l'honneur de vous lire, se préserver surtout de cette servilité intellectuelle qui consulte à toute heure l'opinion variable et dominante, comme une couturière le *Journal des Modes*, pour savoir si elle se conforme bien au goût du jour et si ses idées se portent encore; tout cela est une affaire et constitue à ce nouveau livre une véritable originalité.

Comme tous ceux qui ont profondément étudié le passé, qui en savent les grandeurs et les faiblesses, Edgar Quinet ne s'effraie pas de l'esprit nouveau. Comme tous ceux aussi qui ont passé dans les hautes spéculations et les études inaccessibles au plus grand nombre, ce loyal amour du vrai qui ne se préoccupe point des solutions *distinguées*, Edgar Quinet ne méprise point le sens commun. C'est en s'appuyant sur les plus simples données de la conscience et du bon sens, qu'il combat la nouvelle philosophie allemande, ce nihilisme hautain et prétentieux, qui n'a pas même le mérite de l'originalité; car c'est une importation de la terre classique des servitudes, une édition nouvelle du bouddhisme, qui du moins dans l'Inde n'était pas le produit d'un calcul et avait le mérite d'une génération spontanée. Cet anéantissement du moi humain, cette « philosophie du désespoir, » paraît frapper un peu trop M. Quinet, et je crains qu'il ne la prenne bien au sérieux. Les échantillons qu'on nous offre au moins de ce côté-ci des Vosges, ne nous en donnent pas une si haute idée. M. Quinet s'efforce de *consoler* ces désespérés ; je crains qu'il ne les fasse simplement sourire. Il essaie de leur démontrer que l'amour, l'amitié, la liberté, toutes ces belles et nobles choses, ne sont pas des illusions. Je doute qu'il réussisse à les convaincre ; ils se sont trop bien trouvés d'y renoncer pour les reprendre, si j'en juge du moins par la plupart des désespérés que j'ai connus, et qui, comme Rachel, mais pour une raison différente, ne veulent pas être consolés ; ils n'en éprouvent pas le besoin. Leur désespoir est un placement ; leurs « illusions, » ils les ont échangées contre quelque chose de plus solide, une douleur si lucrative est une maladie dont on ne guérit point. C'est du reste ce que M. Quinet finit par reconnaître : « Si je hais, dit-il quelque chose sur la terre, c'est ce mot : j'ai perdu mes illusions. Quand tu viens à prononcer cette parole, sache que c'est toi qui n'es plus qu'une illusion, c'est-à-dire un masque dont tu ne parviens plus même à cacher les ficelles. La femme qui a perdu ses illusions se fait courtisane. Le politique qui a perdu ses illusions, se fait réacteur libéral. Le financier qui a perdu ses illusions, se fait banqueroutier... » Tout cela est très vrai ; mais il faut ajouter qu'en fait d'illusions, ils avaient certainement peu à perdre, et que c'en serait une, et même un peu naïve, que de croire qu'ils les regrettent bien amèrement.

Gardons les nôtres, et qu'elles nous soient chères, comme à Edgar Quinet ; car elles ont été l'honneur de sa vie, la règle de sa conduite, l'inspiration de ses œuvres ; c'est à elles que nous devons encore ce beau et noble livre. Et nous ne serons pas dupes ! Nous le serions, si nous avions la moindre espérance de ramener à de plus consolantes doctrines ceux qui ont inventé, comme une recette de bien-être et de fortune, le scepticisme calculateur, le désespoir avec préméditation.

EUGÈNE DESPOIS.

Edgar Quinet est doué de facultés d'un ordre particulier. Il prend les faits qu'une érudition spéciale a établis et prouvés, et il les éclaire. Il jette de la lumière sur les idées. Un rayon sort de son esprit, et va vivifier, pour certains lecteurs, les parties de la science qui demeureraient sans lui dans le demi-jour du travail. La science, et aussi la philosophie et l'histoire, prennent une poésie attrayante sous sa plume. Il vulgarise par l'éclat. Il fait aimer ce qu'on a peur de ne pas comprendre. Il instruit les imaginations; il persuade par diffusion; il enseigne par le lyrisme.

Humboldt nous paraît avoir eu le double don d'être un savant orthodoxe pour la conception et un poëte pour l'exposition. Edgar Quinet féconde et généralise les découvertes que notre époque a faites à travers la création.

Les esprits de cette sorte sont rares et précieux. Qu'il s'agisse du monde matériel ou du monde intellectuel, Edgar Quinet élargit le domaine qu'il veut faire parcourir à ses lecteurs. Il saisit l'intelligence par la grandeur des choses et il résume les lois qui se dégagent des faits avec émotion et avec amour.

Le livre que nous venons de lire est la suite et le complément de l'ouvrage intitulé *la Création*. C'est à la fois un livre de cantiques et un volume de doctrine. Il chante ce que d'autres ont prouvé. C'est le Tyrtée de la science moderne. Comme le grand prêtre des choses, il officie en présence des découvertes. Que de gens ne sauraient rien, s'ils n'avaient pas ses livres. Il invite à lire; il vous montre que c'est nouveau et bon à connaître; et l'on entre avec lui dans Schopenhauer, dans Darwin, dans les systèmes et dans les doctrines.

Il trouve la voie dans les ténèbres et, comme une mère qui apprend à son enfant à aimer les fleurs, il nous montre l'éclat des nouvelles idées et nous fait respirer le parfum des hautes espérances; il fait briller une vie de l'avenir qui échapperait aux regards. Il vous fait voir très loin et très profondément. Il ne croit pas à cette vieillesse du globe sous laquelle on veut accabler l'homme. Il se « débarrasse de ces fantaisies qui font dater l'univers de nous-mêmes, qui sommes d'hier. » Il exorcise les spectres et fait éclater les vérités et les confiances.

Sa vie d'écrivain est comme sa vie politique: toujours en avant, parmi les premiers, et prononçant de grandes paroles en tête des hommes et des choses.

Triste de nos malheurs, il veut ranimer le ressort et réveiller les caractères. Rien que ces pages du cœur de son livre sont saines et nourrissantes. Il dit quelque part un mot qui est la devise de sa vie d'écrivain :

« Je me défie des thèses qui stérilisent l'esprit humain. »

Toute la fin de ce livre est substantielle, élevée, ironique, éclatante, affirmative.

Edgar Quinet serre Brutus sur son cœur; il lui pardonne son mot terrible sur la vertu, qu'il restitue à la

Médée d'Euripide, et trouve l'absolution de cette citation fatale dans le suicide du grand Romain.

Voilà certes un beau spectacle que ce solide vieillard qui, avec la sérénité inspirée d'un Hésiode, chante la nature et la vie, réveille les espérances, et s'avance avec certitude sur cette terre où tant de jeunes gens trébuchent de lâcheté et d'ennui. C'est l'œil le plus ferme encore et qui découvre le mieux, du haut des sommets blanchis où habite sa pensée, les vastes horizons et les vérités certaines.

L. LAURENT PICHAT.

Le Progrès de Lyon. — (3 janvier 1875.) — Ce qui montre évidemment, malgré les déclarations des théologiens et des dignitaires bien pensants, que la France n'est pas résignée à s'endormir dans la superstition, qu'elle veut vivre, connaître et agir, respirer librement, s'envelopper dans le droit, se désaltérer aux sources intarissables de la justice et de la science, c'est l'accueil fait par le public au magnifique livre de M. Edgar Quinet : *l'Esprit nouveau*.

A peine avons-nous fini de lire ce beau volume pour en rendre compte aux lecteurs du *Progrès*, que déjà une seconde édition succède à la première, épuisée en quelques jours.

Sans doute le nom illustre de l'auteur d'*Ahasvérus*, des *Révolutions d'Italie*, de *la Création* et de tant d'autres œuvres puissantes, est de ceux qui, depuis trente ans, ont toujours triomphé de l'indifférence, même aux plus sombres instants de notre histoire ; sans doute l'empressement des lecteurs est un hommage légitime rendu à la gloire d'un écrivain dont le caractère égale le génie ! Nous aimons à le constater, estimant qu'il faut beaucoup attendre des peuples qui gardent leur fidélité aux défenseurs de la liberté et du droit.

Ce n'est point là cependant la seule cause du succès exceptionnel du dernier ouvrage de M. Edgar Quinet, et il n'est peut-être pas inutile de rechercher pour quels motifs *l'Esprit nouveau* a été lu fiévreusement, depuis son apparition en librairie, par des hommes appartenant à toutes les classes de la société française.

C'est parce que *l'Esprit nouveau* est une œuvre de lumière, c'est-à-dire de science et de vérité; c'est parce que dans ces pages profondes, les âmes hésitantes pourchassées par l'hypocrisie et la peur, ont trouvé un refuge, les savants une synthèse éloquente, tous les hommes de bonne volonté un guide, que le succès de ce livre a été si spontané et si général.

Là, ni idoles, ni noirs démons, ni dragons aux ailes vertes, ni miracles, ni puissances surnaturelles, ni mysticisme, ni extase ; aucun de ces fantômes nés de la mort, terreur de la crédulité ; point de faux stoïcisme ou d'éclectisme malsain, stériles philosophies des vendeurs d'orviétan.

Là, au contraire, l'amour du vrai, la logique austère, une dialectique vigoureuse sous une forme saisissante, la raison triomphante, le calme et l'équilibre d'une pensée pure, libre et sûre d'elle-même.

Divisé en sept livres, le volume que nous analysons embrasse tous les sujets qui sont la préoccupation des penseurs de ce temps.

Quelles sont les origines du monde intellectuel et moral?

Comment doit se poser le nouveau problème social?

Quel est l'esprit nouveau dans la science politique, dans l'histoire, dans la critique littéraire, dans la philosophie?

Comment repousser la doctrine du désespoir et pacifier l'esprit humain ?

Telles sont les questions immenses, tels sont les problèmes d'un intérêt capital pour le genre humain abordés par M. Edgar Quinet avec une ampleur et une autorité qui n'appartiennent qu'à lui.

Que d'idées nouvelles à chaque page et quelle attachante lecture ! Quand on souffre de marcher toujours dans les mêmes ornières avec les mêmes écrivains officiels, quelle joie immense de quitter enfin les chemins battus, à la suite d'un conducteur vaillant et sincère !

Je voudrais pouvoir dire ici avec quel bon sens et quelle verve inspirée l'auteur de *l'Esprit nouveau* fait justice, dans une série de chapitres, de la folie byzantine et des sophismes de la philosophie allemande contemporaine ; mais comment résumer ces pages si remplies de faits et de déductions irréfutables ! Comme on voit, comme on sent que pas une ligne n'a été tracée par l'écrivain sans avoir été vécue.

Dans des dialogues où la sérénité de Platon tempère l'ironie de Socrate, M. Edgar Quinet a soufflé sur ces maladies cérébrales, excusables dans l'Inde esclave, impardonnables dans une société libre, et c'est plaisir pour des Français, qui apprécient encore Voltaire, d'arriver, avec un de ses glorieux successeurs, aux conclusions si nettes, si remplies d'espérance, qui sont comme la synthèse de *l'Esprit nouveau*.

Non, la peur, la décrépitude, la mort, l'anéantissement, le sommeil éternel ne sont pas le dernier mot de l'humanité ; non, le genre humain, désespérant de sortir des labyrinthes métaphysiques, n'a pas pour unique avenir de se précipiter tout entier sur le bûcher de Sardanapale.

Puisque pour la philosophie allemande le progrès est une platitude et le suicide l'idéal des sociétés civilisées, ce sera le vaincu qui consolera le vainqueur.

Ne désespérons donc pas ! Si les générations futures s'inspirent des grands exemples de celles qui les ont précédées, fortes de tant de découvertes scientifiques autrefois ignorées, elles peuvent, le front haut, entrer résolument en lutte contre les coalisés du vieux monde.

Elles doivent nécessairement triompher.

Après la victoire définitive, qu'elles se souviennent, et, payant un tribu de reconnaissance à leurs bienfaiteurs, qu'elles inscrivent sur le livre d'or de l'ère nouvelle le nom d'Edgar Quinet à côté de celui de tous les hommes illustres qui auront préparé l'émancipation de la raison humaine.

EDOUARD MILLAUD.

La Gironde de Bordeaux. — (5 et 12 janvier 1875.) — Henri Heine estimait que le plus grand poëte français de notre siècle n'était ni le correct Musset, ni le mélodieux Lamartine, ni le puissant Victor Hugo. D'après lui, c'était M. Edgar Quinet, dans lequel il voyait une sorte de Gœthe écrivant en français et en prose. Il n'aurait pas modifié son jugement s'il lui avait été donné de connaître le dernier ouvrage de notre grand historien philosophe. Il y a, en effet, dans *l'Esprit nouveau*, comme dans toutes les publications du même écrivain, un souffle poétique qui entraîne et subjugue le lecteur. L'auteur n'a pas vieilli : c'est toujours la même flamme, la même ardeur, le même enthousiasme pour la beauté et la vérité qu'on retrouve en lui. C'est toujours surtout la même sincérité absolue, la même haine du faux et du convenu. M. Edgar Quinet est une belle âme servie par une admirable plume. Son génie, épris des vastes horizons, tend de lui-même aux régions supérieures ; ce n'est pas qu'il perde de vue le monde où nous vivons, la patrie où nous souffrons ; seulement, il voit de haut les hommes et les choses : il les domine ; aussi y a-t-il une suprême sérénité dans son style ; ses pensées se moulent naturellement dans des formes d'une irréprochable pureté ; l'expression est noble et élevée sans raideur ni sécheresse, harmonieuse et colorée sans exubérance et sans fracas. On éprouve un véritable plaisir d'artiste à lire ces pages si chaudes et si vivantes, et c'est avec regret qu'on ferme le volume ; mais on peut le rouvrir quand on l'a fini. Il y a si peu de choses qui soient écrites aujourd'hui de cette grande et large manière dont il semble qu'on perde de plus en plus le secret ! Que la forme, toutefois, ne nous fasse pas oublier le fond. Nous ne pouvons entrer dans l'analyse détaillée de l'ouvrage : essayons du moins d'en donner une idée générale.

L'Esprit nouveau est en quelque sorte le testament intellectuel de M. Edgar Quinet, dont il résume les dernières vues scientifiques et sociales, politiques et littéraires, historiques et philosophiques, mais sans avoir la prétention de résoudre définitivement tous les problèmes qu'il soulève. Le but principal de l'auteur est de poser les principes de la nouvelle méthode, du *novum organum* définitif, qui doit désormais servir de guide à l'humanité pensante. Son dessein est donc le même que celui que poursuivait Descartes il y a deux siècles dans le *Discours de la méthode*. Comme Descartes aussi, il nous raconte quel a été le point de départ de son esprit et quelle évolution il a subie avant de voir ou de croire voir la vraie vérité lui apparaître. Rien de plus intéressant que cette franche confession d'une intelligence qui n'a été étrangère à aucune des discussions de notre siècle ; l'histoire mentale de M. Quinet est celle de bon nombre de ses contemporains, et beaucoup d'entre nous pourront s'y reconnaître. L'auteur de *l'Esprit nouveau* est parti de la métaphysique, qui l'a trompé, pour arriver d'étape en étape à mettre toute sa confiance dans la science, qui lui a rendu le repos et la sérénité de la pensée. Quelle était cette métaphysique décevante ? Quelle est cette science qui explique le monde et l'humanité ? Là, précisément, est tout le livre. Qu'on veuille bien nous prêter un moment d'attention : le sujet en vaut la peine. L'histoire des idées est encore plus importante que celle des faits.

Reportons-nous aux premières années de la Restauration. Une réaction violente, excessive comme toutes les réactions, s'opérait alors contre les doctrines sensualistes et matérialistes du dix-huitième siècle. La nouvelle philosophie était pénétrée, au début du moins, du panthéisme idéaliste de Hegel et de Schelling, qui avait séduit Victor Cousin. Bientôt cependant cet idéalisme transcendant, qui avait sa grandeur, était abandonné, ou plutôt, par une combinaison bâtarde, on essayait de le concilier avec la pauvre et étroite philosophie de l'école écossaise, toute renfermée dans l'étude d'un *moi* solitaire et sans rapport avec le monde, qu'elle prétendait néanmoins pouvoir connaître par les procédés et les méthodes des sciences de la nature. De là est né, sous le nom d'éclectisme, le spiritualisme officiel qui, jusqu'à ces dernières années, a régné en maître absolu, et même en despote intolérant, dans les établissements de l'Etat.

Faussement idéaliste et faussement expérimental, dénué de sens critique, manquant aussi bien de profondeur que d'élévation, condamné par son origine à vivre de compromis et de demi-vérités, à se passer de toute logique rigoureuse et à prendre les mots pour des idées, les formules pour des principes, les nomenclatures pour des explications, l'éclectisme cousinien n'a été qu'une philosophie scolastiquement oratoire qui a produit quelques beaux sermons, il faut en convenir, et aussi pas mal d'ennuyeux, mais qui, en définitive, n'a pu donner de solidité aux esprits, ni de trempe aux caractères. Cette doctrine du faux-fuyant et de l'à-peu-près apprenait à merveille, selon l'expression d'un philosophe allemand, à diluer un minimum d'idées dans un maximum de phrases ; elle a formé des rhétoriciens habiles à mettre d'accord l'autorité avec la liberté, la royauté avec la révolution, et la libre pensée avec la religion. Un tel régime intellectuel ne pouvait exercer qu'une influence débilitante sur la bourgeoisie française. L'éclectisme a en effet endormi les intelligences paresseuses qu'il eût fallu aiguillonner et pousser dans les voies de la science. Quant aux esprits vigoureux qui réclamaient une nourriture plus substantielle et qui n'ont pu s'empêcher de rester scientifiques, rebutés par la maigre pitance métaphysique qui leur était offerte, ils se sont pris trop souvent de dégoût pour la philosophie elle-même, et se sont renfermés dans un positivisme étroit et dans un matérialisme intolérant. On ne saurait croire jusqu'à quel point les brillantes symphonies de Victor Cousin ont desservi en France la cause du spiritualisme, et abaissé les hautes études spéculatives.

M. Edgar Quinet s'était, comme tant d'autres, laissé enthousiasmer, dans sa jeunesse, par les doctrines idéalistes qui étaient en train de conquérir les intelligences. Il en fut d'abord émerveillé. Avec cette généreuse et poétique nature que nous lui connaissons, il se livra tout entier. La morale qu'il entendait prêcher lui paraissait si noble ! la métaphysique si élevée ! Mais bientôt, et c'est, nous raconte-t-il, ce qui l'a le plus surpris dans ce siècle, il vit des philosophes qui avaient commencé leur carrière par le plus haut spiritualisme le renier à la première épreuve, jeter à terre le faux manteau de stoïcisme dont ils s'étaient couverts. « Quand je pense, dit-il, avec quel orgueil, quelle intolérance régnait le spiritualisme officiel, et comme il avait peu d'influence sur la conduite de la vie, je ne puis regretter sa chute. Evidemment, il n'était qu'un thème, une convenance, une attitude altière, pour les meilleurs, un beau sujet de versification, une rêverie du soir. Il s'est vite évaporé : c'est qu'il n'était qu'une apparence, un parfum. » A partir de ce moment, M. Edgar Quinet renonça à écouter un maître; il osa penser par lui-même : « La liberté d'esprit naquit pour lui d'une immense déception. » D'ailleurs, en y réfléchissant mieux, il reconnut bientôt que l'idéalisme, si éclectique qu'il fût, ne lui donnait aucune lumière sur le monde et sur l'homme. Force était donc de se tourner d'un autre côté, de chercher d'autres principes et une autre méthode. Notre auteur a cherché, patiemment, laborieusement, « sans avoir jamais connu un jour de lassitude ou de découragement » dans sa vie d'écrivain. Il a écouté les discussions des savants, il s'est tenu au courant des découvertes et des théories nouvelles; l'esprit pur l'avait trompé, il a interrogé la nature.

Enfin, la lumière a lui à son esprit, et c'est avec un cri de joie parti du cœur qu'il la salue. Ecoutons-le : « Une force irrésistible entraîne le monde vers des idées nouvelles. L'éclectisme est d'hier, et pourtant rien ne peut nous ramener vers lui. Un infini nous en sépare. Nous avons vu de nos yeux ses représentants, ses docteurs, ses orateurs ; ils sont aussi loin de nous que la scolastique. Etrange chose de se sentir envahi par un nouveau flot de pensées, qui vous arrache à l'ancien rivage et vous emporte vers le monde à venir ! J'ai éprouvé quelque chose de semblable, lorsque la marée montante m'entraînait vers la haute mer, une force tranquille, patiente, indomptable. Malgré les douleurs contemporaines, auxquelles nul n'échappe, je remercie ma destinée de m'avoir donné de vivre dans ce temps plutôt que dans un autre, alors que, de tous côtés, arrivent les prémices d'une philosophie nouvelle. » C'est de cette philosophie nouvelle, c'est de cet « esprit nouveau » qu'il nous reste à parler. Nous ne savons si le *novum organum* que propose M. Edgar Quinet est aussi bien établi et aussi définitif, ou tout au moins aussi complet qu'il le croit ; mais, pour sûr, l'éclectisme cousinien a fait son temps.

« L'esprit pur, dit M. Edgar Quinet, m'avait trompé à ma première entrée dans la philosophie. Excellente occasion, si j'en savais user, de regarder cette autre face des choses que l'on proscrivait: la nature, le monde sensible, la vie, la réalité. Après quoi, sans garder aucune rancune à l'idéalisme, j'y pourrais revenir, moins défiant et plus calme, si la vérité m'appelait de ce côté. Ce plan a été à peu près celui que j'ai suivi. Il explique ce livre. » C'est donc à la science que l'auteur de *l'Esprit nouveau* a demandé les explications que le spiritualisme éclectique avait été impuissant à lui fournir ; c'est elle qui lui paraît devoir être la philosophie de l'avenir, aux lieu et place d'une vaine métaphysique qui n'est bonne, pense-t-il, qu'à égarer l'humanité et à retarder tout progrès. Par là, il se rapproche des positivistes, et il a, en effet, avec eux de nombreuses affinités, sans toutefois adopter tous leurs principes et sans employer aucune de leurs formules ; d'ailleurs, il est trop poëte pour se servir de formules sèches et froides. C'est une philosophie vivante et animée que la sienne ; elle prend tour à tour la forme de la satire ou du drame, du monologue passionné ou du dialogue rapide et serré. Rien qui rappelle le professeur exposant didactiquement et *ex cathedrâ* une suite de déductions syllogistiques. L'auteur engage avec le lecteur une causerie familière qui prend tous les tons et qui ne cesse jamais d'être élevée. Au surplus, son but n'est pas de présenter méthodiquement et en entrant dans le menu détail les découvertes des savants: il s'attache à mettre en lumière l'esprit de la science et de ses méthodes, et à montrer, par de larges aperçus qui lui permettent de donner ses conclusions sur les principales branches du savoir humain, comment tout s'explique ou pourra s'expliquer dans le monde par la connaissance même du monde.

Ainsi, la psychologie idéaliste lui avait rendu incompréhensible ce premier objet qui s'offre à nous, et qui est nous-même. M. Edgar Quinet a fait appel à l'histoire naturelle pour se rendre compte des origines du monde intellectuel et moral. Au lieu de considérer l'homme isolé du monde, isolé de son propre corps, et comme suspendu entre ciel et terre, sorte de Dieu pour les mystiques, de monstre pour les savants, de chimère pour les sceptiques, il le replace au milieu des êtres qui l'entourent, et il ne voit plus dans la vie humaine que le débrouillement de la vie animale. Tout ce qu'il y a de bon en nous, ce qu'il y a de mauvais aussi, tout, excepté le mensonge, ajoute notre auteur, se retrouve à un degré plus ou moins marqué dans les espèces inférieures. Il n'y a pas jusqu'à ce sentiment artistique de la beauté, d'où naît l'amour, le grand principe créateur, qui ne se révèle dans le règne animal. C'est même l'un des principaux moyens dont se sert l'utilitarisme de la nature pour assurer la prédominance aux individus les plus forts et les mieux organisés dans cette terrible concurrence vitale à laquelle préside la grande loi de sélection.

L'histoire naturelle n'a pas seulement éclairci pour M. Quinet les origines du genre humain ; c'est sur elle encore qu'il s'appuie pour formuler les lois de la « physiologie sociale. » C'est d'après elle qu'il affirme que la prétendue aristocratie héréditaire est le plus souvent une illusion pure, « puisqu'il est démontré que les familles historiques ont duré moins de trois cents ans. » La noblesse française actuelle n'a plus que du sang plébéien, et du plus mauvais, car les plébéiens qui ont pris la particule sont des renégats, et les plébéiennes dont les « fils des croisés » ont recherché la main, au prix d'une mésalliance, à cause de leur fortune, « ne sont riches que parce que leurs frères et leurs sœurs sont morts avant elles et leur ont laissé l'héritage : ce qui prouve qu'elles appartiennent à un sang pauvre et qu'elles portent en elles un principe de stérilité ou un germe de mort précoce. » Aussi qu'arrive-t-il dans ces mélanges formés par la seule cupidité ? c'est qu'il n'y a pas de produit, ou que le produit est « un métis qui n'appartient plus aux races fortes du peuple ni aux races élégantes de la gentilhommerie moderne. » D'ailleurs, outre les croisements, il y a une cause originelle qui condamne certaines classes d'hommes à une décadence irrévocable. Supposez une classe que son intérêt immédiat pousse à rejeter toute vérité, elle ne s'attachera qu'à des idées mortes, elle se fera une atmosphère de sophismes qui ne fournira aucun aliment vital à son cerveau ; or, « il n'est cerveau humain qui de père en fils puisse résister à l'emploi obstiné de l'art de mentir. Cette influence est bien pire que celle de l'alcool ou de l'opium. » Elle se manifeste par l'appauvrissement du type physiologique. « L'évolution ou la dépression cérébrale correspond aux époques de grandeur ou de décadence des classes comme des empires. Avertissement aux classes supérieures de nos jours. Elles sont précisément à cette limite extrême où l'organisation physique oscille encore entre la régénération et l'irrévocable déclin. » M. Edgar Quinet consacre à cette impitoyable démonstration la deuxième et la troisième partie de son livre ; il faut voir avec quelle amère éloquence, avec quelle mordante ironie il flagelle les pharisiens, qui s'autorisent de leur naissance et se couvrent du masque trompeur de l'intérêt public pour abuser le peuple et préparer dans cette noble terre de France le triomphe de l'hypocrisie et du mensonge. Il y a là des pages qui sont de toute beauté.

Combien de citations n'avons-nous pas sous la main ! Il y a une admirable théorie du mensonge qui serait à donner tout entière, et bien d'autres aussi ; mais tout le livre y passerait. Cet ouvrage est tout un monde, c'est une véritable encyclopédie : force nous est, comme nous l'avons dit, de n'en donner qu'une pâle idée. Ainsi, il serait intéressant de voir comment l'auteur met à contribution la paléontologie, pour essayer une nouvelle explication des dieux et des héros de la Grèce, de cette Grèce rayonnante et sereine, pour laquelle il a une sorte de culte filial. M. Edgar Quinet vient en effet de tenter les premières applications des découvertes de Cuvier sur les fossiles à l'histoire des religions de l'antiquité :

Hercule est pour lui le dompteur des monstres de l'âge quaternaire, tandis que Pallas Athéné et Neptune Poseidon représentent la lutte que se sont livrée la terre et la mer, dans l'âge tertiaire, sur la place qui devait être un jour le territoire d'Athènes. Ce sont là des vues neuves et hardies, qui, sans doute, méritent confirmation, mais qui peuvent être fécondes. Nous voudrions aussi pouvoir suivre la discussion à laquelle se livre l'auteur pour établir qu'Homère est bien le père de l'*Iliade,* et que l'*Iliade* est l'épopée de la fin de l'âge de bronze. Cela nous entraînerait trop loin. Mais, rien que d'après l'indication de quelques-uns des sujets traités dans l'*Esprit nouveau,* on peut se rendre compte de l'intérêt qu'offre ce volume si court et si plein.

L'idée dominante du livre, c'est qu'on doit renouveler par l'étude des sciences la critique littéraire et les jugements historiques aussi bien que les recherches philosophiques. Pour M. Quinet, les deux sciences explicatives par excellence sont l'histoire proprement dite et l'histoire naturelle : « C'est de leur rencontre, dit-il, que jaillit la clarté. » L'histoire naturelle lui sert, en effet, à résoudre un grand nombre de problèmes sociaux, et l'histoire à combler les lacunes des théories de Darwin. Mais quoi ! une telle doctrine ne conduit-elle point, par un autre chemin, à ce fatalisme évolutionniste auquel avait abouti l'idéalisme hégélien ? M. Edgar Quinet ne le pense pas : nul n'a plus que lui le sentiment de l'énergie individuelle; il croit, de toute la foi de son âme, à la possibilité de faire ou de refaire des caractères et des hommes, et c'est son espérance suprême que la France se régénérera par la liberté. L'histoire naturelle nous fait voir que du *triticum* sauvage on a pu tirer du blé ; l'histoire nous prouve que les peuples se transforment, et ce qui est vrai des peuples l'est des individus. Ne nous créons donc pas une fatalité qui n'est nulle part.

Tel est, dans ses grandes lignes, le *novum organum* de M. Quinet. Ce simple exposé aura suffi à montrer qu'il renferme plus d'une vue hasardée et sujette à critique.

Notre historien naturaliste est de ceux qui se jettent

résolument en avant, et qui ne craignent pas de suivre les éclaireurs les plus hardis et de tenter eux-mêmes des voies non encore frayées. Nous ne reprocherons pas à cette philosophie de n'être point suffisamment arrêtée comme doctrine d'ensemble, de n'être point toujours assez rigoureuse dans le détail. M. Edgar Quinet n'a pas voulu faire un système complet et définitif, mais seulement indiquer l'esprit rénovateur dont il faudra désormais s'inspirer si l'on veut s'expliquer l'homme et l'univers et les mettre d'accord par la connaissance de leurs vrais rapports. Ce qui se dégage de tout l'ouvrage, c'est que la philosophie sociale ne peut trouver de solides fondements que dans les données positives de l'expérience. Nous sommes, sur ce point, complètement d'accord avec notre auteur. Sans nier en aucune façon la légitimité des croyances métaphysiques ou religieuses, à titre d'*opinions* personnelles et en tant qu'elles ne contredisent pas les *vérités* démontrées, nous estimons que la morale et la politique doivent enfin prendre pied sur terre et se constituer scientifiquement, ce qu'elles ne sauraient faire si elles continuaient à n'invoquer que des principes métaphysiques toujours sujets à contestation, et qui sont, par suite, une cause forcée de divisions pour les esprits.

Il faut donc faire appel aux sciences et à toutes les sciences, car les mathématiques, l'astronomie, la physique et la chimie, quoique ayant un rapport plus éloigné que l'histoire et l'histoire naturelle avec l'étude de l'homme, ne sauraient cependant être complétement négligées, quand on n'aurait en vue que cette étude. C'est, nous en sommes persuadé, ce que M. Edgar Quinet nous accorderait volontiers. Mais ce n'est pas tout: la psychologie positive celle qu'on commence à faire en France d'après l'exemple des Anglais, nous paraît être encore plus utile que toutes les sciences objectives pour la constitution définitive de la philosophie sociale. L'auteur de *l'Esprit nouveau* ne s'appuie jamais sur l'expérience interne, et c'est ce qui l'a conduit sans doute à donner une explication insuffisante de la justice et de la liberté. Nous lui reprocherons aussi d'avoir méconnu le rôle de Kant, qui est le plus grand émancipateur d'esprits qui ait paru depuis Aristote.

Quoi qu'il en soit, M. Edgar Quinet n'aura pas peu contribué, par son œuvre si puissante à tant d'égards, et si belle de la première à la dernière page, à seconder le mouvement qui emporte la philosophie dans les voies larges et sûres de la science; et en même temps il a enrichi la littérature française du dix-neuvième siècle d'un des monuments qui lui feront le plus d'honneur; on peut discuter quelques-unes des idées du philosophe, mais non le merveilleux talent de l'écrivain.

BEURIER.

Le Siècle. — (8 février 1875). — Depuis le jour où nous avons publié la préface de ce beau livre en lui prédisant un grand succès, le public s'est chargé, avec plus d'empressement encore que nous l'espérions, de vérifier notre pronostic, si bien que nous arrivons, pour en parler, au moment où trois éditions sont épuisées déjà. Ainsi ce que nous aurions pu avoir à dire, lorsque le livre était ignoré, devient presque inutile, et nous n'aurons qu'à le résumer en peu de mots; mais ce qu'il nous paraît intéressant de rechercher, c'est la signification de ce succès au milieu des circonstances si exceptionnelles que nous traversons.

Nous vivions hier encore dans des anxiétés et des incertitudes douloureuses, l'horizon commence à peine à s'éclaircir; les aspirations les plus légitimes de la France ont été systématiquement méconnues, les principes les plus élémentaires de tout droit et de toute justice contestés, toutes les conquêtes de nos précédentes révolutions sont menacées; que dis-je? elles sont gravement atteintes, et voici que soudain l'attention publique est captivée par quelques feuillets jetés au vent de la publicité.

Quel est donc ce livre qui éveille ainsi l'intérêt et la curiosité de tous? Sans doute il est signé par un des noms les plus justement populaires, par un des grands esprits de notre époque; mais cela ne suffit pas. Le temps du dilettantisme intellectuel est passé, nous voulons autre chose que les élégances de la forme et les chatoiements du style. Nous ne dédaignons certes pas ces nobles vêtements de la pensée humaine, mais c'est à la condition qu'ils mettront en relief des idées fortes et des sentiments généreux.

Si nous avons à constater aujourd'hui le succès du livre d'Edgar Quinet, c'est que ce livre satisfait, dans une large mesure, à cette condition essentielle, c'est que chaque page y porte un enseignement utile ; c'est que chacun de nous trouve là en effet ce dont il est le plus avide, c'est-à-dire la formule positive, rationnelle de l'esprit nouveau qui anime les sociétés modernes. Edgar Quinet a dit tout haut, dans un admirable langage, la pensée de la France ; il a démontré philosophiquement, scientifiquement la légitimité de nos aspirations démocratiques ; il a jeté une planche de salut à ceux qui, par lassitude, seraient tentés de se laisser aller à la dérive et de désespérer du salut commun.

A ne considérer que ce dernier point, Edgar Quinet nous aurait rendu un service éclatant. Son livre est un livre de bonne foi sans doute, mais c'est mieux encore, c'est un livre de foi profonde et ardente, de foi patriotique, s'éclairant et s'affirmant au flambeau de la science moderne.

Quand un peuple a passé par les cruelles épreuves que la France a traversées, il ne lui suffit pas de lui conseiller sentimentalement d'élever son cœur et de contempler les cieux. Le *sursum corda* de l'époque actuelle ne peut plus être un appel à quelque contemplation mystique de la divinité ; il doit surtout avoir pour but d'éveiller toutes les forces vives de l'âme humaine, toutes les énergies de l'esprit et du corps, afin de les grouper pour combattre le bon combat.

C'est ce qu'a compris Edgar Quinet, c'est surtout ce qu'il a réussi à faire et nous sommes heureux de l'en féliciter. Son *Esprit nouveau* est mieux qu'un livre ; c'est un acte courageux et intelligent ; on serait presque tenté de se réjouir — si la France n'en souffrait — des circonstances qui ont fait éclore un pareil livre.

« Je sais, dit l'auteur, que je vis en des jours d'intolérance, où je n'ai rien à attendre de quiconque ne pense pas exactement comme moi ; mais de cette intolérance même je crois pouvoir tirer un avantage. » Cet avantage, c'est que, sûr comme il l'est qu'il ne parviendra à désarmer ni la prévention, ni la haine, ni le parti-pris, il renonce à toutes les complaisances d'esprit, à tous les euphémismes qui auraient déformé sa langue et sa pensée. Cette sincérité absolue qui va droit son chemin, cet amour passionné de la vérité, donnent au livre une puissance et un charme extraordinaires ; jamais l'hypocrisie qui nous environne, qui nous étreint, n'a été plus éloquemment et plus magistralement flétrie. Pour écrire cette partie critique de son ouvrage, pour flageller les apostasies, les égoïsmes, les ambitions qui mettent obstacle au relèvement, à la régénération de la patrie, Edgar Quinet a retrouvé la verve de ses plus jeunes années ; mais, quel que soit le plaisir que l'on éprouve à lire ces pages mordantes et indignées, on en éprouve un plus grand encore à la lecture de celles que l'auteur a consacrées à la démonstration par la science des grandes vérités que nous défendons ici chaque jour contre les attaques des partis monarchiques et religieux coalisés.

Nous employons à regret ce mot *démonstration :* il est très juste, mais il ne rend pas toute notre pensée. Un professeur démontre avec toute la rigueur et toute la sécheresse des formules scientifiques. Edgar Quinet démontre non moins rigoureusement, mais son éloquence, sa conviction, sa foi, ont une puissance d'entraînement et un charme irrésistibles. On le suit et on l'aime ; et comment ne pas aimer cette droiture, cette loyauté inflexible, cette raison si haute que l'âge a fortifiée et rassérénée ? Comment ne pas aimer un tel guide ? Quinet dit dans sa préface : « Maintenant que ce livre est fini, je m'en sépare avec peine ; je voudrais avoir à le recommencer. Puisse-t-il donner à d'autres la paix que j'en ai reçue ! » Il n'est pas un lecteur, j'en suis sûr, qui n'ait eu aussi de la peine à se séparer d'un tel livre après en avoir lu la dernière page, et qui n'ait eu le désir de le recommencer ; nous voulons croire aussi que tous en ont reçu cette paix que nous avons nous-même ressentie. La foi d'Edgar Quinet est une foi communicative; elle dissipe les doutes, elle fortifie les convictions chancelantes. Les esprits chagrins seraient peut-être tentés de lui reprocher un excès d'optimisme; mais cet optimisme ne résulte pas d'une certaine disposition d'esprit ou de cœur, il résulte des découvertes scientifiques modernes. Ce n'est pas un homme de notre génération qui nous dit : Croyez ! C'est le passé tout entier qui surgit des profondeurs de la terre, pour abattre les fictions religieuses, les préjugés fondés sur l'ignorance, et pour nous montrer l'avenir. La science refait la genèse de l'humanité, et tous les antiques mensonges s'évanouissent à cette clarté suprême.

Gardons-nous de croire cependant que l'ignorance est vaincue et que la bataille est gagnée. Nous ne remporterons la victoire qu'à la condition d'efforts incessants, non pas seulement contre nos adversaires, mais sur nous-mêmes, et cette dernière partie de notre tâche est la plus importante. Dans une série de chapitres qui a pour titre général : *L'esprit nouveau dans la science politique*, Edgar Quinet étudie la loi de l'atavisme dans l'histoire de France; il recherche pourquoi il y a encore parmi nous tant d'hommes esclaves, aimant l'esclavage pour eux-mêmes plus encore peut-être que pour les autres, toujours prêts à toute servitude ; puis il se demande s'il existe un art de refaire les caractères. Sans doute, cet art existe, et les nations aussi bien que les individus l'appliquent tant bien que mal. N'avons-nous pas vu, dans l'espace de moins d'un demi-siècle, les Allemands et les Italiens se modifier profondément ? Nous-mêmes, sommes-nous aujourd'hui absolument semblables à ce que nous étions hier ? C'est à chacun de nous qu'il appartient, dans la sphère des devoirs qui lui incombent, de travailler au redressement, à l'élévation des caractères. Agissons sur nous-mêmes d'abord, et nous agirons ensuite avec plus d'efficacité sur ceux qui nous entourent. « Tant que l'insecte vit, il complète son être, il reste insecte, et il tire de lui-même une nouvelle variété de caractères; il se donne des pieds, des yeux, des ailes, qu'il n'avait pas; il tisse sa toile et tire de lui-même ce long fil infini. Je ne veux pas, dans la rivalité des êtres, rester au-dessous de l'insecte. »

Edgar Quinet a raison, et, le jour où nous partagerons tous cette conviction, où nous prendrons le parti de nous améliorer en rompant avec les préjugés et les superstitions du passé, nous aurons réalisé sinon tous les progrès, au moins le plus essentiel des progrès. Le livre d'Edgar Quinet aidera puissamment à cette transformation.

LOUIS JOURDAN.

FIN DES NOTES

TABLE

Pages.

Préface.   I

LIVRE I.

ORIGINES DU MONDE INTELLECTUEL ET MORAL.

Chapitre I. — Première expérience. — Comment retrouver la sérénité perdue.   1
Chap. II. — Un défi au doute absolu.   8
Chap. III. — Les sciences naturelles confirmées par l'Histoire. — Les premiers inventeurs. 11
Chap. IV. — Une intervention surnaturelle est-elle nécessaire pour expliquer la nature humaine?. 17
Chap. V. — D'où vient le sentiment de la beauté dans le règne animal?. 23
Chap. VI. — Théorie de l'amour comme principe de vie universelle 27
Chap. VII. — Rapports de l'amour et du génie créateur. — En quoi consistent le progrès et la décadence des arts. 36
Chap. VIII. — Comment l'Art peut être à la fois vrai et moral. 42
Chap. IX. — Théorie du mensonge. 45
Chap. X. — D'où vient la justice? — D'où vient l'avantage

	Pages.
des méchants dans le combat de la vie?.	51
Chap. XI. — (*Suite*). D'où vient la victoire des méchants?	56
Chap. XII. = Comment la race des gens de bien peut-elle survivre?.	63
Chap. XIII. — Comment doit se poser le nouveau problème social	67

LIVRE II.

PHYSIOLOGIE SOCIALE.

Chapitre I. — Pourquoi des esprits si ennemis dans une même nation.	73
Chap. II. — De l'hérédité. — Nouveauté des couches sociales.	76
Chap. III. — Les révolutions dans les types physiologiques sont les causes des révolutions politiques et sociales. .	79
Chap. IV. — Décadence d'une classe d'hommes	84
Chap. V. — Comment le type et la race se perdent dans les aristocraties. — Les riches héritières. — Les changements de noms	92
Chap. VI. — Dépopulation. Ses causes	103

LIVRE III.

L'ESPRIT NOUVEAU DANS LA SCIENCE POLITIQUE.

Chapitre I. — Comment tenir son âme en paix dans les troubles civils.	107
Chap. II. — Le réactionnaire français et le réactionnaire allemand	110
Chap. III. — Qu'est-ce que l'esprit byzantin? — Comment s'éteint une nationalité	114
Chap. IV. — Prière du Pharisien	123
Chap. V. — L'École historique et l'École philosophique. .	125

	Pages.
Chap. VI. — La Plutocratie ou gouvernement de l'argent.	128
Chap. VII. — Loi de l'atavisme dans l'histoire de France. — S'il y a encore des âmes esclaves?.	133
Chap. VIII. — L'art de refaire des caractères.	139

LIVRE IV.

L'ESPRIT NOUVEAU DANS L'HISTOIRE.

Chapitre I. — En quoi nous différons du dix-huitième siècle. — Fin de la croyance au peuple primitif	149
Chap. II. — Nouvelle interprétation des religions de l'antiquité par les nouvelles méthodes d'histoire naturelle. . .	153
Chap. III. — Histoire de l'homme quaternaire. — Histoire des monstres légendaires. — Chronologie dans l'histoire des religions.	160
Chap. IV. — L'esprit nouveau dans l'histoire du Droit et de la propriété. — Comment la propriété a été fondée et respectée	171
Chap. V. — En quoi la prise de possession a différé chez les anciens et chez les modernes.	176
Chap. VI. — Interprétation nouvelle des lois des barbares. — A quelle source ont été trempées les âmes dans l'antiquité	179
Chap. VII. — Comment la servitude a faussé de nos jours l'histoire ancienne. — Une des tâches de notre temps.	182
Chap. VIII. — Sophismes sur l'esprit d'indépendance nationale. — Efforts pour défigurer l'histoire. — Socrate est-il le chef des réacteurs ? Périclès et l'homme d'État français	186
Chap. IX. — Les missions historiques. — Comment a été faussée l'histoire de César. — Idée d'une histoire nouvelle des derniers temps de l'antiquité.	193
Chap. X. — L'histoire est-elle *une bonne aristocrate*?. . .	202
Chap. XI. — Comment les vues fausses sur l'histoire ont faussé le jugement sur le présent. — Pourquoi le libéralisme a renié la liberté ?	204

CHAP. XII. — Règle nouvelle à introduire dans l'histoire de France et d'Europe en général. 209

LIVRE V.

L'ESPRIT NOUVEAU DANS LA CRITIQUE LITTÉRAIRE.

CHAPITRE I. — Théorie de l'imagination. — Comment se forme une œuvre d'art. — Si la poésie confine à la folie? 211

CHAP. II. — Principale question de la critique littéraire de notre siècle. — Les poëmes homériques. — L'épopée de l'âge de bronze. 218

CHAP. III. — Homère et l'histoire naturelle. — Sa langue. — Son vocabulaire. — Sa physiologie. 223

CHAP. IV. — Premier moment de la conception de l'*Iliade*. — Guerre des dieux. 227

CHAP. V. — Les poëmes homériques sont-ils l'œuvre de plusieurs rhapsodes? 232

CHAP. VI. — Pourquoi les systèmes sur Homère se sont détruits les uns les autres. — De l'unité de composition en matière littéraire. 236

CHAP. VII. — Comparaison du tempérament de l'*Iliade* et de celui de l'*Odyssée*. — Du don des larmes 243

CHAP. VIII. — Méthode des naturalistes appliquée à la question de l'âge d'Homère et d'Hésiode 246

CHAP. IX. — Découvertes de M. Schliemann dans la Troade. — En quoi elles modifient la critique sur Homère. 249

CHAP. X. — Qu'un poëte se sert des petites choses pour en faire de grandes. 256

CHAP. XI. — Homère dans les ruines de Troie. — Comment la légende est devenue réalité. — Conclusions à déduire pour la critique littéraire en général. 259

LIVRE VI.

L'ESPRIT NOUVEAU DANS LA PHILOSOPHIE.
PHILOSOPHIE DU DÉSESPOIR.

                                                                  Pages

CHAPITRE I. — Une métaphysique qui se meurt. — La Création est-elle une erreur du Créateur?........... 263

CHAP. II. — Les illusions................ 269

CHAP. III. — Seconde station de l'illusion. — Où trouver le bonheur? — Arts, sciences. — Bonheur après la mort...................... 275

CHAP. IV. — Troisième station de l'illusion. Croyance au progrès. — Suicide................. 282

CHAP. V. — Apocalypse du non-être. — Le bonheur dans l'anéantissement de l'individu et du monde....... 288

LIVRE VII.

L'ESPRIT NOUVEAU DANS LA PHILOSOPHIE. — RÉPONSE A LA PHILOSOPHIE DU DÉSESPOIR.

CHAPITRE I. — Le vaincu console le vainqueur. — De l'horreur de l'existence dans l'Inde et en Judée. — Pourquoi?....................... 297

CHAP. II. — Confidence. — Expérience sur moi-même. — La vie m'a-t-elle trompé? — La jeunesse. — La vieillesse......................... 302

CHAP. III. — Philosophie des illusions. — Que veulent dire ces mots : J'ai perdu mes illusions........ 309

CHAP. IV. — Si la vérité fait plus de mal que de bien? — Philosophie de la mauvaise humeur......... 315

CHAP. V. — A quel état social répond la philosophie de l'illusion? — La nature et l'homme.......... 318

CHAP. VI. — Que faudrait-il pour établir en Europe la Philosophie du Désespoir?............. 323

Pages

Chap. VII. — **La philosophie nouvelle.** — L'homme dans l'intimité de l'univers................. 329

Chap. VIII. — Pacification de l'esprit humain. — L'homme d'accord avec l'univers. — Victoire de la vérité sur la peur et sur la mort.................. 333

Notes. — Comptes Rendus de l'Esprit nouveau..... 345

FIN DE LA TABLE.

Paris. — Soc. d'imp. PAUL DUPONT, 41, rue J.-J.-Rousseau (Cl.)

SOUSCRIPTION NATIONALE DE 1876
A L'ÉDITION DES ŒUVRES COMPLÈTES
D'EDGAR QUINET

Les admirateurs du grand penseur et du grand écrivain que la France a perdu l'année dernière, ceux qui regrettent dans Edgar Quinet le patriote inébranlable comme l'éloquent et profond philosophe, jugeront tous, comme nous, que le pays qu'il a tant honoré doit un monument à sa mémoire, et que le monument le plus digne de lui serait la publication intégrale de ses œuvres.

Nous proposons donc à ceux de nos concitoyens qui partagent les sentiments que nous avons voués à ce mort illustre, l'ouverture d'une souscription pour aider à préparer et à commencer cette œuvre vraiment nationale.

Cette souscription serait fixée à 20 francs.

Il nous a paru qu'il conviendrait d'inaugurer la série des œuvres d'Edgar Quinet par la publication de sa correspondance inédite, qui ne saurait manquer d'offrir de précieux documents à l'histoire contemporaine. Les personnes qui enverront une souscription de 20 francs auront droit à recevoir *deux volumes de Lettres inédites*, et *quatre volumes des Œuvres complètes*.

EDMOND ABOUT, Publiciste; BARDOUX, Député; BATAILLARD, Publiciste; LOUIS BLANC, Député; H. BRISSON, Député; CARNOT, Sénateur; CASTAGNARY, Conseiller municipal; A. CRÉMIEUX, Sénateur; A. DUMESNIL, Publiciste; J. FERRY, Député; GERMER BAILLIÈRE, Conseiller municipal; HARANT, Conseiller municipal; A. MARIE; H. MARTIN, Sénateur; LAURENT-PICHAT, Sénateur; E. LEFÈVRE, Conseiller municipal; P. MEURICE, Publiciste; E. MILLAUD, Député; E. NOEL, Publiciste; E. PELLETAN, Sénateur; A. PREAULT; Dr ROBIN, Sénateur; SPULLER, Député; TIERSOT, Député; VACQUERIE, Publiciste; E. VALENTIN, Sénateur; VICTOR HUGO, Sénateur; VIOLLET-LE-DUC, Conseiller municipal

---

ŒUVRES COMPLÈTES D'EDGAR QUINET
Trente volumes in-18 :
CHAQUE VOLUME SÉPARÉMENT : 3 fr. 50

Philosophie. — Génie des Religions. Origines des dieux. Les Jésuites. L'Ultramontanisme. Introduction à la philosophie de l'histoire. Essai sur Herder. — Examen de la Vie de Jésus. Le Christianisme et la Révolution française. Philosophie de l'histoire de France. La Création. L'Esprit Nouveau. Vie et mort du Génie grec.

Histoire : Les Révolutions d'Italie. Marnix. Fondation de la République des Provinces-Unies. Les Roumains.

La Révolution. Histoire de la campagne de 1815.

Voyages. — **Critique littéraire.** La Grèce moderne. Allemagne et Italie. Mes vacances en Espagne. Histoire de la Poésie. Épopées françaises. Mélanges.

Politique et Religion : Enseignement du peuple. La Révolution religieuse au XIXe siècle. Situation morale et politique. La Croisade romaine. La Sainte-Alliance en Portugal. Pologne et Rome. État de siège. Le Panthéon. Le Siège de Paris et la Défense nationale. La République. Le Livre de l'Exilé. Œuvres diverses.

Poèmes : Prométhée. Napoléon. Les Esclaves. Ahasvérus. Merlin l'Enchanteur.

Autobiographie : Histoire de mes idées. Correspondance.

Paris. — Imp. PAUL DUPONT (Cl.) 436 *bis*.7.95.

www.ingramcontent.com/pod-product-compliance
Lightning Source LLC
Chambersburg PA
CBHW071947220426
43662CB00009B/1031